思想
REFLEXION 11

民主社會如何可能?

編輯委員會

總編輯:錢永祥

編輯委員:沈松僑、汪宏倫、林載爵
　　　　　陳宜中、單德興

聯絡信箱:reflexion.linking@gmail.com

網址:www.linkingbooks.com.tw/reflexion/

目次

政治與道德

思想訪談

思想鉤沉

思想采風

學術認知與人道關懷：
川康震動的反思

王明珂

　　2008上半年，中國大陸西部地區連續發生一些震驚國際的大事。3月中旬先在西藏拉薩，接著在甘肅夏河、四川阿壩、甘孜等地，發生藏族聚眾示威抗議與衝突事件。5月中旬川西連續發生嚴重地震，沿川西龍門山脈的汶川、北川、青川等城鎮鄉村嚴重受災，逾10萬民眾死於災難，數百萬人失去家園。

　　1995至2003年，我幾乎每年都要到汶川、茂縣與北川一帶作羌、藏族的田野調查；2003至2007年，我的田野研究轉移到略靠西邊的康藏河谷與高原。因而當西藏事件發生而康區擾動的那幾天，我一直擔心著我的藏族朋友們。川西大地震之後，我也忙著探詢羌族朋友們的安危，並將我所知的訊息提供給救災機構、志願者與關懷災區的媒體。同時也擔憂，我正在進行中的康區（青藏高原東緣）研究計劃是否將受這些政治與自然災難影響而停頓。因此今年3月以來，我經歷了自己學術生涯中最忙碌也是最複雜的一段時日；從事了許多不太學術的活動，也讓我深思學術與現實間的關係。

　　首先，對於3、4月間發生的西藏事件，中西方展開一場學術、文化與政治均捲入的媒體大戰。中國媒體強調西藏平民與僧侶暴徒的非法破壞行為，達賴集團及西方支持藏獨組織的挑撥。大多數歐美媒體則基於人道關懷，指責中國對西藏的長期政治控制、經濟剝

削與對藏族文化的破壞。在川西大地震發生後,由於10萬死難者中有3萬餘人爲羌族,汶川及北川等城鎮中大量羌族文物毀損,因此羌族災民應如何被安置,移民外地是否會造成其文化流失,羌族文化應如何受到保護與重建,這些議題都受到中國官方、學界深切關注,也產生許多爭議。

這其中涉及的一些概念與辯駁,譬如,什麼是民族?什麼是文化?什麼是可放諸四海的公義(universal justice)與人權?以及學術(人類學、歷史學、政治學、國際法學等等)是否能基於其客觀理性之分析邏輯,提供正確解答與理想方案以解決爭端?學者應扮演何種角色:在學術研究中以創新的詞彙、深奧的理論,生產出一些僅有少數人能理解而宜用以升等的學術著作?或在對社會現實與人道的關懷下,以知識(與知識權力)積極參與社會政治活動,試圖扭轉局勢以實現其心目中的理想與正義,以拯救其心目中的受難待援者?我一直自豪於身爲學術群體的一成員。當今歲青藏高原東緣發生如此劇烈的自然災難與社會動盪時,許多學者紛紛投入羌族災後社會文化搶救工作,以及參與漢藏問題之辯駁;我作爲青藏高原東緣的羌藏族研究者,自然也不能置身事外。在這過程中,基於對本地羌、藏族的理解,我對問題核心的「民族」、「文化」、「歷史」與人道關懷,皆有些深思。

民族

在川西震災中,透過新聞報導最令人矚目的災難似乎是:10萬受難者中有3萬餘人是羌族,羌族死難者占羌族總人口約十分之一。災後不久,一架救難直升機失事,一位死難的解放軍空軍軍官亦爲羌族。羌族朋友激動的告訴我,這一來羌族空軍失去了二分之一。

在救災先後與災後物資發放上，我也常聽得這樣的問題。有的羌族人抱怨，他們村寨得到的救援最晚也最少。有的藏族抱怨，大家都注意羌族受災情況，而忽略了藏族村落受災同樣嚴重。有些漢族人也抱怨，少數民族在災後受到特別關注，但死於震災最多的是卻是漢人。以上人們對震災的哀慟與對救災的抱怨，皆不一定或不必與「民族」有關聯，但人們在思考與爭辯這些問題時，自然而然的，「民族」成為終極關懷。

　　「民族」的現實意義及其令人困惑之處在震災中被突顯出來。所有的災民皆應作為國家公民或作為「人」而受到救濟？或者他們應被歸類為各「民族」或「少數民族」而受到特別關注或遭到忽略？我們將此思考擴及災民之外。在當代國家中每一個人皆為「國民」，此外，是否他們又屬於一個「民族」或「族群」，如中國大陸的藏族、羌族、彝族，如台灣的泰雅族原住民、外省人、客家人？這些民族或族群範疇是原生的、有悠久歷史的，或是當代人的想像與建構，藉以在國家中造成有社會階序等差之各個次群體？若將焦點轉移到西藏與康區，我們仍遭遇類似的問題。藏族普遍被視為一個有獨特語言、體質、文化、宗教與社會的「民族」。爭執只在於，這民族是「中華民族」的一部分因此也是中國的一部分，或者她是個與漢族截然不同的民族，因此應獨立於中國之外或享有高度自治？

　　1990年代中期，我在四川西部岷江上游羌、藏族中進行有關族群認同與歷史記憶的田野考察。那時，當地許多人都承認，在1950年代以前他們沒聽過羌族、藏族，當然也不知道自己是啥民族。在文獻資料中也是如此。許多民國時期的方志、遊記，都稱康區各族群為「西番」。當時也無羌族，只在汶川一帶有些被記載為「羌民」的人群。川西阿壩州黑水縣的小黑水，本地各部落人群還被稱作「猼猓子」；因為他們太野蠻，附近的「西番」與「羌民」都不願承認

和他們有任何關係，有些文獻甚至稱他們為「獞猓子民族」。1996年我在北川青片鄉訪問一上五寨羌族老人，在訪談中他口口聲聲稱「我們藏族……」，聽得陪同我前往的羌族幹部直皺眉頭。後來，這幹部連連埋怨：「跟他說了多少次了，他還是搞不清自己是羌族還是藏族。」我了解，這「誤會」是由於過去本地「一截罵一截」——每一小地區村落人群都自稱「漢人」，而稱上游人群為「蠻子」，他們也被下游人群辱稱為「蠻子」。就這樣，北川最西北角的上五寨村民，上游再也無人可被他們罵了，因此成為無可抵賴的「蠻子」。後來他們聽說「蠻子」就是「藏族」，所以在1970年代他們登記成為「藏族」。1980年代在本地知識分子鼓動下，本地大多數藏族都成為羌族。

在汶川、茂縣一帶，1950年代以前本地大多數人也沒聽過羌族。每一山溝中的村寨人群都稱本地人為「爾瑪」，稱上游人群為「赤部」，也就是蠻子，稱下游人群為「而」，也就是漢人。如此，每一小地域中的爾瑪都認為自身在會搶人的蠻子及狡滑的漢人包圍之中，同時他們也被上游人群視為「漢人」，被下游人群當作「蠻子」。早先，根據文獻以及曾參與1960年代民族識別的民族研究者回憶，當時他們認為羌族只有三萬餘人，主要在川西的汶川、理縣一帶。近年來我在岷江及大渡河流域藏族中的考察，同樣的，1950年代以前本地村寨居民幾乎都沒聽過「藏族」；他們是巴底人、巴旺人，或是自稱的「爾勒瑪」、「雅絨」、「顧鎗」等等。

在2003年出版《羌在漢藏之間》一書時，我依據當時新近的人口普查資料，認為羌族約有20萬人。但在災後，據報導羌族已有30萬人，顯然這些年來又有許多地方村落民眾被識別為羌族。這些新增的羌族，主要在北川縣與其北鄰平武縣。甚至在震災之後，為了爭奪、分享國家投入的龐大羌族文化重建基金，不僅北川的羌族村

持續增加，連陝西南部的寧強、略陽等地政府也稱本地有羌族及羌文化遺存。以我較熟悉的北川來講，在此我們很難說誰是真羌族、誰是假羌族。畢竟由明代以來，大量漢移民流入以及普遍的族群歧視，使得在20世紀上半葉本地絕大部分村落居民都自稱漢人。如今他們可振振有詞的說，我們原來便是羌族，只是許多人過去在大漢族主義壓迫下都成了假漢族。

　　由此看來，我們或可以同意許多「解構」中國近代國族之西方學者的看法：中國少數民族，以及包含漢族與55個少數民族的中國民族，皆為近代民族主義下的「建構」。同樣的學術邏輯也可以解構藏族、彝族，雖然學者們大多不願意這麼做。然而，且不論此說在學術認知上可能犯的錯誤與偏見，持如此見解之學者似乎從未在意「土著觀點」——少數民族如何看待他們當前的「民族」身分？我經常聽到羌、藏族老人們回憶過去各溝各村寨人群間的相互劫掠與仇殺，談起來都有「覺今是而昨非」之感。他們說，那是過去的人沒「知識」，不知道大家是一個「民族」。

　　在羌族遭受震災打擊之後，社會對羌族的關懷、媒體報導與羌族知識分子的呼籲，激動羌族災民的民族認同，這是讓許多人得咬牙渡過家破人亡之痛的精神力量之一。我也聽得在災區從事災民心理治療與重建的心理學者稱，民族認同與民族文化對人們的確有療傷止痛之效。2008年3、4月間的西藏事件，拉薩首先傳出警民衝突事件，很快的川西、甘南、青海均有部分藏族響應——若非是「藏族」認同，何來如此的動員力量？也因此，許多學者(包括我自己)都有如此經驗：任何質疑民族一體性及民族歷史、文化典範性的族群認同研究，在青藏高原東緣的藏族、羌族、彝族地區都不受當地知識分子歡迎。那麼，作為一位學者，我們仍必須相信自己「我對你錯」的學術理論？堅持學術真理不受現實影響？

文化

　　汶川大地震之後，關心羌族的地質環境學者與人文社會學者間爆發了一場爭執。環境學者認爲，汶川、茂縣、北川等地土質鬆動，不宜人居，應將本地民眾大舉遷於外地。許多人文社會學者則認爲，羌族若整體遷離本土，錯居於漢族及其他民族之間，這個古老民族將逐漸失去其文化，同化於他族。許多羌族山溝中的農民堅決表示希望遷到較好、較安全的地方；有些羌族知識分子則表示，爲了延續羌族文化，羌族不應遷離故土。就在種種錯綜複雜的因素考量下，中國政府對羌族災後重建的最高原則——就地恢復或移地重建——曾遷延數月而遲遲無法定案。

　　目前看來，原地重建似乎是普遍原則。接著，受災羌族村寨要如何重建？學者們幾乎一致認爲，羌族村寨重建一定要尊重並展現本民族文化特色。問題是，什麼是羌族文化特色？據我對各地羌族的了解，本地各溝各寨的婦女服飾、房屋建築、年節與婚喪習俗等方面都各有特色。簡單的說，愈靠西部、北部（如理縣、茂縣、松潘）的羌族便愈藏化，愈靠東邊與南邊（如北川與汶川）的羌族便愈漢化。可說是，羌族一地有一地的特色，一寨有一寨的習俗。這樣的文化現象是一種微觀社會過程的結果：在親近人群之間，居政治經濟優勢地位者對弱勢者所做的文化歧視、誇耀，與相對的，弱勢者對優勢者的模仿、攀附，造成整個青藏高原東緣人群靠近藏的便逐漸藏化，靠近漢的便逐漸漢化。最後，特別是這一地帶上的「羌族文化」，成爲漢、藏文化間的漸變光譜。

　　在過去（1950年代以前）由於資源匱乏，各溝之內的村寨間，溝與溝的人群之間，山溝與高原的農牧人群間，經常有暴力衝突。一

個最明顯的文化表徵便是，寨子都建在險要的半山或高山上；寨子裡一個個石砌房子緊靠在一起，中間只有狹窄過道。有時村寨中還有2、30公尺高的石碉樓，一種防衛性構築；若非資源競爭關係緊張，何需如此？災前許多羌族民眾仍住在如此的山溝村寨中，此乃無奈，有辦法的村民早在茂縣、汶川縣城或都江堰市買了房子。文化是社會現實本相的表徵；如石碉樓是資源競爭激烈此一社會本相的表徵。當今日羌族已非過去相互防範、敵對的「爾瑪」，而是彼此有民族認同及民族情感的羌族；如此若有更好的居處環境，為何他們必須住在山上？若有更堅固舒適的建材，他們為何要住在戶戶緊密相依相疊的石砌房子裡？

　　災後中國政府與許多學術單位、慈善機構投入羌族文化搶救及重建之中，最近累計將耗資超過10億人民幣的各種羌族文化重建與保護計劃紛紛啟動。問題是，要搶救何種文化？重建何種文化？目前最普遍被提及的羌族文化項目是：羌族村寨石屋及石碉樓、釋比文化、羌族歌庄（沙朗歌舞）、羌曆年、羌族服飾及羌繡、羌笛、轉山會、口弦，等等。建在山坡上的石築村寨及碉樓，如前所言，是過去村寨人群間資源競爭與暴力下的遺存；屋內的構造，配合著傳統農牧兼營的山間經濟生活。保存這樣的文化，是否也意味著相關的山區經濟生活及人類生態也不應改變？歌庄，也就是本地稱「沙朗」的一種歌舞，多年來本地流行的便是阿壩州統一創作、推行的「州歌庄」，以及各縣制定推廣的「縣歌庄」；這些歌庄唱詞的內容，沒有任何羌族說得出來。羌曆年，顧名思義這是羌族自己的新年，但這是1980年代末才由當地政府創造出來的文化，至今沒有任何羌族在家中過羌曆年，只有各縣辦的集體活動，或有經營旅游接待的村寨（如桃坪羌寨）才有羌曆年活動。釋比，漢語稱端公，這是南部羌族中混合本土信仰與漢人道教文化的民間祭師，但近十年

來，釋比文化只在民族旅游觀光活動中展出，在民間早就失去其傳承及意義——還有誰會在生病或時運不濟時找釋比作法治病消災呢？

20世紀上半葉的民族學、人類學爲中國帶來「民族文化」這樣的概念，至今仍有不少人類學家排除萬難在各地人類社群中尋找「文化」，無論是功能的、結構的、象徵的，或是表現於人觀的。於是在中國西南，學者可以在某「少數民族村落」田野中建構該民族文化，無視於該村相當比例的漢族人口。在台灣，學者也可以在某原住民村落中建構該族特殊的文化，無視於本地及周遭其他族群居民的存在，也無視於村落居民與整體台灣社會環境之密切關係。災後的北川，許多本地知識菁英痛惜本地羌族文化毀於地震，而著手搶救、重建，事實上重建的是本地近百年來並不存在或早已消失的「文化」。這樣的想像，也常見於許多台灣原住民文化；儘管織繡、小米酒、打獵習俗早已消失殆盡，但在學者與本地菁英的想像與建構中，它們是永遠的台灣原住民文化。

什麼是「文化」，它有何種社會意義？是否「文化」對主流社會而言是一種過去，如傳統歷史文化，或是最新的風尙，如都市文化、流行文化，對少數民族或原住民來說則是由過去到現在不變的生活與思考方式？是否「文化」只是脫離或未及文明的一種和諧原始生活理想，如「原生態文化」，它保存在少數民族與原住民生活中，宜於讓身體充滿食物防腐劑的都市叢林人偶然體驗並驚嘆？是否「文化」是一種人群共性，相對於主流社會充滿多元、變化與個人抉擇，它存在於「結構性的」少數民族或原住民社會中，而使得他們無論是領導幹部、大學教授、深圳打工族、鄉民都難脫離此文化共性？

或者，「文化」單純只是現實生活的表徵？或只是人爲了追求

安全、優越的社會存在，而對他者之行為習俗的模仿、攀附與批評、誇耀、區分，如在社會與學術文化中一個年輕學者如何學著寫有關「原住民或少數民族文化」的論文？或者是，「文化」也被許多這樣的論文所創造，以印證並具體化當前的多數族群與少數民族區分，而少數民族或原住民也被「說服」而認可、實踐這樣的文化？

　　另一方面，我們也不能忽略在中國最早發掘、書寫「苗族文化」的凌純聲、芮逸夫等人在湘西的經驗，以及此過去與現在的對比。當年在民族學及「民族」概念下，他們深入湘西鄉間採集苗民鼓舞、吃鼓臟等習俗，引起當地苗鄉士紳不滿。當時在民族歧視下，大家都普遍踐行漢文化習俗，因此凌與芮發掘本地不同於漢的習俗，在那些漢化的地方士紳看來無異是發人隱私。當時苗民士紳還去函國民政府蒙藏委員會，控告兩位中央研究院學者「以苗俗古陋，多方採集，製成影片，以為談笑之資、娛樂之具、謀利之用」。今日，苗族文化仍被人們當作「娛樂之具、謀利之用」，然而展演文化者是以自身文化為榮的苗族；而誰由此文化展演中謀得利益，或反蒙其害，問題就非常複雜了。

歷史

　　震災後，除了對受災者的哀憫外，大家對羌族的關懷相當一部分來自於一些流行的歷史記憶：「羌族是一個古老的民族」，「羌族是古華夏民族中炎帝與大禹的後裔」。羌族受創，激起許多中國人對古老歷史的懷念與憶想。

　　不僅如此，在許多中國人的歷史記憶中，當今羌族只是古羌人的一小群孑遺，絕大多數的古代羌人都融入漢族、藏族、彝族與其他十餘種西南少數民族之中。特別是根據中國古文獻記載，今日青

藏高原東緣原爲古代羌人所居，在吐蕃東進及藏傳佛教力量東傳
後，本地羌人才逐漸成爲藏族。更有歷史學者認爲，整個青藏高原
與甘肅的藏族都是古羌人的後代。因此今年3、4月間西藏發生的事
件，以及長期以來漢、藏間剪不斷的糾葛，實因爲「歷史」告訴大
家，青藏高原及其鄰近地區都是古羌人的原鄉，而古羌人又是華夏
的重要成分，因此藏族與藏地不能外於中國。

　　我們看看這「歷史」是如何說的。據成於5世紀的《後漢書》記
載，西羌本出自三苗，他是古代四凶之一，也是姜姓族(炎帝之族)
的旁系分支。三苗被舜帝流放到西方，成爲所有羌人的祖先。同一
記載又稱，秦國的一個奴隸無弋爰劍，因逃避追捕而來到青海東部
的黃河上游，又因種種神蹟而被本地土著推尊爲王，他的後人成爲
羌人各部落豪酋。然而，這只是中國古文獻的「一面之詞」。我們
再看看古藏人如何說「歷史」。

　　西元7世紀至9世紀，吐蕃王國的政治勢力遍及青藏高原及其周
鄰地區，此王國崩潰後，其宗教文化持續影響這些區域的人群，因
此在知識菁英心目中逐漸形成一包含各部落人群的「吐蕃人」認同。
14、15世紀古藏文獻中，有一種所有吐蕃人出於「六弟兄」之說。
這「歷史」稱，吐蕃所有部族出於遠古的6個弟兄：查、祝、冬、噶
四位兄長，及韋、達兩位弟弟。兩位弟弟，據稱是住在「漢藏交界
處」，或說是在「大區交界處」，指的都是青藏高原的東部邊緣，
也就是華夏心目中「羌人」所居的地方。藏文史籍描述及歌頌四位
兄長的後裔，但對韋與達兩支人毫無描述更無頌揚。稱一些人是「小
弟弟」或「被逐於邊境的壞弟弟」的後裔，稱他們住在與漢區「交
界處」，都表達著在「吐蕃人」或藏人核心族群(指雅魯藏布江中、
下游諸河谷人群)心目中，青藏高原東緣各部落人群在「我族」中
的血緣與空間邊緣地位。

　　由以上漢、藏觀點的青藏高原或其東緣之「歷史」，我們可以知道，爲何中國要堅持「西藏自古以來便是中國不可分割的一部分」。爲何達賴喇嘛每提及西藏高度自治時，都要提及此「西藏」包括青海、甘肅、四川西部、雲南西部等地區——也就是青藏高原的東部邊緣地區。然而漢、藏對其所相信的「歷史」都缺乏反思；在雙方所相信的「歷史」中，青藏高原東緣或朵康各人群都是「我族」的一部分，但也都是「我族邊緣」。

　　我們再看看讓青藏高原東緣各人群成爲漢、藏邊緣的人類生態歷史。華夏認同形成於東周，在秦漢時華夏建立起統一的帝國以維護並擴張共同資源。漢代，華夏帝國的西方邊緣擴張至青藏高原東緣；漢代人稱這整個西方邊緣地帶上的部落人群爲「羌」，將之排除在我族之外或置之於我族邊緣。西元7世紀吐蕃興起於藏南的雅魯藏布江河谷，由此往北、往東擴張領域，曾將青藏高原東緣各部落人群納入王國勢力範圍內。然而本地多族群分立對抗的人類生態，使得統一的吐蕃政治體難以維持。吐蕃王國解體後，反而一個較穩固的宗教文化體在青藏高原上形成，其東方邊緣也就是青藏高原東緣的高原、縱谷地帶。古藏人稱此地帶爲「康」或朵康；相對於藏區核心之雅魯藏布江河谷的衛藏，「康」在藏文中有「邊緣」的意思。也就是說，約從10-12世紀開始，青藏高原東緣人群成爲漢、藏雙方的邊緣。

　　漢、藏對青藏高原東緣之地與人的歷史記憶，何者爲正確的「歷史事實」？或者我們應問些更基本的問題：究竟什麼是「歷史」？爲何我們要研究歷史、記憶歷史、爭論歷史？是否「歷史」是爲了區別人群，區別「我們」與「被打敗的異類英雄」的後代或「壞弟弟」的後代？是否研究與爭論「歷史」是爲了界定與爭奪邊緣、邊界？

　　在此，流行於青藏高原東緣各人群間的一種模式化歷史記憶，以及與之對應的人類生態，值得我們反思。此種模式化的歷史記憶，將本地對等分享、競爭共同資源的幾個人群皆視為「幾個弟兄的後代」。早先，我在岷江上游羌、藏族各溝中發現此種「歷史」；我認為它們是一種「弟兄祖先歷史心性」之產物。譬如，在中國古籍記憶中炎帝與黃帝是兄弟也是敵手，如今羌族知識分子常自稱為炎帝子孫，與漢族為對等的弟兄，便反映此種歷史心性。又如，與羌族一樣居於青藏高原東緣，也同樣被藏族知識分子認為應是古吐蕃後裔的納西族、彝族，前者有一民間傳說稱，納西、漢、藏的始祖出於三個啞巴弟兄，後來因他們開始說不同的話，所以成為三個民族的祖先；後者亦有類似傳說，三個說不同話的遠古弟兄便是彝、漢、藏的祖先。

　　當然，我不認為這是真正發生過的「歷史事實」，然而這樣的「歷史」卻可以讓我們反思：在某種人類生態與相關人類族群關係下，許多人群可以創造並相信這樣的「歷史」，是否我們所相信的「歷史」只是另一種人類生態與相關人類族群關係下的集體創造或選擇性建構？歷史學者當爭論「歷史事實」，抑或應反思今人或古人締造「歷史事實」及創作「歷史」的人類生態意義？

人道與現實關懷

　　在今年西藏事件與川震發生之後，在各種媒體上中西學者紛紛提出主張、指責與建言。無論立場與觀點如何，學者們的人道關懷或其對現實社會的關懷都十分熱切——混雜著個人的種種認同立場，以及相關的，其對民族、文化與歷史的學術見解。

　　譬如，相信藏族為一個有其特定文化、有獨自歷史發展的民族，

持此觀點的學者在西藏事件中表現的現實關懷爲，指責中國政府對
西藏文化的破壞，指責中國政府對待僧侶的違反人權舉措，指責中
國以政治霸權強將藏族納入中國及中華民族。另一方面，若將藏族
視爲歷史上古羌人的一支，學者自然認爲藏族自古以來便是中國不
可分割的一部分，西藏暴亂是一小撮人分裂國家的活動；其現實關
懷則表現於，他們或認爲分裂暴亂必需被制止，或認爲花了大錢仍
讓人不滿意的少數民族政策需要被修正。事實上，以上兩種學者的
現實關懷，建立在對民族、文化與歷史同樣的理解上——每個民族
皆有其特定文化，其民族與文化在歷史上延續與變遷。

　　是否以維族爲「原住民」的新疆獨立爲一個國家，以藏族爲「原
住民」的西藏、青海及鄰近地區也獨立建國，便是合於人道、公義
及合於歷史與民族文化的政治安排？事實上，情況並非如此單純。
新疆是東西交通及南北過往的民族走廊，在歷史上曾有許多不同人
種、文化、經濟型態的部族、城邦與國家人群占居此地，維族是否
爲本地「原住民」是有爭議的。中國雖稱自漢代以來中原之人便經
常進入新疆(西域)，但值得省思的是，漢帝國曾在此駐軍「屯田」，
至今新疆漢人仍大多藉「建設兵團」進入本地；顯然某種人類生態
因素，使得漢人也難以成爲本地「原住民」。

　　西藏與藏族的例子更是複雜。首先，青海、西藏及鄰近的甘南、
川西地區，因生存資源匱乏，自有歷史記載以來便是人類族群極端
分化、分立的地方。人群各據山谷、河谷，視敵對人群勢力大小而
凝聚爲大小不等的部落；外來威脅消除後，則回歸於日常各部人群
對立之中。因此，不同於蒙古草原上一個個雄視北亞的大游牧帝國
在歷史中起落，在有歷史記載的兩千餘年來，青、藏、川西地區經
常是在各敵對部族的內部戰爭中，只在吐蕃時期曾建立約二百餘年
的王國政權。然而吐蕃王國也只能靠對外戰爭以及從唐帝國獲得資

源來維持；當對外擴張達到極限，王國便因無法解決各地部族分立敵對而瓦解。至今牧區草場糾紛及農區山界糾紛，仍是本地嚴重的社會問題。因此西藏獨立的內部矛盾在於，獨立之後，無論是失去中國援藏資源，或失去中國這樣的「敵人」，都將使得統一的藏族（民族與國家）可能不復存在。

　　其次，獨立西藏所主張的「邊緣」，即青海東部、甘肅南部、四川西部、雲南北部之地與人，在空間、文化、族群與歷史記憶上大多是漢藏間的共同邊緣。即使在藏傳佛教上也是如此，譬如，松潘附近信仰藏傳佛教的羌、藏族，認為峨眉山、五台山等等，是與本地神山並立的「大神山」，或說是共同支撐著天的幾個大柱子；相對的，他們對於青藏高原上的神山，以及鄰近嘉絨藏族的「墨爾多神山」，或毫無所知，或認為與本地沒什麼關係。在此「邊緣」，玉皇大帝與西方佛祖常被混而為一。吐蕃古老傳說中與岩魔女成婚生出藏族（吐蕃人）的獮猴，也經常被人們說成「孫悟空」。普遍為人所知的康藏傳說英雄格薩爾，在本地則常被說是周倉或關羽。居住在大渡河流域的嘉絨藏族，本地有些人認為「嘉絨」的「嘉」是漢族的意思，「絨」是藏族，因此本地人便是夾在漢藏之間的民族。此皆印證，如前述漢藏所主張的「歷史」所顯示，漢藏間有一不易分割的共同邊緣。

　　除了海內外鼓吹藏獨者與堅持反分裂者的對立外，在中國國內，近年來學者們對少數民族之現實關懷也出現不同的意見。特別是在今年，連續發生維族獨立運動分子之滋擾，西藏之警民衝突事件，以及羌族在震災後受到特別重視，這些都使得一些學者希望將中國行之多年的少數民族政策徹底付諸檢討，然後逐步修正改進。簡單的說，兩種對立的意見是：一方認為中國目前56個民族——包括55個少數民族與一主體漢族——之民族架構基本上是理想、無

誤，所需只是細部政策的調整。另一方則認爲，在民族政策上中國應效法美國及其他近代建立的民族國家（nation-state），將國內各民族（此時應稱「族群」）去政治化，將之視爲文化群體（所謂文化化），並強調每一個人在政治、社會上平等的國民身分，建立共同的國族認同；近年來提出此意見最力的學界人士，便是北京大學社會學教授馬戎。

　　是否將羌族、藏族、彝族等都視爲國內的文化性「族群」，如美國的華裔、日裔、非洲裔美國人，每個人皆爲國家憲法和法律保障下的國民，便爲中國民族問題的理想解決之道？我們便以美國爲例談談此理想。華裔或日裔美國人，皆可在本族群的聚居區或家庭內強調中華或日本文化，以及強調本身的華人、日人族裔認同——這便是「去政治化」、「文化化」的族群。透過學校及社會文化媒介強調的獨立戰爭、開國制憲、南北戰爭、西部拓殖等等之歷史，以及共同的好萊塢電影文化、體育文化等等這些美國歷史、文化，以及當前的美國社會生活經驗，讓一個華裔或日裔美國公民成爲驕傲的「美國人」——此即馬戎教授所稱，經由近代民族構建過程而產生的美國「民族」或國族。然而以美國作比喻，也有不當之處。美國國家政策對待移民新大陸之各族裔與「原住民」印地安人是不同的。各族裔（如日裔美國人、華裔美國人）的確被視爲文化族群，但原住民印地安人的身分、文化、權益（如土地權）等等卻受到國家政治力的保障，無論這種「保障」對印地安人有利或不利。也就是說，即使在美國，少數族裔（minorities）與原住民（natives）是不同的人群概念，國家對待兩者也有不同的政策。以此來看，在中國少數民族聚居區，少數民族如藏族、苗族、白族等等大多是「原住民」，他們與美國的華裔、非洲裔、猶太裔美國人不同。因此將所有具「原住民」性質的少數民族皆視爲「族群」，以建立共同的「中國民族」

認同，至少並非完全同於美國的作法。

　　不同於美國，並不表示這樣的意見不可取。中國的民族問題，相當程度是由於少數民族聚居區大多資源匱乏，而戶籍法又限制了大多數人民的居住、遷徙自由。在此情況下，即使對少數民族而言，強調民族認同以及藉著文化、歷史來強化此認同，無寧是一種自我邊緣化。對人們最有利的可能是，讓個人有更寬廣的「選擇」——他可選擇宣稱自己是藏族，也可以選擇不稱自己是藏族，或宣稱自己是羌族、漢族或什麼族都不是；他可以選擇住在拉薩、馬爾康，也可以住在上海、北京或紐約。那麼，這樣是否意味著讓少數民族認同及其文化自生自滅？是否人們將對此感到如同某種珍稀物種消失的遺憾？我們也可以想想：為何古巴蜀文化能置於博物館讓今日成都人自豪，而少數民族必須以其「仍能」保有傳統文化而自豪？更重要的是，如某些歷史記憶與社會文化讓人們樂於自稱美國人，那麼，什麼樣的歷史記憶與社會文化，可以讓所有中國境內各民族都可以忽略彼此的「民族」差異並樂於自稱為「中國人」？

學者、學術與社會現實

　　億萬年前的陸地運動，造成青藏高原與其東邊盆地、平原地塊間的地理環境落差，此地理環境落差及其它因素後來造成漢、藏兩大群體。如今，當漢、藏間發生磨擦震動，隨後立即發生高低兩個陸塊間的嚴重磨擦震動——此幾乎便如古人所稱的天人相應。這樣的偶合，近10萬條人命的慘劇，難道對於我們思考一些現實民族問題沒有一點啟示？

　　在絕大多數社會中，學者或知識分子都受到社會相當的尊重，其言論、行動對社會有相當影響力。許多學者與知識分子，因此以

社會關懷、社會改造爲己任。這樣的熱忱是值得期許。然而，既知自身有社會影響力且無需負政治責任，學者或知識分子也應經常自問：我們的主張是否真的合於人道、公義？或是否對人們有益？或相反的，是否會造成混亂與災難？我們的現實關懷，是否受到我們自身的性別、民族、文化認同影響，或是否受我們奉爲圭臬的學科規範、理論所扭曲？

當前流行的「歷史事實」與「民族文化」知識是否能告訴我們，青藏高原及其鄰近地區之地與人是中國的一部分或應是一獨立民族、國家？我不認爲如此。對於西藏，統獨兩派學者各有堅持的歷史、文化與民族，都是種種現實利益、身分認同與學術典範窠臼下的主觀建構；與此類似的是台灣統獨兩派歷史學者各有堅持的5000年中國史與400年台灣史，以及「中華文化」、「南島民族文化」、「平埔族文化」等等。這樣的歷史、民族與文化概念建構，在全球各地都不斷造成民族或國家間的衝突、對立與邊緣爭奪，以及部分邊緣人群的持續邊緣化。在「後現代覺醒」下的歷史與文化知識解構，只是嘗試瓦解既有秩序而未能提出更好的人類群體生活藍圖，下焉者更流於對「他者」之解構而對自身的知識權力與認同偏見毫無所知。

各自劃界、據地稱王的學科，如近代史、古代史、社會史、思想史，割裂人類社會延續性變化及社會整體面相。歷史學與人類學之區分，也使得學者各自研究歷史、文化，而忽略「歷史」與「文化」的人類生態意義；前者不見歷史變化的微觀社會過程（如一截燒了一半的木桿中間正在進行的燃燒作用），後者不見微觀社會現實在歷史變遷中的位置（如這截半碳半木質的木桿）。人類學者提供對社會文化的理解（無論是解構還是建構性質的），社會學者在此之外更勇於提出社會改革方案，然而，個人卻是在歷史與歷史記憶中得其

身分認同並因此做出行動抉擇（譬如，爲做個驕傲的藏族或驕傲的中國人而行動）；那麼，歷史學者該做些什麼？繼續創作強調種種國家、民族、階級、性別之現實人群邊界的歷史，以強化這些人群區分？或者是，我們應有跨越學科邊界的嘗試，兼顧長程歷史中的人類生態變化及推動此變化的微觀社會文化過程，如此我們對於「現在」可能有較恰當的理解與評價。

總之，這篇文章並非嘗試以新的民族、文化與歷史觀點，提出最合於人道、公義的民族問題解決之道；我們的學術認知離此尚遠。我只藉此表達一種自我省思：我們對社會的現實關懷，以及我們心中所預設的人道、公義，經常建立在刻版的民族、文化與歷史知識上，而這樣的知識體系目前已是處處捉襟見肘，以致於奠基於此的現實關懷與人道實踐不僅可能於事無補，更可能爲人們帶來更大的災難。

王明珂，中央研究院歷史語言研究所研究員。著作有《華夏邊緣》（1997）、《羌在漢藏之間》（2003）、《英雄祖先與弟兄民族》（2006）、《游牧者的抉擇》（2009）。目前從事康藏地區人類生態、歷史及近代變遷研究，以及與上述著作有關的文本與情境分析。

為西藏問題尋找最大公約數

梁文道

一

　　2006年，達賴喇嘛在印度舉行時輪金剛灌頂法會，他在會上批評當今藏人喜好皮草的虛華作風不僅庸俗，而且有違佛教義理。幾天之後，西藏各地就有人紛紛公開焚燒價格高昂的豹皮外衣狐狸帽子。當地官員大為震怒，認為這是以「達賴喇嘛為首的藏獨分子的精心運作」，然後下令藏人要重新穿上皮衣，因為它們證明了黨的德政使大家過上了好日子，甚至以穿不穿戴皮草來檢證大家的「政治覺悟」（關於這次事件的詳情，可以參見西藏作家唯色的《看不見的西藏》）。

　　這椿近乎鬧劇的事件可以說明兩個問題：一是北京為何在國際民間外交的戰場上不去達蘭薩拉的上風，二是流亡在外的達賴喇嘛為什麼在藏人心目中仍然享有如此巨大的影響力。

　　先談第一點。現在恐怕沒有任何一個國家膽敢得罪中國，承認西藏流亡政府的地位。但是在民間社會的層面上，情形就完全不同了。對大部分西方人而言，達賴喇嘛甚至可能是位比現任教宗本篤16世還要受歡迎的宗教領袖。達賴喇嘛極少談及本篤16世關心的墮

胎和「性氾濫」等很容易被人批為保守的議題，他的主題一直是和平、寬容、理解和慈悲，所以就算不能贏得所有人的支持，至少也沒有多少人會對他有惡感。

為什麼每次西藏出事，每次有藏獨的集會遊行，我們都會看見一大群演員、名流、作家和知識分子站出來支持他們？相反地，支持中國政府的「國際友人」這時都到哪裏去了呢？對很多人來說，達賴喇嘛代表了一套美善而完整的價值觀，他對西藏的種種訴求則符合了當今人權觀念的整個論述。再赤裸點說，大家會覺得聲援達賴喇嘛是為了「義」，給中國面子反對分裂則是為了「利」。

再也沒有比2006年「皮草事件」更好的例子了。達賴喇嘛的主張不只出自慈悲，更與流行的動物權益運動若合符節，國際進步青年聞之莫不稱善。反過來看，西藏地方官員竟然為了抵制達賴喇嘛的影響，不惜違反世界潮流和保護野生動物的國家方針，要求藏民重新披上動物的皮毛。其間高下實不可以道里計。

二

比起這點，第二個問題或許更令北京憂心。達賴喇嘛人在印度50年，其一言一行在藏區竟然還有如斯巨大的影響力，原因究竟何在？近日的藏區紛亂，官方一直強調是「達賴集團」在幕後精心策劃出來的，我以為這個說法必須好好分析。首先，所謂「達賴集團」指的其實不一定是達賴本人。凡對西藏問題略有所知者，都知道「西藏青年大會」才是流亡西藏人中的激進派，他們的勢力龐大網絡周全，雖然奉達賴喇嘛為尊，但也公開批評過達賴的非暴力主張，二者潛存矛盾。我們目前雖然沒有足夠資訊研判內情，但最近的事件卻不一定就是達賴本人指揮煽動。反過來看，達賴那番若藏人暴力

活動持續他就要退位的聲明，則有可能是對「西藏青年大會」等激
進派的反制施壓。

　　然而，不管有沒有人策動藏人上街，也不管策動者是誰，中國
政府首先該問的是何以它在過去數十年來投入了大量的人力財力，
使西藏年均GDP每年皆有超過10%的增長，竟還有許多藏人深懷怨
憤，隨時就能人手一面「雪山獅子旗」呢？以我個人所見，這甚至
是不少漢族知識分子都感到難以理解的，他們有的相信官方主流論
述，認為共產黨把藏人從神權統治下的農奴制解放了出來；有的則
覺得漢地各省長期以來勒緊自己的褲帶對西藏施行慷慨的「對口援
助」，藏民卻毫不領情，一翻臉就不認人，甚是奇怪。

　　說起來，西藏問題真是一團迷霧，只要你朝它多走一步，你就
會發現原來所相信的任何一種簡單立場都能碰上理據十足的反駁。
不只現在的西方媒體造假與中國傳媒監控各惹嫌疑，歷史上的詭局
謎團更是令人眼花撩亂。如果你認為「自古以來」，西藏就是中國
的一部分，你將會發現要花很多時間去解釋古代宗主國對藩屬的關
係為什麼等同於現代民族國家和它的轄下省份（越南反而確曾是中
華王朝的一省）。反過來說，如果你相信在「中國入侵」之前，西藏
是片連丁點暴力都不可能發生的和平淨土，那麼你又該如何理解14
任達賴喇嘛裏頭只有3位順利活到成年的事實呢？假如你覺得文革
對西藏的破壞是不可饒恕的，你或許應該知道當年打砸佛寺佛像的
主力之一竟然是藏人。假如你認為中央對西藏的宗教自由已經足夠
寬容，甚至准許流亡在外的眾多上師返鄉建寺（最有名的當屬頂果欽
哲法王），你可能也曉得現在的西藏小學生是連隨身護符也不准帶
的。

　　關於西藏的歷史，北京和達蘭薩拉各有一套說法。前者強調老
西藏是塊大部分人充當農奴的黑暗土地，是共產黨一手把它帶進了

光明的現代社會。後者則將西藏描繪爲一個牧歌般的和平桃源，沒
有爭戰只有靈性，是無神論的共產黨摧毀了這一切。

平心而論，兩者都各有偏頗，不足爲信。西藏確曾是個農奴社
會，1951年前，光是三大領主經營的莊園竟然就占了全藏可耕地的
62%，其中又有37%爲寺院所有。大部分平民都要在耕作之餘替領
主服終身勞役。不過這些農奴的實況遠非中文裏的「奴」字所能概
括，雖然身分是「奴」，但他們的物質生活卻不一定很差，所以在
「劃成分」時才會出現了「富裕農奴」這麼古怪的類別。西藏確實
也是個佛國，出家人所占的人口比例舉世罕見。只不過和任何俗世
社會一樣，以前的西藏也少不了各種勾心鬥角、貪污暴政，甚至高
層僧侶間的政治暗殺，與完美的世外桃源相去甚遠(詳見王力雄《天
葬》、Melvyn Goldstein 的經典巨著 *A History of Modern Tibet
1913-1951*(中譯《喇嘛王國的覆滅》)及 *The Snow Lion and the Dragon:
China, Tibet and the Dalai Lama*)。

三

在這種種互相衝突的證據和理論之上，任何一方要是堅持自己
的認知來決定行動方向，其實都是在玩一場後果難斷的賭局。爲什
麼明明有那麼多線索顯示與達賴喇嘛漸行漸遠的「西藏青年大會」
才是騷亂主謀，中央政府仍然堅持要把達賴拉下水呢？爲什麼中央
不肯聽陳思這些獨立學者的意見，趁並不堅持獨立而且態度溫和的
達賴喇嘛圓寂前與他對話呢？

這就是中國政府的賭局了。大家都曉得，就算達賴在海外轉世，
一個幼年的靈童也起不了什麼作用。近日，17世大寶法王將要接下
藏人精神領袖位置的傳聞甚囂塵上，證據之一是他剛剛才公開向藏

傳佛教各派上師致以由「利美運動」留下來的請安禱文，大有團結各派的意思。可是，即便尊貴如他，恐怕也代替不了達賴喇嘛在藏民與世界各地支持者心目中的地位。沒錯，達賴一走，中國就會少掉一個難以應付的對手，但是激進的「藏青會」豈不也是會趁勢崛起？各種極端主張和暴力的手段，豈不將如脫韁野馬般蜂擁四起？

然而，對中國政府而言，這或許也是正中下懷的好事，因為整個海外西藏流亡政府運動將會名正言順地轉變成人人得而誅之的恐怖分子，昔日的和平宗教色彩將因此一掃而空。有人可能會擔憂那些恐怖活動帶來的破壞和犧牲，不過，沒有風險又怎能叫做賭局呢？更詭異的是流亡西藏運動一旦走上了暴力路線，本來隱匿的所謂「外國勢力」也會變得非常尷尬，他們願不願意直接敵對中國，支持一個公開放棄非暴力主義的組織呢？可見中國政府鷹派對待達賴的拖延手法其實不是外間所以為的愚蠢盲目，反而是相當聰明的。最大的問題只是中國要付出多大的代價呢？大家是否都做好了長期武裝抗爭和剛性鎮壓的準備呢？所有平民百姓知不知道以後的日子可能要在惶恐中度過呢？因為除了「疆獨」，日後或許會多出一批前所未見的劫機犯。

就算中國政府預備好了硬性的手段，面對藏人普遍的忿恨不滿，它既不可能把他們統統都蒸發掉，也不可能成功地按照自己幾十年來的邏輯，將「極少數的藏獨分子」和「絕大多數的愛國藏胞」完全分隔。另一方面，即便流亡海外的西藏獨立運動真的完成了最不可能的夢想，爭得西藏獨立，他們也不得不面對西藏境內早已住上了許多漢人和回民的現實，難道你能強迫他們全部離開嗎？更不用提四川、甘肅、青海、內蒙古等地藏區多民族混合的局面了。所以，無論你抱持何種政治立場，你也不能不認真對待漢藏等民族間日後相處的問題。於是在徹底壓抑西藏主體性與完全獨立這兩個各

走極端的方向之間，我們至少就可以找到一個最起碼的共通點，最大的公約數了，那就是真正的民族和解。

四

　　然而中國政府處理西藏問題的大方向卻簡單得出奇，那就是把一切責任都往達賴喇嘛身上推。其目的無非就是要在達賴在世的時候，把他塑造成最大對手，以後就更能充分地矮化或許會成為暴力組織的其他激進派系了。於是各級官員才會把話說得一個比一個還狠，例如公安部長孟建柱上周入藏視察時就曾放言「達賴不配做一個佛教徒」。從戰術邏輯看來，這番話是有的放矢，但是聽在藏人和藏傳佛教徒耳中，它無異於對著一群天主教徒指斥教宗不配當天主教徒，你猜他們會做何感想呢？要知道許多藏人在家私藏達賴玉照早已是公開的秘密；如果真心追求西藏問題的順利解決，維護國家領土的完整，政府豈能如此漠視藏人的感受，為了一時戰術上的功效犧牲全盤戰略的佈局，屢屢辱罵藏人的精神領袖呢？難道他們不知道這種做法只會迫使許多藏人更加陽奉陰違，甚至增加他們的離心嗎？

　　1998年，時任國家主席江澤民曾經公開對著來訪的美國總統克林頓說過這樣的話：「我去年訪美的時候，也包括到歐洲的一些國家，我發現許多人教育水平很高，知識水平都很高，可是他們還是很相信喇嘛教的教義」。他的意思再明顯不過：「喇嘛教」如此愚昧落後，你們這些文明開化的西方人怎麼還要信它呢？無論從任何標準來看，這都是番令人震驚的言論。一位國家元首怎能如此公開侮辱國內一支主要少數民族的信仰呢？我們可以想像克林頓會說猶他州州民教育水平這麼高，還要相信摩門教真奇怪嗎？

　　如果連整個國家的領導人也是如此，其餘更是思過半矣。直到近年爲止，隨便翻翻《西藏日報》，我們還會看見如下觀點：「西藏由於受到歷史地理等諸多因素的制約，經濟、社會發展水平還相對落後，從封建農奴社會遺留下來的迷信、愚昧、非科學的東西至今還禁錮廣大農牧民群眾的思想」。令人感慨的是，除了政府和官方媒體之外，就連一些知識分子也就著最近的事件動輒放言「藏人的民族性天真淳樸，很容易受人迷惑」。即便對西藏問題一向開明中肯的民間學者王力雄也有盲點，除了曾用「喇嘛教」這個充滿漢地佛教偏見的稱謂指稱藏傳佛教或藏人喜用的「金剛乘」之外，也不能免俗地以簡單的環境決定論去說明藏人對宗教的渴求。

五

　　走筆至此，我們不難發現所謂西藏問題，其實有一半是漢人自己的問題。從在上位者一直到民間百姓，不只對西藏的民情文化沒有起碼的認識和尊重，更對複雜纖細的民族問題毫不敏感。進而言之，中華人民共和國雖說是多民族國家，但我們的少數民族政策卻從來都是不完整的，一是因爲我們只是單向地把它看成是對少數民族做工作，卻從未反省漢人爲主的主要族群該如何與其他民族共存；二是這些政策的範圍相當狹隘，沒有把民族視野恰當地貫注在其他政策之內。

　　且以文革遺產的清理爲例。根據班禪喇嘛早在文革爆發前4年向中央委員會遞交的「七萬言意見書」：「民改前的西藏有大、中、小寺廟2500餘座，而民改後由政府留下來的僅只有70多座，減少了97%多，由於大部分寺廟沒人居住，所以大經堂等神殿僧舍無人管，人爲的和非人爲的損害，破壞巨大，淪於已倒塌和正在倒塌的境

地」。到了文革那10年，僧人被迫還俗，佛寺遭到洗劫的慘狀就更是變本加厲了。有些論者承認這種種做爲對西藏造成的災害確實很巨大，但轉頭卻說不只西藏，「那十年裏全國各地一樣受害」，言下之意是大伙過去都遭殃了，你們藏人不該老拿這些往事出來說三道四。這就是對民族問題不敏感的絕佳例子了。他們似乎完全不明白同樣是文革，對漢人而言或許是自己人鬥自己人，但到了西藏卻是你們漢人帶頭來搞我們西藏人了。所以在處理這些歷史傷痕的時候，政府應該格外小心，不能只是出錢修復廟宇，甚至還要採取比在漢地更徹地的解決方案（例如查明歷史真相和道歉），方能締造民族和解的基礎。

比起雖有魁北克問題但大體上和平的加拿大，中國其實一直沒有認真實行過多元文化的路線。首先，我們要知道所謂的「普通話」其實就是現代漢語。當許多官員誇誇其談西藏的教育普及做得如何之好的時候，大概沒有想過對藏族青少年來講，他們正在學著掌握一種非母語，且要用它爲工具和來自漢地的同齡人競逐教育的機會以及政府公職，其間差異足以造成重點大學藏人入學率偏低的情形。

假如准許用藏文考高考的想法太過不切實際，讓各地中學開設藏語和維吾爾語選修班也十分異想天開的話，我們能不能審視一下現有的教材內容呢？翻翻歷史課本，身爲多民族共存的現代國家，我們唸的卻還是唐宋元明的王朝世系，那你要置吐蕃王國於何地呢？番邦嗎？同樣地，農曆新年是法定假期，那麼藏曆新年呢？就算不用全國放假，漢人學子也該學點藏曆和回曆的基本紀年知識吧。

真正完整的民族政策，不可能只是保障各少數民族在自己居住地內的傳統文化和權益，更不可以只是讓他們學融入漢人定義的「中華文化」；而是要讓人口占多數的漢人也學懂其他民族的文化傳統，平等地對待其他民族。

六

　　我在電視上看見一些青年僧人也參與了近月的事件，甚至還拿起了石塊和棍棒……他們的憤怒我只能盡量體會。現謹摘抄13世紀偉大的成就者無著賢菩薩〈菩薩行三十七頌〉片段如下，祈願藏漢的真正和解：

　　即使有人用各種難聽的話貶損我，並且在千萬個世界中到處張揚，出於慈悲，我讚美這個人的功德，乃是菩薩的修行。

　　在大型集會之中，某人用侮辱的語言揭露我隱藏的缺陷，恭敬地向他行禮，視其為法友，乃是菩薩的修行。

　　被我視如己出地來關愛的人待我為仇敵，如母親愛生病的孩子一般更加愛他，乃是菩薩的修行。

　　如果有人即將斬下我的頭，即使我沒有絲毫過錯，透過悲心的力量，擔負他所有的惡業，乃是菩薩的修行。

　　梁文道，香港鳳凰衛視評論員，中國大陸《南方周末》、《南方都市報》，香港《明報》、《蘋果日報》及馬來西亞《星州日報》等多份報刊專欄作家。近著為評論集《常識》（2009），現正準備《後殖民香港》一書定稿。

金融大海嘯的啓發：
馬克思、全球經濟冰河期及消極共產社會

梁文韜

一、馬克思的想像與金融大海嘯的啓發

「我時刻清醒，對自己最重要的是什麼。」[1]

這是馬克思在1864年運用亡友贈送的600英鎊遺產，一次過投入股市，並賺到400多英鎊退場後的想法。他大賺後，決定回到寫作《資本論》這件「最重要的」事上。我們不清楚這次的投資經歷在多大程度上啓發他對資本主義的理解。一方面，資本市場當年仍屬於初始階段；另方面，重商主義仍然深深影響國際經貿發展。馬克思最大的貢獻是試圖勾劃出資本主義的「內在邏輯」，其基本想法是資本主義發展到高級階段後，共產主義社會的時機就到了。

2007年發生的金融大海嘯至今還未平息，這是否預示資本主義的末日或只是展現其崩潰模式？中國、俄羅斯、巴西及印度等金磚四國尚未徹底融入資本主義，全球資本主義還未發展到極致，加上科技發展對經濟的貢獻猶未飽和，離資本主義的末日還遠，但金融

1　資料來源：2008年3月30日，〈馬克思唯一一次炒股經歷：小試牛刀賺了一把〉，中國評論新聞網，http://www.chinareviewnews.com。

大海嘯卻可預視資本主義的瞬間崩潰並非不可能。

　　對馬克思而言，資本主義的末日迎來美麗新世界，最理想的話會出現早上畜牧而下午看古典哲學的境界，屆時物質豐盛、大家和睦共處、各盡其力、各取所需，我們大可稱之爲「積極共產主義」。涵括恩格斯在內的不少馬克思跟隨者都認爲，馬克思主義是科學的，但對科學哲學論者如波柏（Karl Popper）及其追隨者而言，馬克思理論不可能是科學的，原因是它不可能被證明是錯的，而任何不可能錯的理論都談不上是科學的。另外，個別馬克思理論家如柯亨（G. A. Cohen）大膽而直接指出歷史唯物論是錯，蘇聯的經驗已證明一切。不過，即使大家同意資本主義社會將會邁入共產社會，亦不必接受馬克思對共產社會的積極描述。不少馬克思主義者仍然宣稱，歷史唯物論是科學而非烏托邦的，但是科學與否，視乎它能否解釋資本主義社會爲何會邁入共產社會，並準確地呈現將來出現的共產社會之特質。本文嘗試勾劃修正後的馬克思式想像，展示所謂的消極共產主義，也就是說，某種「非科學及非烏托邦式的」共產主義。非科學，因爲這是馬克思式想像的延伸，沒有人能確定想像的東西會是科學的，我們沒有把握斷定這種共產社會將會出現；稱之爲非烏托邦式，是因爲消極共產社會的特徵是全球經濟冰河期，沒有人會認爲冰河期中的環境是個烏托邦。跟積極共產社會相比，消極共產社會出現經濟蕭條、物質匱乏、即使各盡所能亦只能維持基本生計的悲涼境況。若這樣的看法有其道理的話，一則以喜、一則以憂。令人憂心的是全球經濟冰河期有可能出現，令人樂觀的則是，由於是非科學的想像，我們有可能引入規範性考量力圖預防這種冰河期。

　　1850年，馬克思還沒有開始寫作資本論，來自德國的三兄弟就創立雷曼兄弟商號。158年以來，它走過兩次世界大戰、經濟大蕭條、

多次美元危機及石油危機、亞洲金融風暴，甚至在911恐怖攻擊中它
在世貿中心的辦公室遭毀，人員及財產損失嚴重，這家全美第四大
投資銀行均未被打倒，但卻栽在自己最擅長的金融衍生商品上而破
產[2]。誠然，全球面對的不單是一場風暴，而是大海嘯，史上罕見地
出現全球股市、債市、房市及原物料四種主要資產崩潰的系統性危
機。大海嘯跟風暴不一樣的地方在於大海嘯會像電影《明天過後》
所述，將淹沒一切，一波又一波地往四面八方襲擊，且一波比一波
猛烈，也許長期淹水還會帶來瘟疫，讓人即使逃過滅頂，也難逃一
死。

　　此次大海嘯的源頭來自2007年爆發的大地震：美國次級房貸危
機；大地震又源自全美第五大投資銀行貝爾斯登因次級房貸危機迅
速倒閉。於是一波波巨浪，席捲全球。第一波，債臺高築達五兆美
元的兩大房貸公司（房地美、房利美）於2008年9月7日被政府接管。
第二波來襲，雷曼兄弟於9月15日破產，美林被併購，AIG涉臨破產。
其後浪頭火速打到世界各國，10月5日晚間，德國政府宣布斥資500
億歐元，挹注第二大商用不動產放款機構Hypo控股，並承諾以超過
新台幣44兆元鉅資，對所有銀行存款提供無限制擔保；英國、法國、
德國股市暴跌，俄股更一天崩跌19%，一度停止交易。日本、韓國、
台灣及香港等亞股亦暴跌，印尼股市更乾脆停市。接下來，愛爾蘭、
希臘、德國、以及丹麥等國相繼宣布對私人存款提供無限制擔保。
歐美各國將數以千億美元挹注金融體系，壓抑恐慌情緒蔓延。

　　值得關注的是各國直接注資國內主要銀行成為股東，導致自由

2　資料來源：2008年9月22日，〈金融海嘯：雷曼兄弟破產啟示錄〉，
　商業周刊，第1087期，http://www.businessweekly.com.tw/article.php?
　id=34382。

派一度批評政府在搞共產主義。個別金融機構倒閉不足為奇，但這次的系統性危機是馬克思所未想像過。的確，若私人銀行都破產，並由國家接管全然變為公股銀行，自由資本市場就會結束。當然這次的嚴重程度還未至此，但如果下一次不是大海嘯而是冰河期，大家就不能全然抹殺此可能。

　　更令國際社會震憾的是，10月7日起數天內，冰島前三大銀行陸續宣布破產，並由國家接管。總理哈德乾脆宣布，國家瀕臨全國破產；總統葛林森更因心臟病發住院，全國陷入恐慌，克朗頓時狂貶63%，導致商品價格飛漲及民眾搶購物資。冰島股市也從9,000點垂直急墜到10月16日的640點[3]。曾經於2007年被聯合國評選為最適合人居住國家的冰島，原是低失業率國家，僅1%人口失業，但目前官方預估2008年失業率將超過10%。令人最訝異的是，冰島銀行總負債是GDP的9倍[4]。繼冰島後，巴基斯坦、匈牙利及烏克蘭等高負債國相繼傳出國家財政危機而瀕臨破產，稍後陸續得到IMF緊急撥款以紓緩金融壓力。

　　國家破產大概也是馬克思所沒有想像過的。但這對什麼時候會出現資本主義的瞬間分崩離析，似乎有了新的啟發。國際社會對「國家破產」尚無明確的定義，通常是指「國家償債能力」出了嚴重問題，最主要是財政及貿易赤字加上貨幣貶值所致。不過，直到如今，國家破產最壞的狀況都只局限在區域內。舉例來說，1980年代，拉丁美洲向國際金融機構大量舉債，金額從1975年的750億美元，飆升

3　資料來源：2008年10月27日，〈冰島破產〉，商業周刊，第1092期，
　　http://www.businessweekly.com.tw/article.php?id=34692。

4　資料來源：2008年10月21日，〈冰島銀行負債9倍於GDP 宜居國家變
　　負債最重國家〉，新浪雜誌，http://magazine.sina.com.tw/ newtimesweekly/
　　2008030/2008-10-21/ba62404.shtml。

到1983年的3,150億美元。石油危機後，歐美各國為抑制通膨而調升利率，讓拉丁美洲國家無法支付利息。1982年，墨西哥財政部長率先宣布無法償債，引發國際恐慌，產生一連串的拉美國家破產。在其後「失落的10年」裡，拉丁美洲人均GDP平均每年負成長0.9%。區域內的國家破產並非不可能，而破產後的結果導致GDP的負成長。我們可以設想日後一波更大的資本主義泡沫，泡沫爆破之後的結果會是全球經濟冰河期，屆時世界主要國家都破產成為淨負債國，這將出現全球GDP成長處於長期接近零甚至負成長的狀況。

　　有人會批評這是一種空想共產主義或社會主義。誠然，如果馬克思主義不是科學的，我們亦不必宣稱關於消極共產社會及全球經濟冰河期的設想是科學的；若馬克思主義只是想像的產物，為何不讓我們有多一種想像？當然，儘管這只是一種想像，也必需一點根據，接下來就是我們可以發揮的想像。

二、貨幣制度與資本主義在歷史上經歷三大演變

　　資本主義中的價值創造取決於勞力、商品及資本三大元素的特定關係，在最完美的狀況下，市場能最佳化三者的運用及它們之間的聯繫。馬克思歷史唯物論預測當科技發展到某一程度，資本累積集中在少數資本家的身上，階級矛盾到了一定程度後，資本主義就會達至高級階段，隨時邁入社會主義以至共產社會。按照馬克思的想法，資本主義發展至高級階段後會出現經濟循環的週期縮短，直至資本主義的結構無法承受迅速的週期變化而崩潰。

　　可是，由於馬克思缺乏對貨幣演變的想像，其理論無法預計當前的世界狀況，更不可能準確設想未來共產社會的特徵。從資本的型態來分析，資本主義在歷史上經歷三大演變：(1)從儲蓄資本主義

到在地借貸資本主義再到國際借貸資本主義,(2)從以資本累積爲主
到以一元式風險分散爲主再到以結構式風險分散爲主的資本主義,
以及(3)從在地資本主義到區域資本主義再到全球資本主義。前兩者
是資本主義在深度上發展,後一者則是寬度的拓展。此三大演變中
資本的型態占有主導地位,換言之,貨幣制度的演變跟資本主義的
發展息息相關,高階資本主義必然包含國際借貸資本主義及以結構
風險分散爲主的資本主義,而其範圍必然是全球性的。

　　韋伯在《新教倫理與資本主義精神》中分析資本主義的起源時
指出,清教徒的節儉造就早期的資本累積:清教倫理與傳統思想不
同,它鼓勵大家視賺錢本身爲目的,而非享樂的手段,換言之,賺
錢是一種倫理責任。因此,對商人而言,他應該不斷追求利潤,而
非單單滿足傳統生產方式的需要;對勞動者來說,他們必須努力不
懈地工作,而非只求基本生活需求之滿足。韋伯試圖解釋資本如何
累積起來,首先,禁欲主義下的生活態度,造成財產不斷增加,爲
上帝榮耀保住財產的責任感愈重;財富若因從事正當工作而獲取,
就是得到上帝祝福的標誌。其次,理性地使用財產是因爲要遵守上
帝的旨意,滿足個人與公眾需要。最後,清教徒的節儉必然導致資
本的積累,在清教所影響的範圍內,有利於理性的資產階級經濟生
活的發展[5]。基於上面之分析,韋伯推斷新教倫理與資本主義精神兩
者內涵並無太大的差異。由於催生資本主義的元素相當多,單單訴
諸宗教倫理給人欠缺完整的感覺。然而,韋伯的論述展現早期資本
主義關於儲蓄之面向,以及這面向跟基督教的關係。從限制消費與
鼓吹獲利兩方面,促進了資本的累積;而主張勞動分工,允許人們

5　　Max Weber,《新教倫理與資本主義精神》(于曉等譯)(台北:左
　　岸文化,2001),頁106-110。

擁有多種職業，讓努力的人不管是早期資本家還是勞動者都可以將賺來的錢儲蓄起來，並容忍社會出現財富不均的現象，資本主義社會雛型逐漸發展起來。

資本主義早期的發展都是以儲蓄作為後盾，在封建社會中敢於運用財富來創造財富的人，一方面使用其儲蓄投資新興的生產工具，另方面用有限管道如合資及有限私人借貸增加資本實力。從儲蓄及資本累積轉移到在地借貸及一元式風險分散資本主義，最重要的推手是貨幣及金融制度的發展。早期的資本主義貨幣制度是所謂的金銀複本位制。我們不必爭論是金銀複本位制催生資本主義，還是資本主義衍生金銀複本位制。一方面，黃金及白銀作為公認有價值的東西，自然成為其他商品價值的衡量標準，金銀複本位制促進商品貿易，沒有大規模的商品貿易的話資本主義就發展不起來。隨著資本主義生產關係的廣泛發展和商品流通在各國之間的不斷擴大，不同的貨幣制度成為一種障礙，從而要求在世界範圍內有比較統一的貨幣制度，及單一的世界貨幣。黃金及白銀由於其本身所具有的性質和特點，便逐漸成了各國統一採用的貨幣金屬，最終具備世界貨幣的職能。另方面，早期商人及其所屬國家若沒有大規模累積資本的欲望，就沒有認同黃金及白銀成為衡量商品價值終極標準之必要。資本主義的最早期發展遇到了很大的挫折，西班牙帝國主義帶回數量龐大的黃金，由於這些黃金並非源自勞力-商品-資本的循環，結果引發失控的通貨膨脹，最後更導致經濟崩潰。這凸顯以實金實銀作為交易媒介的問題，並非任何型態的金和銀都可以作為交易媒介，真正的貨幣制度才逐漸成形。

由於貨幣的價值建立在信任上，貨幣的發行當然需要政府的擔保。現代銀行制度始於英格蘭銀行在1694年的成立，銀行開始發行銀行券成為貨幣流通。英格蘭銀行的成立亦標誌現代國債的起源。

銀行原資本120萬英鎊，資本實際上是以年利率8%借給政府，銀行
的主要功能是收放匯票，處理公債及國庫券[6]。在實行金本位制以
前，大多數初級資本主義國家實行的是金銀複本位制，其特點是金
和銀都被確定為貨幣金屬，金幣和銀幣同時流通。由前金銀複本位
時期到金銀複本位制的確立，資本主義從儲蓄資本主義開始發展成
在地借貸資本主義，個別資本家向銀行借貸以擴展事業，國家向民
間籌資，但融資的範圍局限在個別國家的範圍內。金銀複本位制向
金本位制的過渡，造就區域資本主義的發展。

　　最早發展金本位制的，也就是被認為是最早真正落實發展資本
主義的英國。英國政府在1816年正式頒布實行金本位制的鑄幣條例
等法令。工業革命後的英國急需源源不絕的資金擴張，更需要簡單
並易於掌握的制度，但貨幣就其本性來說具有獨占性和排他性。兩
種貨幣的同時存在，不但會使商品同時具有兩種不同價格，而且由
於金、銀之間的價格對比不斷在變化，還會使貨幣制度本身和商品
流通產生混亂，金銀複本位制無可避免地向單一的金本位制過渡。

　　金本位制在英國的確立，對該制度在區域範圍的發展起了很大
的推動作用。到19世紀末，歐洲各國大致上採用金本位制，區域資
本主義基本上已經成形。當不同國家使用金本位時，國家之間的匯
率由它們各自貨幣的含金量之比例來決定。20世紀初，金本位制已
在歐美各國及其殖民地廣泛流行。也許大家會設想，若金本位制能
繼續發展，全球資本主義會以金本位制為基礎。可是，我們不能忽
略歐洲金本位制的發展伴隨帝國主義的擴張，如果是金本位制及黃
金對維持金本位制中的無可取代性兩者共同催化帝國主義的擴張，

6　Jack Weatherford，《金錢簡史》(楊月蓀譯) (台北：商周，1998)，
　　頁180-183。

而既然資本主義不必然依賴金本位制，那麼資本主義跟帝國主義的
關係就沒有列寧及其追隨者所想像的密切。

不少馬克思的追隨者如列寧等都提出帝國主義是資本主義的產
物，主要原因是資本家找尋商品的市場，進而累積更多資本。這固
然是其中一個因素，但帝國主義的擴張跟擴大黃金存量有莫大關
係，黃金早在資本主義孕育前就是重要的交易媒介，被眾多國家視
為有價值的東西。帝國主義始於西班牙及葡萄牙兩國在不斷進步的
航海術容許下大肆擴張，從哥倫布登陸美洲後大力找尋黃金看來，
黃金乃當時帝國主義的重要目的。與其說帝國主義是由資本主義引
發，倒不如說，資本主義是伴隨帝國主義而得以從區域資本主義逐
漸發展到全球資本主義。在金本位制下，資本的基礎是黃金，黃金
存量仍然被視為是衡量國力的標準，因此，在資本主義經濟模式下，
資源掠奪依然是帝國主義重要的推動力。金本位制在資本主義國家
的廣泛流行，是跟資本主義制度在世界範圍內確立了統治地位相呼
應的。

在帝國主義大國不斷加強對外掠奪下，黃金越發集中在少數強
權手中。其他國家日益缺乏黃金，金本位制的基礎因而被動搖了。
另外，國家為了應付爭逐成為主宰世界霸權的戰爭開支，不僅在國
外掠奪黃金，也在國內搜刮黃金，以不斷增加黃金儲備來滿足戰爭
對軍用物資的需要，這造成了黃金流通量的減少，使金本位制的穩
定性遭到破壞。為了使自己擁有的黃金不致大量外流，一些帝國主
義國家開始限制甚至禁止黃金的自由輸出，這進一步動搖了金本位
制的基礎。

第一次世界大戰期間，各參戰國紛紛停止銀行券的兌現並發行
不可兌現的紙幣，同時禁止黃金出口，金本位制終於崩潰。戰後，
除美國實行金本位制外，英法實行金塊本位制，其他國家多實行金

匯兌本位制[7]。實際上，它是一種帶有附屬性質的貨幣制度，無論金塊本位制或金匯兌本位制，都削弱了金本位制的穩定性。由於不再實行金幣流通，通過黃金貯藏手段職能自發調節貨幣流通量的作用已不存在。金匯兌本位制使許多國家的貨幣制度緊密結合在一起，只要當一國的經濟和貨幣流通發生問題，就必然會影響到其他國家，貨幣信用風險開始浮現。

經濟大蕭條引發資本主義國家有史以來最嚴重的經濟危機，從美國的股市狂跌迅速擴展，歐洲各國都發生銀行擠兌及破產風潮。1931年7月，德國政府宣布停止償付外債，實行嚴格的外匯管制，禁止黃金交易和黃金輸出，這標誌著德國的金匯兌本位制的結束，亦埋下了第二次世界大戰的禍根。各國在短短兩個月內就從倫敦提走了將近半數的存款，英國的黃金大量外流，不得不在1931年9月宣布英鎊貶值，並被迫放棄金本位制。一些以英鎊為基礎實行金匯兌本位制的國家，如印度、埃及、馬來亞等，也隨之放棄金匯兌本位制。其後，愛爾蘭、挪威、瑞典、丹麥、芬蘭、加拿大等國實行的各種金本位制都被放棄，此次所揭露的匯率危機實際上是貨幣信用危機，顯示貨幣匯率風險比當時各國所想像的大。

1933年春，擠兌使大批美國銀行破產。聯邦儲備銀行的黃金儲

7　在金塊本位制中，可以兌換黃金的銀行券代替了金幣。任何人都可以將所持有的銀行券兌換成等量的黃金，但是存在一個一般人達不到的最高兌換限額。這種制度可以部份解決黃金產量不足的問題和磨損所帶來的消耗。金兌匯本位制也稱做虛金本位制。當一個國家實行這種貨幣制度時，需要將黃金存放在另一個國家，本國貨幣與之實行固定比例率，只有當此國貨幣兌換成黃金存放國的貨幣時，才能兌換成黃金，這是一種殖民地性質的貨幣制度。資料來源：〈金本位〉，維基百科，http://zh.wikipedia.org/w/index.php?title=%E9%87%91%E6%9C%AC%E4%BD%8D&variant=zh-tw。

備一個月內減少了20%。美國政府被迫於3月6日宣布停止銀行券兌現，4月19日又完全禁止銀行和私人貯存黃金和輸出黃金，5月政府將美元貶值41%。這樣，美國實行金本位制的歷史也到此結束。最後放棄金本位制的是法國、瑞士、義大利、荷蘭、比利時等一些歐洲國家；它們直到1936年8-9月才先後宣布放棄金本位制。以往一般的理解是，這脆弱的制度是因為1929年-1933年的經濟大蕭條而全部瓦解，但近年不少論者則指出，是金本位制的危機引發及深化大蕭條[8]。西方金本位制徹底崩潰後，正常的西方貨幣秩序遭到破壞。英鎊、美元和法郎三種主要貨幣，各自組成相互對立的貨幣集團，導致國際貿易嚴重受阻，國際資本流動幾乎陷於停頓。貨幣集團間的競爭促使帝國主義發展到極致，並終於引發了全球性的第二次世界大戰，戰後金本位制亦成為歷史陳跡。

在二次大戰後期，英、美兩國政府出於延續霸權利益的考慮，構思和設計戰後國際貨幣體系。布雷頓森林體系在《國際貨幣基金協定》和《國際復興開發銀行協定》通過後成形，準金本位制得到奠定。戰前的英、法、美三足鼎立的多極貨幣體系最後由美元獨大。布雷頓森林體系的核心內容是雙掛鈎，即美元與黃金直接掛鈎，而其他國家的貨幣與美元掛鈎。與此同時，確立了固定匯率制。在準金本位制下，資本主義國家普遍實行了紙幣流通的貨幣制度，各國貨幣雖然仍規定有含金量，但紙幣並不能要求兌現。紙幣流通制度的實施，為各國政府過度發行紙幣、實行寬鬆財政政策打開了方便之門。從此，資本主義國家的貨幣制度已不再具有相對穩定性。通貨膨脹，匯率劇烈波動，使貨幣日益陷於動盪和混亂之中。以往在

---

8 Paul R. Krugman and Maurice Obstfeld, *International Economics*, 6th ed. (New York: Addison-Wesley, 2003), p. 545.

金本位的制約之下，世界主要國家的通貨膨脹微不足道，當今美國
從1970年代開始長期財政和貿易雙赤字的情況似乎是不可能的，而
外匯風險幾近於零。

　　雖然英國在戰前國際貨幣關係中占有統治地位，但是並沒有一
個國際機構維持國際貨幣秩序。戰後卻有國際貨幣基金會（IMF），
成爲國際貨幣體系正常運轉的中心機構。IMF乃全球資本主義的推
手，實際上是要確保美元的主導地位，美元成爲最主要的國際儲備
貨幣，彌補了國際清算能力的不足；這在一定程度上解決了由於黃
金供應不足帶來的國際儲備短缺的問題。布雷頓森林體系實行了可
調整的緊盯匯率制，匯率的波動受到嚴格的約束，貨幣匯率保持相
對的穩定，這對於國際商品流通和國際資本流動十分有利。IMF對
一些工業國家、以至國際收支不平衡的發展中國家，提供各種類型
的貸款，在一定程度上緩和了會員國的國際收支困難，使它們的對
外貿易和經濟發展得以正常進行，從而有利於世界經濟的穩定增長
[9]。在地借貸逐漸轉變爲國際借貸資本主義，國家及企業的舉債從國
內爲主轉移至國際領域。

　　二次大戰後英、法兩個戰前霸權正式退出世界舞臺，中、德、
日百廢待舉，資本主義的發展進入由美國主導的全球化階段。但礙
於以蘇聯爲首的共產陣營跟資本主義世界對抗，全球資本主義的發
展受限。這樣的對抗引發韓戰及越戰，亦埋下了布雷頓森林體系崩
潰的伏筆。戰後，美國的經濟實力空前強大，但50年代初，美國發
動韓戰，國際收支由順差轉爲逆差，黃金儲備開始流失。1960年後，
歐洲及日本從戰後的頹垣敗瓦中站起來，收支由逆差轉爲順差。美
國的黃金儲備下降到178億美元，因而爆發了第一次美元危機，國際

9　　上引書, pp. 546-551.

金融市場上掀起了拋售美元搶購黃金的風潮。

　　1960年代中後期以後美國擴大越戰規模，國際收支更加惡化，黃金儲備不斷減少，對外債務急遽增加。1968年3月爆發第二次美元危機，各國持續拋售美元搶購黃金，美國的黃金儲備半個月之內流失了14億美元。美國經濟狀況繼續惡化，1971年爆發了新的美元危機，黃金儲備降至102億美元，不及其短期債務的1/5。1971年8月15日美國政府宣布實行「新經濟政策」，內容之一就是對外停止履行美元兌換黃金的義務，切斷了美元與黃金的直接聯繫，這根本上動搖了布雷頓森林體系。此後，美國的國際收支狀況並未好轉，1973年1月下旬，國際金融市場又爆發了新的美元危機，美元被迫再次貶值，幅度為10%，黃金官價升至42.22美元。美元第二次貶值後，外匯市場重新開放，拋售美元的風潮再起。為維持本國的經濟利益，西方各國紛紛放棄固定匯率，實行浮動匯率。歐洲共同體作出決定，不再與美元保持固定比價，實行聯合浮動。各國貨幣的全面浮動，使美元完全喪失了核心貨幣的地位，這標誌著以美元主導的國際貨幣體系逐漸轉變[10]。由於1973年10月第四次中東戰爭爆發，石油輸出國組織為了打擊以色列，宣布石油禁運，暫停出口，造成第一次石油危機，油價狂漲，曾從1973年的每桶不到3美元漲到超過13美元，加速美元價值下降的速度。原油價格暴漲引起了西方已開發國家的經濟衰退，據估計，美國GDP增長下降了4.7%，歐洲的增長下降了2.5%，日本下降了7%[11]。

10　資料來源：〈美元危機〉，MBA智庫百科網，「美元危機是指國際金融市場上人們大量拋售美元，引起黃金價格上漲、美元匯率急遽下跌的現」，http://wiki.mbalib.com/w/index.php?title=%E7%BE%8E%E5%85%83%E5%8D%B1%E6%9C%BA&variant=zh-tw。

11　資料來源：〈第一次石油危機〉，維基百科，http://zh.wikipedia.

　　1973年後，浮動匯率逐漸成為事實，牙買加貨幣協定規定IMF
會員國可以自行選擇匯率制度，承認固定匯率制與浮動匯制並存。
但會員國的匯率政策應同IMF協商，並接受監督。在條件具備時，
IMF可以實行穩定但可調整的固定匯率制度。牙買加協定後的國際
貨幣制度實際上是以美元為中心的多元化國際儲備和浮動匯率的貨
幣體系。在這個體系中，黃金的國際貨幣地位趨於消失，各國所採
取的匯率制度可以自由安排。美元在諸多儲備貨幣中仍居主導地
位，但它的地位在不斷削弱，而德國馬克、日圓的地位則不斷提高。
主要已開發國家貨幣的匯率實行單獨或聯合浮動，而多數開發中國
家採取聯結匯率制，把本國貨幣聯結多種形式的管理浮動匯率制
度。另外，國際收支的不平衡會通過多種管道進行調節。除了匯率
機制以外，國際金融市場和國際金融機構也發揮著重大作用[12]。

　　在這個看似成熟的新制度下卻隱藏了更大的美元危機。發生在
1979年至1980年代初的第二次石油危機，伊朗爆發伊斯蘭革命，而
後伊朗和伊拉克開戰，原油日產量銳減，國際油市價格飆升，原油
價格從1979年的每桶15美元左右最高漲到1981年2月的39美元。第二
次石油危機也引起了西方工業國的經濟衰退，當時美國GDP大概下
降了3%，這亦間接釀成拉丁美洲經歷失落的十年。美國經濟的相對
弱勢同時造就日本在1980年代的高成長，繼而發展成房產泡沫，由
於熱錢的湧入及美國透過「廣場協定」逼迫日圓升值，日圓資產的
價值被過分推高，泡沫在1990年爆破後導致嚴重的金融危機，日本

（續）—————————————————————————
　　　org/wiki/%E7%AC%AC%E4%B8%80%E6%AC%A1%E7%9F%B3%
　　　E6%B2%B9%E5%8D%B1%E6%9C%BA。
　12　Robert Glipin，《國際關係的政治經濟分析》（楊宇光等譯）（1994），
　　　頁160-164。

經濟從此一蹶不振[13]。

取而代之的是中國及號稱亞洲四小虎的泰國、馬來西亞、印尼及菲律賓。中國經歷了十多年的自由化後逐漸進入高成長期，由於美元實質購買力持續降低，令資金持續流入中國，四小虎因勞工成本低亦吸引大量外資。新興亞洲市場進一步融入全球資本主義，但過度舉債及脆弱的金融體系沒法負荷全球資金快速流動所帶來的風險，這種下1997年亞洲金融風暴的禍根。1997年5月9日穆迪投資服務公司發布全球61個國家銀行體檢報告，調查發現有58家發生危機之比率極高，警告可能成為新一波經濟危機之導火線。6月9日IMF表示金融市場近期內可能發生全球性金融危機，6月28日泰國當局大刀闊斧改革金融業，強制16家金融機構歇業或合併。7月2日泰國央行由於市場壓力及外匯存底不足，放棄對美元固定匯率改為管理式浮動匯率，在對沖基金狙擊下，泰銖對美元匯率重挫16.4%。泰國被迫接受IMF援助，直至1997年12月底，泰銖貶值65.92%。東南亞其他國家也接連發生貨幣大幅貶值，股市資產大量縮水。從1997年7月至12月底為止，菲律賓披索貶值41.53%，馬來西亞幣貶值41.56%，印尼盾貶值61.14%。接著，經濟體質較好的新加坡與台灣兩地的匯率亦貶了16.01%及16.29%。同年10月21日金融風暴繼續擴散，除了香港股市遭重創、港元遭狙擊外，韓國貨幣貶值加重企業匯兌損失，11月7日韓圜直貶15%，12月IMF對南韓紓困550億美元，為歷年規模最大的國際紓困方案，但南韓股市持續重挫下跌。亞洲金融風暴源自外來資金短時間內大量撤離及對沖基金等投機者的惡意狙擊。

誠然，1990年代見證了資本主義真正全球化的開始，對自由派

---

13 Edward Chancellor，《貪婪時代》（齊思賢譯）（1999），頁272-302。

人士如福山來說，前蘇聯陣營解體顯示自由民主及資本主義的最終
勝利，亦即是歷史的終結，對死忠的馬克思主義者而言，這談不上
是最後勝利，因為資本主義還未發展至最高級階段。也許雙方不必
對歷史的終結下定論，但前蘇聯陣營解體的確釋放大量生產力及龐
大市場。在改革初期，由於國家的工業基礎薄弱以致進一步改革面
臨嚴重的問題，俄羅斯經濟在前蘇聯解體後連續5年下滑。儘管如
此，俄羅斯的經濟還是相對快速的從中央計劃經濟轉型到市場經
濟。可是，1998年的財政危機導致了當年8月盧布的貶值、債務的加
劇以及人民生活水平的嚴重下滑。

　　對樂觀的自由派而言，這些只是全球資本主義發展過程出現的
陣痛。的確，各國快速復甦，在1999至2001年期間，憑藉較高的石
油價格和弱勢的盧布，俄羅斯的經濟再度復甦，平均每年增長6%。
由於中國對貨幣的嚴格控制，經濟依然沒有緊扣國際經濟，因而受
亞洲金融風暴的影響較少，繼續維持高成長。亞洲四小龍甚至四小
虎的經濟，由於貨幣狂貶後對出口的刺激及網路科技的發展，得以
迅速回穩。

三、資本主義全球化、金融偽商品及經濟大泡沫

　　即使我們的基本論點是金融泡沫乃將來資本主義末日的導火
線，但這會發生在科技發展到達一定程度之後。自蘋果電腦於1980
年代初成功將電腦發展成民用後，資料處理的速度大幅提高，生產
力亦自然大幅提昇，數位革命為生活帶來了方便。1990年代末期的
網路科技突破性發展，更讓資訊傳遞產生跳躍性的突破，也造就了
網路科技泡沫。泡沫的出現是商品的相對真實價值遠遠低於其交易
價格，網路科技泡沫源自產業革命帶來網路公司的價值被過度高

估，當人們發現這是一場夢的時候，價值最終回歸基本面。然而，由於網路泡沫膨脹到了難以想像的地步，網路公司的本益比動輒一、兩百倍，全球股市其後的崩跌對美國以至全球經濟造成實質影響。

網路科技泡沫爆破以後，美國的連番降息造就了資本充沛程度與日俱增，加上報復911恐怖攻擊後的阿富汗塔利班政權及攻打伊拉克消耗龐大軍費，維持戰後伊拉克秩序的花費亦甚鉅，美元積弱不堪，加上利差壓縮逼使銀行尋找高報酬的放款策略。次級房貸是在利息低微及預期房價趨昇的心理下的產物，房市泡沫逐漸形成及膨脹起來，這樣的解釋固然可以簡單化整個過程，但卻忽略所謂金融偽商品的角色。資本主義全球化讓資本擁有者在運用資本時將自己暴露在極大的風險中，金融技術的發展造就結構性風險分散資本主義在最近10年迅速發展，以往避險方式是一元式的，以簡單的期貨或期權雙向買賣來運作。一切資本主義的交易都必須正視信用風險（Credit risk），信用風險是指交易對手未能履行約定契約中的義務而造成經濟損失的風險。結構性風險的特色是(1)將不同性質的風險結合及(2)將未來的風險都納入考量。這次的泡沫爆破，是追求結構性風險分散到達極致的後果。

為了買賣房地產不動產貸款的債權，華爾街金童們於1970年代發明了所謂的不動產抵押貸款證券（Mortgage Backed Securities, MBS）。他們將條件接近的不動產債務集合一起打包，製成標準的憑證，再將這些有不動產債務作為抵押的憑證賣給投資者，債務利息收入與債務風險也同時轉移給投資者。後來，聯邦國民住房抵押貸款協會（俗稱房利美）開始大量發行標準化的MBS。這是個多贏的局面，銀行解決了抵押貸款的流動性問題，可迅速將長期大額並難以流動的房地產債權從自己的資產負債表上拿掉，套出利差後，將

風險連收益一併轉讓,然後去尋找下一個願意貸款買房的人,買房的人更加容易得到貸款,賣房的人更加容易脫手房產,同時投資人得到了更多的投資選擇。在MBS的啓發下,一個更爲大膽的作法出現了,也就是資產抵押擔保證券(ABS, Asset Backed Securities)。既然以未來固定本息收益做抵押的MBS能夠廣被接受,那麼一切有未來現金流做抵押的資產都可以使用同樣的方式進行證券化,這樣的資產可以包括信用卡應收賬款、汽車貸款、學生貸款、商業貸款、各類型租金收入、甚至是專利或圖書版權的未來收入等等[14]。

债務原本只是可以轉移的商品,但當它被證券化後卻成了虛假資本。MBS及ABS大大提高了銀行體系創造出原本不存在的資本之能力,這也必然造成嚴重的資本供應過剩問題,過剩的資本不是擠進股市,就會繼續吹大本來就不斷膨脹的房地產價格泡沫,或發洩到原物料和消費商品領域中造成通膨。事實上,2007至2008年期間的泡沫是雙重泡沫,2007年浮現的美國房市泡沫促使美國迅速降息,美元急速貶值導致資金進一步推升本來已蘊釀飆漲的原物料價格,特別是屬於衍生性商品的期貨之價格。到了2008年,原油、黃豆、小麥等原物料價格短時間內以倍數狂漲。所有評論者都忽略了一個重要的事實,2008年所見證的實際上是另一場石油危機,油價從2007年初的50美元在1年半內狂漲3倍到147美元,漲幅跟1973年及1979年兩次石油危機相似。

這次金融大海嘯,實際上是一場看不見的美元危機所造成的。以往的危機是由於戰爭導致黃金儲備迅速下降,衝擊準金本位制,導致美元貶值。自準金本位制失效後,美元危機變成看不見了,但其實際購買力卻不斷下降。目前的經濟衰退是美元危機、石油危機、

14　參考宋鴻兵編著,《貨幣戰爭》(遠流,2008),頁355-360。

金融信用危機，以至房產及原物料泡沫所共同造成的，後果之嚴重不言而喻。

　　大海嘯的影響在美國逐漸蔓延到其他行業。首先，最具震撼力的莫過於美國三大汽車廠瀕臨破產，宣稱需要340億美元注資；其次，全美第二大電子零售商電路城聲請破產；最後，擁有161年歷史、12家報紙及23家電視台的第二大報業集團──論壇集團因負債130億美元而宣布破產。企業倒閉已令美國失業率升至7.2%，並將會持續攀升。信用評等機構穆迪也認為企業營運狀況將為惡化，並預測2009年將有高達10%的企業無力清償債務，遠遠超出2007年的1%。全球最大信貸保險業者愛瑪仕預測，按照目前的趨勢，2009年歐洲企業破產件數恐將攀升至20萬家的歷史新高紀錄：估計2009年法國企業破產家數將高達6.3萬家，在歐洲國家中排名第一，不過，若以增加幅度來看，預料將以西班牙、愛爾蘭與英國為最。另外，美國2007年企業破產家數為2.8萬家，2008年預計上揚為4.2萬家，2009年將持續攀升至6.2萬家。至於日本，估計2009年企業破產件數將由2008年的1.4萬增至1.7萬件，日本以外的亞洲國家企業破產狀況，也將比2001-2002年上一波景氣衰退期時來得更為嚴重[15]。若此預測準確，我們可以推論金融大海嘯對日本的影響相對輕微，歐洲最甚。

　　那麼面對如此嚴峻的困境，我們是否快要步入全球經濟冰河期？答案是否定的，原因有二：1. 科技會繼續創新直至其發展對經濟成長的影響呈現飽和；2. 中國、印度、俄羅斯及巴西等金磚四國在沒有完全融入全球資本主義前會繼續保持相對高的成長，並帶動

15　資料來源：2008年12月9日，〈歐美明年恐現破產潮 20萬家歐洲企業不保 美國倒閉家數上看6萬家〉，http://tech.digitimes.com.tw/ShowNews.aspx?zNotesDocId=0000116300_EMP2R9N11LKTQBL6QVI2W。

全球經濟復甦。當科技發展及資本主義全球化到達一定程度後,高
階資本主義才會來臨。按照傳統馬克思主義的經濟決定論,屆時經
濟循環會縮短,波幅亦會減低,直至積極共產社會的到來(見圖一)。
我們的想法是,高階資本主義的終局不必然是積極共產社會,而可
能是消極共產社會,消極共產社會將會在高階資本主義經歷一波超
級大泡沫後出現,屆時全球陷入長期經濟冰河期(見圖二)。

　　大家不免懷疑全球經濟冰河期會否出現,但若稍微研究泡沫經
濟的起伏,就不難想像冰河期的可能性。這次金融大海嘯,是由虛
假資本的創造所引至的資本泡沫爆破後引發。實質資本的創造是基
於生產及將產品變成商品後衍生的交易所形成,而虛假資本的創造
是基於偽商品的發明。資產及債權證券化的產物都屬於偽商品,這
當然包括跟次級房貸相關的各種衍生性金融商品。真商品的原始狀
態是由勞動所生產的產品,當這些產品放在市場成為商品後,交易
有可能出現,若交易出現,則貨幣流通一次;以往只有貨幣流通才
有乘數效應。非消耗性商品本身若經過第一次轉移後不再放回市場
作交易,商品是沒有乘數效應。但資產及債權證券化將真商品變為
具有乘數效應的眾多偽商品。偽商品的價值取決真商品的價值,金
融偽商品為真商品帶來乘數效應的。偽商品之所以出現,純粹是為
了規避真商品市場價格變動所帶來的風險。

　　追求風險分散的極致,實際上就是將風險結構化並因此而將其
隱藏起來。以MBS為例,投資銀行家們首先將MBS按照可能出現
拖欠的機會率切割成不同的幾塊(Tranche),這就是所謂的CDO
(Collateralized Debt Obligations)債務抵押憑證,其中風險最低的叫
「高級CDO」(大約占80%),風險中等的叫「中級CDO」(大約占
10%),風險最高的叫「普通CDO」(大約占10%)。即便是萬一出現
違約,也是先賠光「普通品」和「中級品」;有這兩道防線拱衛,

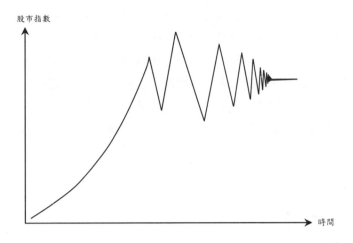

圖一　積極共產社會來臨前的經濟循環狀態

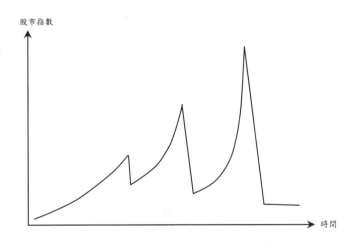

圖二　消極共產社會來臨前的經濟循環狀態

「高級品」被認爲是固若金湯。貸款人隨時可以做「再貸款」來拿出大量現金，或是非常容易地賣掉房產然後套取大筆利潤，2002年以來營造的超低利率金融環境造就了信貸擴張的狂潮，房地產價格5年就翻了一翻。次級貸款人可以輕鬆得到資金來保持月供的支付，結果次級貸款拖欠的比率遠低於原來的估計。對沖基金手中的CDO資產膨脹起來，正好讓其好好利用一下高槓桿率。於是，對沖基金來找商業銀行要求抵押貸款，抵押品就是CDO。當對沖基金拿到錢，就回過頭來向自己的老東家投資銀行買進更多的CDO。投資銀行手中的CDO資產尚未出現嚴重的違約問題前，每月的利息收益還算穩定，但未來很有可能會出現風險，因此有必要爲這種不可知的風險找尋對策，爲將來的可能違約買一份保險，這就是信用違約掉期（CDS，Credit Default Swap）。這樣的作法是爲了將剛剛製造的風險再分散出去，其成品是「合成CDO」（Synthetic CDO），並以此爲基礎發展出「CDO平方」、「CDO立方」、「CDO的N次方」等產品。這些精密設計下的各式CDO，贏得穆迪、標準普爾等資產評級公司甚高的評等，在所有的次級貸款MBS中，大約有75%得到了AAA的評級，10%得了AA，另外8%得了A，僅有7%被評爲BBB或更低，這吸引各類投資者的目光[16]。

　　有趣的是，以CDO爲藍本所設計的僞商品具有乘數效應，故實質上等同於虛假資本。不同的第一層僞商品再被共同打包成爲第二層僞商品，這樣層疊層的累積，不但可以分散風險，更可供投資銀行或投機家加大槓桿操作，或作爲抵押以便獲取更多融資。根據瑞銀的數據統計，美林的槓桿率從2003年的15倍飆昇至2007年的28倍，摩根士丹利2007年的槓桿率高達33倍，高盛亦有28倍，而美國

16　參考宋鴻兵編著，《貨幣戰爭》，頁366-8。

銀行和美聯銀行2008年二季度末的槓桿率均為11倍[17]。

在資產證券化的快速堆疊中，發行次級貸款的銀行更有效地得到更龐大的現金去吸引次級貸款人，次貸以倍數等值散布全球。次級貸款銀行負責生產，投資銀行、房利美和房地美等公司負責加工和銷售，資產評級公司是質量監督局，對沖基金負責物流，商業銀行提供信貸，各國企業或政府退休基金、各式信託基金、教育基金、保險基金、投資機構以至一般投資者就成了CDO的最終債權者，風險都精妙地隱藏在綿密的結構中，並分散至全球。國際借貸讓債務全球化，結構性的風險分散將在地債務散布到全球，英國某一般投資者跟某台灣銀行，可能同時擁有某一美國次級貸款者的債權。

可是，在長期低利率及房價不斷攀升的過程中，通膨巨獸逐漸長大，聯準會為了對抗通膨逐漸提升利率。利率緩升的同時，次貸違約率亦趨升，直至大地震的出現。2007年8月，華爾街第五大投資銀行貝爾斯登旗下從事次級房貸的兩支對沖基金出現巨額虧損，基金的債權人紛紛要求撤資。這兩支基金的投資不過4000萬美元，但從公司外部籌集的資金卻超過5億美元。利用財務槓桿，兩支基金舉債90億美元，並控制了超過200億美元的投資，大多為次級抵押貸款支持債券構成的CDO。貝爾斯登因無法填補資金黑洞而倒閉。當大海嘯從震央發散時，大家仍然沉醉在2007年股市及原物料大牛市的歡樂中，大海嘯於2008年下半年一波一波湧至，引發資金逃難潮，全球股市市值砍去一半，共60多兆美元的市值剩30多兆美元，油價暴跌一百多美元回到起漲點，其他原物料價格亦暴跌。

---

17 資料來源：2008年10月14日，〈高槓桿之禍破華爾街神話〉，新華網，http://news.xinhuanet.com/fortune/2008-10/14/content_10191350.htm。

　　隨著各國大幅降息、對金融體系瘋狂注資、以及提出各式各樣
的經濟振興方案，我們大可相信經濟惡化的速度將會放緩，雖然不
能預測已開發國家的經濟什麼時候會復甦。但是我們難免擔憂，在
這樣的環境下，更兇猛的一波泡沫會在10到15年內出現，屆時美國
國債有可能會從大海嘯前不到10兆升到30兆以上，導致美元實質購
買力銳減，並間接造就油價會比照過往經驗在這波高點147美元起漲
3倍以上達450美元。

四、全球經濟冰河期及消極共產主義

　　全球經濟冰河期，會在日後一波比目前大三到四倍的泡沫爆破
後出現。這基於兩個前提：（1）資本主義將繼續以國際借貸及結構式
風險分散爲基礎的全球資本主義發展，以及（2）國際結算仍將以美元
爲本。若要解釋第一個前提，我們必須訴諸資本主義所包含的微觀
內在邏輯。這次大海嘯展現無數的個體理性所帶來的集體不理性，
投資者竭力找尋高回報，在長期低利狀態下情況更甚，投資銀行CEO
謀求個人最大回報，催迫華爾街金童用盡各種方法在最大程度上增
加機構獲利及規避風險，但結果是造就最大的惡果，微觀內在邏輯
日後會繼續運作。

　　至於第二個前提，在準金本位制崩解後，日元、英鎊甚至歐元
都曾經占據舉足輕重的地位，但至今仍然無法取代美元成爲主宰全
球經濟的貨幣。所有開發中國家的外匯儲備都是以美元爲主，這些
國家大多擁有龐大的美國國債。即使金融大海嘯已波及全球，但目
前美元相對大部分日圓以外的亞洲貨幣及其他主要貨幣反而趨升。
另外，今年以來中國幾乎一直在增持美國國債。前9個月共增持美國
國債1074億美元，且自2008年7月金融危機愈演愈烈之後，增持幅度

反而有增無減。截至9月底已達5,850億美元,取代日本成爲美國國債的海外最大持有國。這些事實在在顯示美元的無法取代性。當然,在目前不穩定的國際金環境下,美元及美元資產被視爲資金避風港是可以理解的,但這只會是暫時的。由於美國貿易逆差將持續擴大,大幅舉債以提振內需,及長期的經常性赤字,加上有可能出現零利率的情形,美元長期是走貶的,其實質購買力會持續下降[18]。大家不難推斷在金磚四國經濟持續保持高成長下,熱錢會繼續湧入,亦會重新推升原物料價格,然而,這是長期趨勢,在歐美還未擺脫衰退前,新一波的泡沫是不會被吹起的。

金磚四國什麼時候能完全嵌入全球資本主義,端賴外匯管制何時得到徹底放寬。在這次大海嘯後,爲了維持經濟持續成長,金磚四國只好加強跟他國的經貿合作,經濟自由化令四國進一步融入全球資本主義是可以預見的,全球經貿的成長亦將會逐漸飽和。

科技會繼續創新,直至其發展對經濟成長的影響呈現飽和。科學樂觀主義者會認爲科技發展只會更快,但他們忽略人類所能享受的科技程度是有限的,多功能的產品是大勢所趨,以往手機、數位相機及MP3是分別存在的,現在已完全合一爲可以上網及即時傳送影像的3G手機,未來的發展只會以縮小體積、減輕重量、增強處理資訊能力及強化資料儲存能力爲目標,但這些發展將趨於飽和。我們很難想像一支手機有需要擁有超過1,000GB的記憶容量:這並不是說將來的技術不可能達到,而是沒有人會有此需要。另外,微軟

---

18 據美聯社報導,美國新預算年(10月1日開始)的前兩個月之赤字高達4016億美元,迫近上一預算年的4550億總額,全年財政赤字很可能達到甚至超過1萬億,這是二戰後美國預算赤字以經濟百分比計算以來的新紀錄。2008年12月11日,http://www.hkcd.com.hk/content/2008-12/11/content_2198431.htm。

公司將於明年推出Windows 7以取代失敗的Vista版本。Vista的目的
是要建立數位家庭,有人會將它的失敗歸咎其設計不良而非數位家
庭的意念出了問題。可是,大部分人的感想是Windows XP已足夠應
付日常生活及工作所需。當然,我們可以設想將來的數位家庭只需
一台機器就達到電視、電腦、上網、電話、數位監控及數位搖控居
家電子用品等各項功能,Windows 7正是朝這方向發展,大家對此
當然會樂觀其成。不過,當上述兩種數位產品逐漸成為必備品時,
我們再難想像有更大的突破,其效能將會達到飽和。人類的慾望的
確無窮,但人腦運作速度有限,數位用品的功效若遠遠超過需要則
會變得多餘。由此我們可以推斷,科技產品對經濟成長的貢獻亦將
會逐漸飽和。

當全球經貿的成長及科技產品對經濟成長的貢獻都趨向飽和,
經濟成長必須依賴更大的一波泡沫,依靠設計上更精緻的金融偽商
品,將產生更大量的虛假資本,更高槓桿率的操作以更完善的風險
分散機制,將系統性風險隱藏在更深層的結構中,新一代的投資者
及華爾街金童將來再也記不起目前的苦痛,反而會再一次樂此不疲
地浸溺在未來的超級大牛市,製造超大泡沫。泡沫爆破之際資本主
義瞬間崩潰,邁入消極共產社會。

消極共產社會是全球性的亦是在地性的,它的出現在於全球出
現淨負債,這是由於大部分全球資本主義參與者在結構性風險分散
下相互負債。這些負債實際上是由虛假資本所構成,虛假資本則是
由高槓桿操作創造出來。泡沫爆破前大家相互欠債,爆破後偽商品
的價值迅速崩跌,缺乏流通,虛假資本變為真實負債,唯一解決之
道是將負債變為呆帳,互相打銷。可是,由於原來的風險分散設計
是以綿密的結構呈現,某一位貸款者的債權,可能因為乘數效應,
以倍數等值出現在多位機構或一般投資者的投資組合中個別衍生性

金融偽商品裡，但由於同一偽商品可能包含不同來源的債權，誰欠了誰多少根本無法釐清，結果是全球金融制度徹底分崩離析。或許就如馬克思所想再也沒有貨幣，但卻是基於不同的原因，也就是因為邁入消極共產社會。若全球經濟冰河期真的出現，我們不知道大家能否和平地繼續共存，也許在試圖脫離冰河期的過程中全球範圍的戰爭會出現。只希望屆時世界，能避免落入聖經預言世界末日前出現「民要攻打民，國要攻打國」的境況[19]，否則馬克思關於國家消失的想像亦會基於不同的原因應驗，全球陷入無秩序狀態。

　　全球經濟冰河期有可能出現，由於這是非科學的想像，我們可以引入規範性考量來阻止其出現。唯一可行的方法似乎是要終結美元作為世界貨幣的角色，並訂出全球適用的規範以制止金融偽商品的生產及限制槓桿操作。這些想法是否有效及如何落實這些想法，筆者暫無頭緒。本文並不打算提出任何萬靈妙藥，只想拋磚引玉，分享作為知識分子對目前世界苦況及未來發展的一點省思。

　　梁文韜，成功大學政治系暨政經所副教授。研究領域包括政治哲學、西方思想史、應用倫理以及當代中國思潮。現集中研究全球正義及民主等議題，正在撰寫有關人道干預及國際倫理的專書。

19　門徒問耶穌：「你降臨和世界的末了，有甚麼預兆呢？」耶穌回答
　　說：「民要攻打民，國要攻打國，多處必有饑荒、地震。這都是災
　　難的起頭」（《馬太福音》廿四：3，7）。

網絡生命政治在中國的浮現[*]

劉世鼎

　　在民眾話語權遭到黨—國機器嚴厲壓制的中國大陸,互聯網、手機等新資訊科技的社會使用,創造了更多逃逸反抗的機會,也逐漸顯露出顛覆既有權力—知識關係的可能性。黨國機器所生產的單一的、同質化的「人民」身分,正面臨著自主多樣的傳播活動的挑戰。

　　近幾年來每當有重大社會事件發生時,新科技都發揮了驚人的社會連結和組織動員的作用,重新界定了「人民」的意義。像是最近三鹿毒奶粉事件爆發後,互聯網迅速成為民眾交換訊息、表達不滿、策劃抵制行動的主要媒介。三鹿集團的網站遭到黑客報復,標題名稱被竄改為「三聚氫胺集團」,網站首頁被挪用為聊天室。各種關於毒奶粉的資料被羅列在網上,顯示毒奶粉的訊息是如何被政府、官方傳媒、和網絡經營者重重掩飾,包括3月份政府網站上已經有人反映三鹿問題的消息,但卻未得到重視,以及一名受害者家長曾在5月間在天涯社區論壇貼出一則質疑三鹿的帖子,卻遭到刪除。

---

* 本文初稿在北京帕米爾文化藝術研究院與清華大學人文與社會高等研究中心所共同舉辦的「二十世紀中國歷史中的政治與文化:以五四為場域的反思」(2008年10月26-30日)會議上宣讀。作者感謝主辦單位和汪暉教授的協助,以及與會者提出的批評。

事發後，一名自稱負責三鹿公關的網友，在網上舉報三鹿公司曾試圖花3百萬元要求搜尋引擎百度協助屏蔽負面新聞的消息在網上快速傳開後，百度的形象遭到重創。整個事件發展經過和相關訊息，都被網民放到維基百科上，成為網民不斷引用、接力補充的資料庫。中央電視台曾經播出的歌頌三鹿的節目，也被網民找到相互流傳。政府高官享用特別食品供應服務的消息被網民四處轉貼。曾經幫毒奶粉品牌代言的明星，被網民一一被點名批判、抵制。網民自己創作的嘲諷式文章、照片、短影暗指官商勾結愚民，在網上引起極大的迴響。

　　伴隨著全球化所發展的新媒體，正在提供新的主體自我組織的條件，在流通資本、影像和商品的同時，也將抵抗散布出去。社會傳播的自主化與抗爭形式的網絡化，正在激烈地改變官方和民間信息—權力不對稱的階層關係。新科技的運用正在改變社會衝突和互動模式的本質，為民眾主體提供了組織異議的可能性[1]。1990年代末以來以民族主義動員為主要訴求的網絡抗爭，開始逐漸滲透到日常生活的各個領域，成為民眾主體交換訊息、奪回知情權和其他社會權利的公共場域。這個公共空間充滿了衝突矛盾。不同於傳統工業時期以勞資抗爭為政治動力的模式，資訊時代的社會衝突形式轉變為對訊息流動的控制權。新形式的衝突漸漸取決於快速的傳播和自我組織的能力，以及如何掌握、運用和對手有關的情報的策略。換言之，訊息、情報和知識成為策略性的對抗資源。隨著傳播資訊技術的社會化，任何政治的力量都必須在媒體——特別是互聯網——

---

1 Nick Dyer-Witheford, *Cyber-Marx: Cycles and Circuits of Struggle in High Technology Capitalism*（Champaign, IL: University of Illinois Press, 1999）.

所構成的傳播場域中爭奪話語權力。但這並不意味著傳統媒介的運
作已經完全喪失了合法性和製造共識的能力，或是說新科技已經有
效取代了傳統的政治傳播與主權模式，而是踰越的可能性正在浮
現。自主性的傳播活動就是對日常生活異化的一種抗議。

　　2007年所發生的幾個重大事件，是新的主體能動性被調動起來
的轉折點。但我們可以說新形式的社會抵抗主體已經浮現了嗎？這
些網絡行動非常重視和生命、生存需要密切相關的議題（如居住生活
品質、環境汙染和飲食安全等），沒有確切的、固定的中心領導結構，
卻擁有遠距離自我組織、即時傳播、蜂湧聚集、並靈活地作出反應
的能力。一般來說這些自發性的動員組織結構相當鬆散，都不是以
奪取國家政權、或壟斷決策爲目的，也沒有抽象的民主人權訴求，
而是在失去國家保護時，試圖去自主地解釋社會事件的意義、維護
某種社會道德價值或捍衛某種生活方式，或者是轉化社會機構的運
作方式。這些實驗大多和社會自我保護的需求、而非社會主義國家
的要求有關。

　　這些主體實踐的主要動力是以一種新的合作方式，挑戰、或是
轉化黨國機器壟斷的知識—權力關係、以及給定的「人民」身分[2]。
這些抗爭表明了某些反對黨國社會主義及其官僚體制的訴求和趨
勢。然而，這些抵抗的動員大多仍局限在單一的、具體的議題或事
件，缺乏普遍一致的、長遠的目標、利益訴求、和意識型態。一個
臨時的動員行動往往融合了不同價值取向和訴求，很難用單一的名
稱來統一。然而，也正是因爲踰越式的抗爭始終處於浮動難以預測
的狀態，知識和訊息往往能夠像病毒一樣快速傳播、影響民意趨勢，

　2　「人民」和「諸眾」區分：Paolo Virno, *A Grammar of the Multitude*
　　（New York: Semiotext(e), 2004）.

破壞對手的名譽。以下我將從權力和抵抗的觀點，著重討論這種後現代式的傳播組織行爲模式和合作策略，以及伴隨的民主機會和局限性。網絡抗爭的多元、異質性、和不確定性雖然對黨國機器構成壓力，但即興式的行動往往稍縱即逝，未能形成一個可以轉化既有的社會關係、進一步改造權力遊戲規則的替代性進步選擇。有愈來愈多例子顯示，網民行動和國家機器之間有著非常曖昧的關係，有時甚至是彼此相互依賴的。

NGNO——非政府、非組織的主體抵抗

中國大陸的網絡抗爭大多屬於「自主性」的類型，表現出強烈的慾望要擺脫國家官僚主義和威權控制[3]。許多動員的案例表面上和國家無關，但若放置在更廣泛的政治社會發展來理解，其實是對1989年後黨國機器強化了對社會的控制、壓制民眾自主傳播、表達異議和自我管理的另類抵抗。89年後的社會抵抗形式變得更爲精細、潛伏、多樣，透過傳播網絡擴散到各個社會空間。在社會矛盾尖銳化的背景下，民眾利用新的傳播管道，以合作分享的方式介入各種社會議題。抵抗的形式也從早期的討論或訊息分享、集體討論和爭論，演變成爲富有創造性的反叛活動．然而在一個自我組織的自由被嚴厲壓制的體制下，以「非組織」的姿態現身、介入社會事務成爲不得不的策略。有別於西方的NGO，中國有著獨特的NGNO(non-government-non-organization)文化[4]。

3　關於全球化類型和自主性網絡戰的區分，見John Arquilla and David Ronfeldt, "The Advent of Netwar (Revisited) ," *Networks and Netwars* (Rand Corporation, 2002).

4　歐陽五，〈網絡吹響「集結號」〉，《明報》，2008/4/22。

　　「人肉搜索引擎」就是一種新形式的NGNO，指的是網民利用
傳播資訊網絡，自動自發的、通力合作去揭發他們所關注的人物或
是醜聞的網絡集體動員行動。這種動員表現出強烈的慾望去重新界
定、構成有別於國家所給定的自我身分認同。每當有引人注目、卻
不知其背景的人物，或者有違背社會公義的事件在網上被披露出
來，網民會透過自己所熟悉的網絡社區或發言平台，發動大規模的
調查和討伐行動，透過不同途徑和關係去尋找、蒐集、公布當事者
的個人背景訊息和曾經從事過的活動，進而騷擾、恫嚇當事人，以
達到懲罰的目的。廣泛的網絡社區發展以及搜尋引擎的普及，均促
成了這種新的合作社群形式和集體智慧的文化[5]。根據《2007年第三
季度搜索引擎市場報告》，由於網絡使用的高速增長，中國網民每
個月的搜索請求已經超過美國，月搜索量超過100億次[6]。儘管目前
還沒有一個專門統計數字顯示有多少人參與了人肉搜索行動，然而
近幾年來不斷湧現、吸引新聞媒體關注報導的網絡動員行動，已經
形成了一個獨特的景觀。

　　人肉搜索是一種新形式的網絡戰爭，是由各個分散的小組織或
個人所進行的非常規資訊抗爭。這種社會抗爭的組織形式非常鬆
散，類似於德勒茲和瓜塔里(Gilles Deleuze and Felix Guattari)所說的
「地下莖」(rhizome)狀的多樣散布，隨著打擊對象不斷轉移、繁殖

5　隨著這幾年關係型網絡活動的蓬勃發展，網絡公司紛紛推出網友通
　　力合作的搜尋引擎平台，如貓撲人肉搜索、天涯問答、Google人肉
　　搜索、百度知道、中搜、人肉搜索網、搜搜問問、雅虎知識堂、奇
　　虎、新浪網愛問、搜狗等。
6　〈報告顯示：中國超美國成世界最大搜索市場〉，2007/11/30，刊
　　載於《文新傳媒》網站：http://news365.com.cn。

蔓延[7]。這種無形的組織倚賴行動者對傳播網絡媒體的策略性使用，可以針對任何議題、人物、團體、機構，在任何時間和地點進行自我組織和協調，進行突如其來的「攻擊」。合作揭露某事件背後的真相、隱私、醜聞，是人肉搜索的倫理實踐。[8]就組織型態來說，人肉搜索行動缺乏穩定的領導中心，但總是會圍繞著特定議題蜂湧而現，試圖影響日常生活、傳媒報導、社會道德、甚至是政治議題的發展。這種無形的組織多少干擾了官方集權式的、階層化的、強調服從權威中心的組織體系，有時候很難區分出到底是防衛還是攻擊的組織行為。

人肉搜索所關注的議題相當異質，大多圍繞著日常生活中有關的行為或道德的話題。這種新的合作形式讓社會、政治、文化、道德、法律界線變得愈來愈模糊。最早的人肉搜索引擎行動，可以回溯到2001年中國大陸網站「貓撲」論壇網友所參與合作調查的「微軟陳自瑤」照片事件[9]，後來隨著2006年「虐貓女事件」的真相揭露[10]，這種結合集體智慧的搜索活動，從最初的虛擬貨幣交易遊戲、

---

7 這正是Rand研究員所說的「蜂擁群聚」：John Arquilla and David Ronfeldt, *Swarming and the Future of Conflict*（Rand Corporation, 2000）；另見：Harry Cleaver, 1999, "Computer-linked Social Movements and the Global Threat to Capitalism," http://www.eco. utexas.edu/~ hmcleave/polnet.html。

8 打擊對手名譽和形象是後現代網絡戰重要的策略性目標，見：Jodi Dean et al., eds., *Reformatting Politics: Information Technology and Global Civil Society*（London: Routledge, 2006）.

9 事件源於一名網友在論壇上貼出一張自稱為自己女友的照片，後來遭其他網友查出照片的真實身份是微軟公司代言人陳自瑤。

10 事件源於網上流傳的一組女子殘忍虐貓圖片和視頻，結果網民透過照片上留下的蛛絲馬跡，在一個禮拜內就查出了當事人的背景並予以譴責。

挖掘私人訊息爲樂的戲謔娛樂形式，逐漸演變爲普通市民介入公共
事務、揭露不公不義的社會運動，連結不同議題、各地所發生的事
件的途徑，形成一個快速移動的、隨時隨地浮現的社會行動網絡。[11]
看似和政治無關的、遊戲式的日常生活網絡使用，卻爲新的社會連
結形式提供了條件，開拓了訊息流通和「草根知識」的文化。初期，
貓撲、新浪、天涯、西祠胡同、百度貼吧等公共社區論壇都是網友
進行目標鎖定、議題設定、組織集結和訊息分享的主要活動場域，
不過這幾年受歡迎的網上聊天平台、視頻網站、社交網站和個人化
的博客，也被吸納到這個擴大的行動網絡之中。這種網絡群體動員
的技術和能量，也隨著各個議題事件不斷積累、變化，議題從日常
生活的道德行爲到批評制度化的官僚體系，從司法判決不公到愛國
忠誠度到虐待動物無所不包，訊息的取得變得愈來愈快、所涵蓋的
範圍也愈來愈完整。網上人際關係平台和手機的靈活運用、專門技
術、議題的多樣性、相關訊息的即時分享、跨界通力合作、集體智
慧，都可以說是人肉搜索運動的基本特徵。這種社會運動依賴的不
僅僅是數位資料庫和搜尋工具，而是包含了人際關係網絡的連結互
動，以及個人親身經驗和專業知識的分享。

11　最近《瞭望東方周刊》的封面報導〈人肉搜索的救贖〉，稱2006年
　　為「中國人肉搜索年」，。的確，這兩年來一連串網絡事件激發了
　　集體智慧的發展，包括「銅須門事件」、「蘭董事件」、「賣身救
　　母」、「天價頭事件」、「北京女白領姜岩自殺事件」、「流氓外
　　教」、「譚靜墜樓事件」、「錢軍打人事件」、「南京彭宇事件」
　　和「色情武術學校」等。然而，並非所有的動員行動都是以揭醜和
　　懲罰為目的，像是北京奧運女子氣手槍金牌郭文珺「拿金牌尋父」
　　消息披露後，網友就發動了一次動員令協助尋人。「集體智慧」：
　　Tiziana Terranova, *Network Culture: Politics for the Information Age*
　　(London: Pluto Press, 2004)，第三章。

大多數的人肉搜索行動包含了以下的循環過程：鎖定目標、抽絲剝繭分析既有線索、分頭尋找、通力合作拼湊當事人的個人資料。無論是圖像的內容，或是個人在網絡上曾經留下的註冊紀錄、電子郵件地址、ID等痕跡，都是可以追查的線索。網友會不斷變換關鍵詞，透過超連結來進入相關的網頁，並將得出的搜尋結果加以比對分析。

近年來，有的人肉搜索重新界定了知識與權力的關係。許多訴求是非社會主義、甚至帶有反對社會主義國家控制的色彩。2007年10月陝西省林業廳公布拍到罕見的華南虎照片，隨即遭到天涯社區上的網友質疑其真實性。有網友在百度上開設「華南虎吧」，或者組織「打虎QQ群」展開資訊行動，針對照片的拍攝角度、光線效果或是生物學的觀點提出質疑，並分頭尋找和照片有關的蛛絲馬跡。陝西林業廳信息中心主任關克也利用自己的博客發表網誌，為虎照辯護。2007年11月15日，四川攀枝花一位網民在論壇上貼了一組照片，指出官方虎照中的虎和自家所掛的年畫非常相似，引發全國網友出動尋找製作年畫虎的廠商來源，最終證實了華南虎照的虛假[12]。曾在「虐貓事件」中相當活躍的網友「西方不敗」，就是透過與華南虎吧網友的合作，找出了年畫照片左下角的商標，然後進一步搜索出虎照的源頭位於浙江義烏。在這個過程中，網易也加入了搜尋的行動，率先公布專家對照片的評鑑結果，認定官方照片為假。

人肉搜索現象顯示，新科技的權力已經從少數社會政治團體擴散到一般民眾的社會網絡中[13]，從爭奪知情權和網絡話語權，轉變

---

12 相較於網民合力查證的速度，官方直到2008年6月才正式確認照片為假。

13 美國國防部研究機構針對法輪功等組織的研究報告：Michael Chase and James Mulvenon, *You've Got Dissent! Chinese Dissident Use of the*

爲組織自我保護行動。然而由於大多數的動員行動停留在遊戲式的
隱私窺探、宣洩不滿情緒和道德譴責，欠缺對事物背後深層因素持
續的關注和應對方案，因此在多大程度上能夠真正撼動威權體制，
不無疑問。絕大多數的網絡議題與行動，都是在當局所能容忍的範
圍內展開，不會直接觸及黨國機器治理的核心問題。[14] 就拿喧騰一
時的華南虎照片事件來說，大多網民將議題焦點放在地方政府官員
的誠信問題，忽略了過去十多年來國家縱容扭曲的市場化發展導致
區域貧富差距急遽拉大、以及資源的分配和使用欠缺民主監督等問
題，才是驅使地方官員造假的深層因素。1990年代中開始實施各級
政府自負盈虧，財政短缺的地方政府千方百計籌集資金、或巧立名
目爭取中央政府的援助，在缺乏民主參與和監督的情況下，難怪弊
端叢生。由於沒有對體制提出質問和產生變革的方案，這種嘉年華
會式的網絡政治很容易就會被吸納到霸權話語之中[15]。壯觀的網絡
動員並未觸及到深層的結構問題，我們所看到的趨勢是影像取代了
論述立場、喧囂狂鬧取代了異議的組織。

　　NGNO創造了新的主體認同空間和協商策略。新的社會抗爭是
在既有的法律框架、道德觀念和黨國機器所給定的那種同質化的主
權「人民」身分的夾縫中，尋找新的主體生產性。「人民」的身分
在自我組織的過程中以一種弔詭的方式不斷被質疑、挑戰、再確認。

（續）────────────────────────────

　　　Internet and Beijing's Counter-Strategies（Rand Corporation, 2002）.

　14 吳國光，〈資訊傳播、公共空間與集體行動：試論互聯網對中國民
　　　主化的政治作用〉，收錄於張茂桂、鄭永年主編，《兩岸社會運動
　　　分析》（台北：新自然主義，2003）。

　15 官方媒體對於網民的讚揚顯然迴避了體制問題：〈從「拒簽」事件
　　　到華南虎事件 網絡成就新式民主〉，http://media.people.com.cn/GB/
　　　40606/7507613.html，2008/7/14。

2005年利用手機和互聯網動員的反日遊行，和國家的民族、主權想像出現了某種緊張關係¹⁶，然而在多數自發動員的事件裡，那種普遍的僵化二元對立思維（「勤政愛民」的黨中央vs.「無能貪腐」的地方官員；崛起的中國vs.西方）、黨—國家中心主義和過度道德化的主權觀念並沒有完全被置換。在中國，最強大的動員力量似乎仍是在黨國機器所給定的價值、意識形態和認同範圍之內所產生的，儘管主體參與的事件（sequence）所創造出的另類空間總是充滿了和黨國機器不協調的感覺。2008年奧運前3-14西藏騷動事件爆發後，整個民族情緒能量被調動起來了。網民開始分頭收集、整理西方媒體報導偏見的證據，然後在自己的博客或公共論壇上交換意見。各大網站也出現了專題論壇探討西方傳媒的作法。經營互聯網公司、也是水木論壇版主的饒謹，自己組建了anti-cnn.com網站，並在網絡論壇上徵求西方媒體扭曲的報導和圖片。他的帖子迅速被其他網友轉載，有的以MSN簽名和QQ群作宣傳。網站湧來大量志願者協助整理資料、管理論壇以及翻譯，內容包括了西方主流新聞報導以及周邊國家的消息。4月初anti-cnn.com每日瀏覽量超過50萬，其中40%的瀏覽來自國外¹⁷。Youtube上一個名為Tibet WAS, IS, and ALWAYS WILL BE a part of China的視頻，在3天之內點擊量接近120萬次，各種語言的評論72000條。隨後出現的另一個名為Riot in Tibet: True face of western media的視頻，則展示了歐美傳媒如何扭曲真實詆毀

16　Liu Shih-Diing, 2006, "Popular nationalism on the internet: Report on the 2005 Anti-Japan network struggle," *Inter-Asia Cultural Studies*, 7（1）.

17　〈反CNN網站上線不久 洪水式攻擊湧向服務器〉，2008/4/15，http://news.sina.com/ch/phoenixtv/102-101-101-102/2008-04-15/19332817265.html。

中國，也在短時間內吸引了數十萬網民瀏覽[18]。新浪網發起全球華人大簽名抗議西方媒體。《華爾街日報》、《今日美國》和美聯社的記者收到大量短信、電話和郵件轟炸[19]。4月7日巴黎火炬傳遞受干擾後，海內外華人在各自所屬的論壇上發起抵制法貨的動員令，並發起網上全球簽名保護聖火。Google、Technorati、雅虎、Facebook等都成爲全球社會串聯的平台。有網友自創歌曲嘲諷西方，並在網上組織購買國旗、製作標語、護送火炬的活動[20]。美國杜克大學中國留學生王千源在一次學校舉行的奧運與西藏問題的集會上表達了對藏獨的支持，其發言片段被網友上傳到Youtube上，引發中國網民採取行動追查其身分背景。中國殘障運動員金晶在巴黎傳遞聖火時遭到一名頭紮雪山獅子旗男子搶奪聖火，現場照片公布後有網友發出網絡通緝令，將該人身份及親友資訊公布在網絡上。我觀察到許多參與者不見得認同官方高調舉辦奧運的作風，但對於西方霸權的虛僞傲慢、選擇性的道德主義也相當不滿，於是奧運標榜的世界主義論述就被重新挪用來當作反抗的名義／資源。如果將這種自發活動過度簡化爲黨國長期操控洗腦的結果，其中所包含的許多更爲複雜的、自我矛盾的內容，以及社會主體自我構成過程和黨國機器之間那種千絲萬縷、糾纏不清的關係，將變得模糊不可辨認。

18　〈網民反擊西方媒體獨霸話語權〉，2008/3/26，http://news.sina.com.cn/c/2008-03-26/023915224149.shtml。

19　〈聖火遇襲 內地民眾激憤 網民籲團結抗外侮 罷買法國貨〉，《香港經濟日報》，2008/4/9。

20　〈聖火不可侵犯 全球華人吹響保衛奧運聖火結集號〉，2008/4/16，http://big5.xinhuanet.com/gate/big5/news.xinhuanet.com/overseas/2008-04/16/content_7985372_1.htm。

自主的傳播網絡

　　在高度集權的社會裡，移動傳播工具成爲民衆在日常生活中逃逸抵抗的資源。早期的電子郵件和BBS的溝通形式變得更爲多元和便捷，民衆可以使用即時聊天和個人博客來溝通聯繫，或者透過手機發送短訊息到互聯網上，號召遠距離的網民加入行動的行列。手機傳播不僅可以讓民衆相互連絡，還可以繞開傳統新聞媒體的生產線至和言論管制，散布影響社會政治的訊息。相較於互聯網上設定議題、進行辯論的傳播功能，手機所覆蓋的人數更多、而且可以隨身攜帶，因此傳播訊息的速度和動員行動的效應更爲顯著[21]。移動傳播模式面對突發重大事件的反應更爲迅速、更能夠凝聚集體關注和情緒。手機傳播仰賴分散的人際關係網絡將信息不斷繁殖、擴散到不同的人際網絡，再加上由於短信傳播難以管理，由官方主導的信息傳布關係也正在改變[22]。手機短信的使用促成了一種瞬間聚集、非常態化的都市游擊戰，沒有固定的、持久的組織，卻能夠在短時間內對共同關注的議題事件作出反應並聚集，往往讓官方措手不及。傳統控制群衆運動的方式，在新的資訊條件下顯得無能爲力。移動的傳播網絡並沒有取代舊有的資訊途徑，但卻強化了民衆自主

21　根據中國信息產業部的統計顯示，截至2007年12月爲止，中國手機用戶已經達到5億以上，普及率達到四成。經濟學家林毅夫預測到2020年中國的手機普及率將達到八成，用戶達到10億。2007年移動短信量達到5921億條，同比增長37.8%。

22　朋友之間以手機分享政治人物的笑話在中國早已行之有年。近年來電視娛樂產業大量運用手機短信作商業用途，也間接促成了移動傳播網絡在年輕世代快速擴散。

的傳播能力、打破過去媒體從上而下的壟斷局面，甚至能夠影響政府的決策[23]。

中國民眾利用手機配合互聯網來交換和自身權益有關的訊息、進行社會動員，可以追溯到2003年爆發非典期間，由於大眾傳媒一直沒有公開報導，民間除了以口耳相傳的方式交換消息外，手機和互聯網的水平式傳播起到了關鍵的作用[24]。2005年以來幾次大規模的反日、反法示威，以及上海、廈門的市民自我保護運動，都出現了民眾用手機短信進行動員的現象[25]。2008年中國網民開始使用一種被稱作「微博客」的社會網絡平台，可以讓使用者透過手機、電郵、即時通訊裝置（QQ、MSN、skype）等途徑向個人博客發送短訊息[26]。這種傳播模式途徑多項、手段靈活、便捷，安全性較高，成為部份網民突破官方信息封鎖的另類策略。

在近幾年的民間維權運動中，這種打游擊戰式的傳播途徑已經被廣為使用，最值得一提的例子是廈門反對PX運動。2007年3月在全國人大、政協兩會上，中科院士趙玉芬等105名全國政協委員聯名簽署提案建議暫緩廈門PX項目的建設，引起了部分媒體的關注[27]。

23　Manuel Castells et al., *Mobile Communication and Society* (Cambridge, MA: MIT, 2007).

24　Haiqing Yu, "Talking, Linking, Clicking: The Politics of AIDS and SARS in Urban China," *Positions: East Asia Cultures Critique* (Vol. 15 No. 1, 2007).

25　Jim Yardley, "A Hundred Cellphones Bloom, and Chinese Take to the Streets," *New York Times*, 2005/4/25.

26　最早出現的微博客是twitter.com，2006年由美國一家公司開發。後來大陸軟件商也紛紛推出類似的平台，如「飯否」、「嘰歪」、「做啥」、「滔滔」。西藏騷亂事件和四川大地震期間，有網民利用這種方式相互交換消息，傳遞速度比官方網站還快。

27　袁越，〈廈門PX事件〉，《三聯生活周刊》，2007/10/8。

2007年5月份下旬開始，許多市民收到反對興建海滄PX項目的手機短信，內容指出化學毒性並號召市民相互轉發信息、組織六月一日走上街遊行，接著廈門著名的網絡論壇「小魚社區」、廈門大學BBS也出現了關於PX毒性、項目與居民區距離、以及遷址問題的討論，但隨後被關閉[28]。5月29日「奧一網」首先披露了短信事件，迅速被網易、騰訊等大網站紛紛以顯著位置轉載。電子郵件、博客、QQ、MSN、論壇(如天涯、新浪、搜狐)、和手機都被民眾廣泛地運用來相互交換信息、聯繫和組織動員[29]。廈門大教授對於PX的科學分析也成為網民組織反對PX行動的主要依據。雖然當局於五月底宣布暫緩該項目的興建，6月1日、2日連續兩天仍有上萬市民在市政府和火車站湧現「集體散步」，表達抗議[30]。遊行過程中有市民以連線的合作方式，透過手機發送現場遊行的消息給電腦前的夥伴，然後再經由網上論壇和博客散布即時消息，有的市民則將拍攝下來的遊行影像上載到Flickr、YouTube和56.com等影像共享網站上，這些網絡實踐都突破了廈門當地電視台、報紙的言論控制。雖然政府試圖封阻這些信息的流動，但由於傳播速度太快、太廣，官方根本無法掌

28　藍雲、張羿迪，〈廈門市領導：政協委員提他們的，我們不理睬〉，《南方都市報》，2007/5/29。《鳳凰週刊》因刊出一篇關於PX項目的文章，也被當地政府沒收。除了發出短信勸阻市民上街遊行外，當局也對手機短信內容進行監控屏蔽，凡有「海滄PX」或「六月一日」的短信無法在廈門市內傳遞，但外地可以收到：〈手機網絡衝破中共封鎖線〉，《中國時報》，2007/6/2。反PX示威後，廈門市政府要求網民註冊發帖必須要用真實姓名。

29　一名受訪者表示當時QQ群和百度立刻刪除有關消息，甚至限制某些使用者的權限。

30　〈拒絕PX 廈門兩萬人示威遊行〉，《中國時報》，2007/6/2。

控資訊的最終流向[31]。曾經擔任報社記者的自由作家鍾曉勇（連岳）組建了自己的科學團隊，從3月份開始利用牛博網上的個人博客宣傳PX的危害，成為網民、甚至是主流媒體記者獲取相關資訊的主要渠道[32]。12月19日《人民日報》發表文章引用專家說法贊同遷址，表明了北京在網民壓力下所作出的決定。

反對PX抗議表明了一種新的政治傳播形態的浮現：由傳統報紙、個人手機、大型網站、公共論壇、和博客所組成的接力合作網絡。其中博客的發展進一步改變了社會政治參與的方式和政治過程。在「甕安事件」中，我們也看到了類似的網絡戰[33]。

博客是一種個人網上刊物，可以儲存文字、影像和聲音內容，並連結到其他博客和網站。連岳使用博客的方式，在民眾知情權被壓制的社會中創造出了一種全新的公共空間形式：市民使用自己打造的新聞平台，像記者一樣去觀察、分析、評論公共事件，主動地傳遞信息，動員其他民眾影響社會及政治的決策。隨著這種參與社會型傳播平台的普及，網民獲取資訊和表達意見的方式也出現了變化，原本被官方所掌控的訊息權力建築，正在被無數博客節點所包圍。2002年以來博客的快速擴散，與使用者發布大膽、私密的個人

---

31 Edward Cody, "Text Messages Giving Voice to Chinese," *Washington Post*, 2007/6/28；「北風」的博客有記載此事：http://www.bullog. cn/blogs/wenyunchao/；博客John Kennedy也參與了實況報導：http://globalvoicesonline.org/2007/06/01/china-liveblogging-from-ground-zero/。一名參與運動的廈門市民表示她是用手機連上MSN發送消息給海外留學生知道。

32 〈廈門市民 PX的PK戰〉，《人物周刊》，2008/1/1。關於博客的政治性，見以下討論。

33 相關報導：http://www.dwnews.com/gb/MainNews/Opinion/2008_8_12_2_56_21_550.html，2008/8/12。

故事引發爭論和關注有關[34]。2005年被視爲是中國的博客年，新浪網、搜狐等網絡服務公司紛紛舉行博客比賽。許多博客的內容和形式類似於個人日記，抒發日常生活中的感受，有的博客則類似於公共論壇，會針對時事和社會議題展開資訊的交換和辯論。《2007年中國博客市場調查報告》指出，2007年底中國博客作者達到4700萬人，平均每四個網民就有一個博客作者，博客空間超過7000萬個，比前一年多了一倍[35]。自主的博客平台和移動傳播工具相互結合使用，產生出巨大的社會影響。一旦博客被網絡警察封鎖了，還可以用RSS訂閱器來獲得最新的消息，很難全面壓制。

　　近年來許多事件表明，新媒體平台的交叉策略性使用，足以對傳統的傳播方式和權力關係造成威脅[36]。這種一對一、一對多、多對多的水平式傳播模式逐漸影響傳統媒體的議題設定，因此官方也竭盡所能切斷網絡與傳統媒體的連結[37]。2007年3月間發生的「重慶釘子戶」拆遷事件之所以能在短短數日傳遍全國並引起市民的高度關注、並成爲話題風暴，靠的就是手機和博客傳播網絡的結合。事件首先是3月22日一名重慶網民用手機將現場戲劇性的「孤島」照片

34　2002年方興東、王俊秀所創立的blogchina.com開啟了中國博客的發展，隨後2003年木子美的博客性愛日記掀起了博客熱潮。見網上方興東、孫堅華的評論。

35　調查報告：http://tech.qq.com/a/20071226/000234.htm。

36　這裡並不是說傳統媒介的地位已經被取代，因為最有影響力的事件往往依賴新舊媒體的結合，例如2003年的「孫志剛事件」和2007年「山西黑磚窯奴工事件」：朱紅軍，〈網上發帖揭露山西黑磚窯神秘母親曝光〉，《南方周末》，2007/7/12。

37　官方報告：鄭大兵等，〈網絡群體性事件的特點和政府需要採取的應對策略〉，2007/3/6，http://big5.gov.cn/gate/big5/www.gov.cn/zfjs/2007-03/06/content_543363.htm。

拍下並傳送到網上「貓眼看人」論壇後，吸引全國好奇的網民持續關注。照片攝於一個位於重慶九龍坡楊家坪的商業開發工地現場，一個僅存的二層樓舊房屋矗立在工地中央的土堆上，四周被鐵皮所隔離，面臨法院強制拆遷。由於不同意開發商所提出的拆遷補償費，屋主楊氏夫婦拒絕搬離，在房屋斷水斷電情況下，自備煤氣罐、瓦斯爐具，準備進行長期抗戰。事件披露後吸引了國內外媒體記者前來報導。隨後有幾個博客親自前往現場並透過自己的博客提供第一手消息和感想，直到主流媒體開始真正注意到事態的發展[38]。此事件之所以迅速成為全國矚目的議題，網絡的傳播力量固然是主要動力，也和過去幾年來官商勾結強制拆遷所累積的民怨情緒，以及當時剛通過的《物權法》所引發的討論不無關係。隨著公眾對事件發展的關注程度愈來愈高，全國各地的「釘子戶」也紛紛到現場聲援或求助於媒體，形成強大的社會輿論壓力。楊氏夫婦表現出堅決不和發展商和官方妥協的姿態，讓整個事件充滿了戲劇張力。男屋主站在屋頂上揮舞著國旗捍衛自身權利的畫面，不正顯示出了當今國家和人民主權之間的曖昧性[39]？由於工地現場進出被嚴密管制、國內主流媒體及網站對此事件的報導有所保留甚至是歪曲，由手機和博客傳播結合的自主性網絡更成為民眾獲取訊息的重要管道[40]。

　　民眾的自主傳播已經成為集體行動的基本要素。1981年出生、

---

38 其中一個活躍的新浪網的博客後來遭到關閉：〈博客也來報導最牛釘子戶〉，《南方都市報》，2007/3/30。周曙光的博客之所以不受干擾，是因為伺服器不在國內，而且設定了替代連接轉移了網址。
39 網民紛紛將男屋主的照片加以「惡搞」，將他描繪為民族英雄。女屋主吳蘋思路清晰、表達能力強，也成為網民津津樂道的話題。
40 重慶市委宣傳部曾要求媒體不要「過度報導」事件，包括人民網、新華網和新浪網等都僅刊登重慶市委旗下《重慶日報》的簡要報導。

自學軟體知識、並當過網絡管理員的博客青年周曙光（Zuola）被事件
所吸引，於是帶著一台數位相機、一隻有上網和拍照功能的手機，
背著一部筆記電腦，從湖南一路坐火車到重慶採訪楊家夫婦，然後
以文字描述、照片和視頻的形式，透過博客把他們的遭遇和照片放
上網[41]。靠近拆遷地24小時網吧便成爲周曙光發出報導的場所。3月
28日到達重慶當天下午，Zuola就在自己的博客上貼出了第一篇個人
報導，以寫日記的方式描述了他的行蹤以及週遭人的看法，文字中
流露出對拆遷戶的同情。日誌發表後大受歡迎，點擊率立刻破萬，
並被網友廣爲流傳、引用。Zuola還在博客上公布了自己的手機號
碼，供網民連繫。有評論指出這次事件中「大量的第一手信息，都
是由『公民記者』藉助於互聯網發布的。」[42] 在事件被放大的過程
中，主流媒體始終處於被動、跟進的位置，無論從傳播速度和影響
力來說都稍遜一籌。對於有媒體記者質疑Zuola沒有採訪開發商和政
府的批評，Zuola強調他的報導主要是去補充一般民眾所缺乏的訊息
渠道[43]。在一次訪談中他表示，「有些政府控制的媒體不願意報導
的，但是又很重要，大家很感興趣，我便滿足一下人們的好奇心，
跑去報導」[44]。

41　Zuola從2003年開始用博客寫評論，曾因為博客具有特色而受邀參
　　加2005年的中文網絡年會。博客網址：https://www.zuola. com/
　　weblog/。

42　北風，〈網事一週〉，《羊城晚報》，2007/3/31。

43　吳紅纓，〈博客報導者網絡熱炒「最牛釘子戶」與草根階層參與公
　　共事件〉，《21世紀經濟報導》，2007/4/4；〈中國網民成功挑戰
　　政府權威〉，《華爾街日報》，2008/7/7（http://chinese.wsj. com/
　　big5/20080707/bch145538.asp?source=channel）。

44　葉蔭聰，〈七一遊行來自中國的公民記者〉，《明報》，2007/7/8。
　　周曙光也加入了以下事件的報導：廈門反對PX運動、香港七一遊

　　這幾波網絡行動在全國引起了巨大的反響，主流傳媒也有意識地將網民的力量吸納到體制內，化解合法性危機：2007年6月中央電視台《新聞調查》節目記者柴靜在她的博客上發出〈你是公民，也是記者〉的帖子，號召網民提供各地豪華超標政府大樓和公共設施的圖片和線索，得到網民熱烈回應。民主的空間如何回應這種吸納策略，需要持續的觀察。

行動者的歸來？

　　在傳統的階級政治的退位、激進的政治對抗性被抹去[45]的去政治化的背景下，傳播科技的創造性使用提供了新的主體生產條件，也創造出新的、不斷流動的抗爭領域。伴隨著資本擴張的社會對抗性並沒有消失，創造性的的主體反叛承接了過去遺留下來的對抗能量[46]。然而在一個社會性逐漸被剝離的生活世界裡，網絡抗爭是否創造出了一種新的社會運動？這些自主性的抵抗是否能有效影響政治決策和體制？從目前的發展軌跡來看，這種新的主體模式雖然強化了社會權利的意識、將黨國所建構的「人民」轉化為積極的行動者，但似乎仍不足以形成對既有的權力知識秩序構成威脅的運動。儘管有一些動員隱含著權利、社會公平和正義的要求，基於種種局限，他們不可能單獨承受改變政治社會的重擔。

　　從行為模式的角度來看，這種後現代式的日常生活鬥爭最大的

（續）

　　　行、四川地震校舍倒塌、以及貴州甕安事件。
45　「抹去」是義大利學者Claudia Pozzana在「20世紀中國歷史中的文化與政治」研討會上所反覆強調的概念。
46　社會抗爭自主性：Alain Touraine, *Beyond Neoliberalism* (Cambridge: Polity, 2001).

優勢在於分散組織、快速聚集、創意合作和流動的網絡。從上述的案例分析，我們發現到在形成抵抗的過程中，民眾主體的創造力和自我組織抵抗的潛力的確強化了，快速的社會連結也讓權力集團常常感到措手不及。然而真正問題或許在於，這些各自分散的、即興式的動員並沒有被有機地串連在一起，形成更強大一致的力量抵抗國家機器的壓制。由於這些實踐多半以單一事件或議題為基礎，彼此之間沒有關聯，過於零碎化、非常依賴議題或事件本身的發展，並未能提出關於爭取社會權利的全面構想或是長遠的方案，也沒有創造葛蘭西所說的結盟政治或社會集團(那怕這種結盟和集團的存在是暫時性的)。例如「黑磚窯」事件揭露後，主流媒體報導和網民關注程度銳減，沒有對政府和無良業者形成持久的壓力。由於這些多樣的動員往往缺乏一套連貫的、有組織的敘事來支撐社會團結的持久性，因此也未能提出不同於意識形態霸權的願景。這使得抗爭變得稍縱即逝、脆弱乏力：「網絡上聚集的輿論力量沒有轉化真正的社會進步，它經常是即興表演式的，它瞬間即逝，似乎是圍繞著媒體象徵而突然短暫的炫耀，參與者迅速在其喧鬧中獲得滿足，然後沒有興趣關注其持續性變化，這種即興式的介入，不足以塑造真正的社會運動」[47]。在這種反抗文化中，任何長期計畫都變得極為困難。

　　雖然網絡提供了社會介入的機會，那些充滿後現代美學風格的詼諧短片和創意的語言遊戲，除了顛覆官方權威敘事的意義外，並沒有從根本上挑戰國家機器向財團傾斜的結構[48]。究竟是在什麼樣

47 許知遠，〈從即刻滿足到即刻遺忘〉，《亞洲週刊》，2008/10/19。
48 Tiziana Terranova認為網絡文化的多樣性、不穩定性是新的激進政治的資源，但是形成包含歧義的共同性(many in one)的政治過程究竟是如何形成的、有何局限，似乎仍有待釐清。

的主體條件下，**集體感覺**可能被有機地轉化成改造整個權力結構的
動力，還需要更多的研究來支持。

　　遊牧離散式的網絡抗爭或許能夠讓民眾表達共同的忿怒、干擾
了國家機器僵硬權威的管理，或許刺激了組織創新、促進了社會水
平連結，吸引民眾對於社會議題的關注、甚至對政府造成無形的壓
力，但本質上還是沒有真正地超越國家主義政治的格局、或創造出
新的遊戲規則。在一個去政治化的情境中，非直接的、迂迴的抵抗
形式雖然有其必要，但若只是游離於權力結構邊陲地帶進行干擾，
對國家常態化的權力壓制並不會構成什麼威脅，也「不足以支撐起
一套行之有效、一以貫之的原則，不能消解制度上的貧困」。[49]民
主抗爭必須放在更大的社會政治脈絡中生產論述，才有可能改變既
有秩序。

　　近幾年隨著中國社會衝突和矛盾日益加劇，民眾需要一個渠道
來表達不同權利訴求。相較於傳統主流媒體，網絡傳播的確賦予了
民眾一種權力。網民對於這個新的倫理—政治空間的支配能力已經
成為不能忽視的力量，這股社會能量進而創造了新的主體條件。這
些主體的實踐在激情的狂歡儀式中表達了對自我認同、多樣的生活
體驗的渴望，以及對個人生存權利、自由表達、法治、和社會公平
的要求。然而只有當我們把這些範疇放在一個超越既有的社會主義
倫理—政治框架下來理解時，才能察覺其複雜性。

　　劉世鼎，任教於澳門大學社會科學與人文學院。目前正進行關於
網絡文化以及情感勞動方面的研究。

49　熊培雲，〈互聯網執政不能消解制度貧困〉，《南方周末》，2007/7/26。

藍綠之外

攝影／黃義書

民粹文革十五年：
重思紅衫軍及其之後*

趙　剛

2006年9月9日，總統府前的凱達格蘭大道上，出現了氣勢如虹的紅衫軍，此後持續一個月，紅衫軍士氣不退新聞不斷，一直爲全台、全中國、甚至全世界所矚目。這個運動直到10月10日的「圍城行動」動員高峰之後，無以爲繼、陡然勢消，迅速淡出社會視野。涓滴成流乃至一時澎湃出山的紅衫軍，哪知身後寂寥，人散一如波平，轉瞬爲世人所忘，幾如未曾發生。兩年來，電視屏幕上偶爾瞥見小股的、邊緣的、一般視爲深藍的「紅衫軍」餘勇的零星抗議場景，而這些，又徒然招惹勢力眼媒體與無心肝大眾的無情訕笑。但這些場景又還有編纂歷史的效果，讓健忘的閱聽人從紅衫軍的戲仿或餘勇回溯定位紅衫軍本尊，從而扭曲了當代史，好似打從一開始，紅衫軍就僅僅是惡質藍綠鬥爭連續劇的一個片段。本文是對這樣一種歷史詮釋的抗議。

兩年前，我曾爲文分析此運動，重點環繞在對運動形式特徵、參與者組成的描述與分析，以及對運動何以快速消沈作出初步解釋

---

*　謝謝卡維波、陳宜中、鄭鴻生，以及特別是賀照田，諸先生對本文初稿的批評與建議。

[1]。但是，對這個運動何以竟然發生，是否反映了廣大紅衫軍群眾的某種道德與精神危機意識，這個不可迴避的重要問題，則沒有認真對待理解，失之輕簡地以「反貪倒扁」這個由「倒扁總部」所擬定的正式訴求，權充運動興起的完整背景。

兩年後，藉著心情的沈澱、認知距離的拉開，以及從而可能的自我批評，我寫這篇短文，企圖將紅衫軍運動何以發生這個問題，置放在近15年來「民粹主義文化革命」（簡稱「民粹文革」）歷史背景之下解釋[2]。民粹文革造成了國度分裂，造成道德標準的極端相對化洵至虛無化（藍綠各有其是非），從而使維繫與提昇人群共同生活的道德紐帶斷裂。在此脈絡下，本文將指出：紅衫軍是由不藍不綠、淺藍淺綠的廣大「中間選民」為主要構成的民眾，對這個道德危機的刺激所進行的直接反應。

以這個新觀點重思紅衫軍，使我得以發展出兩個論點：首先，紅衫軍並沒有發現它最大可能的歷史意義與角色，在於挑戰民粹文革，以及使其得以殖床並得到滋養的日本殖民遺業，以及兩岸「分斷體制」。由於這個歷史意義缺乏言詮，沒有出路，只得繼續傳統政治文化中對「道德與政治領袖」的期待，從而將自己的歷史角色降格到選舉政治的配角，同時是自我遺忘。

其次，在紅衫軍發現自己的過程中，批判知識圈和它急切且真

---

1   趙剛，〈希望之苗：反思反貪倒扁運動〉，《台灣社會研究季刊》，
     第24期（2006），頁219-266。

2   必須坦承，使用這個稍嫌聳動的名詞來指涉這期間台灣社會的變
     化，是基於一種企圖激起人們對這一重要時期的關注與辯論的「策
     略性」考量。筆者無意將「民粹文革」比附於那對當代世界史影響
     巨大深遠的中國社會主義文化大革命，除了一二處較具體的關連性
     討論外，也無意進行系統性比較，或暗示二者之間具有分析性或是
     實質性的對等。

紅衫軍集結盛況(攝影/黃義書)

誠想要介入的意圖相反,實際上並沒有幫得上忙、使得上勁。造成
意圖和結果之間的矛盾的原因,在於其過多「政治正確」過少「歷
史分析」的知識格局所設定的限制:無能歷史地深入理解群眾的那
雖缺乏語言表達但卻真實存在的精神困境,從而無能現實地面對群
眾要求政治人物具有道德領導力的這個真實狀態。本文是對這樣一
種知識狀況的反省。

一、紅衫軍可以是「道德十字軍」,只是當時在夢遊

紅衫軍群眾規模龐大,參與者五花八門,反映了多種焦慮或危
機意識,例如對以陳水扁爲核心的貪腐家族與官僚集團的憤恨,以
及對清廉的期待;對2004年319槍擊案所造成的統治者正當性的疑
慮,以及對誠信的期待;貧富差距加大生活越來越不好過的憂心,
以及對公正有效率的政治的期待……,不一而足,但似乎所有人都
共同承擔了一種更根本的,的確是包括清廉誠信公正效率等價值,
但似乎又不只如此的一種更龐大、更朦朧,雖說不清、道不明但卻

真實無比的道德焦慮。

　　但是，這一個在深層翻攪、未爆火山般的道德危機感卻由於難以表達，只能搬出道德倉庫裡滿是灰塵的「禮義廉恥」四個大字，以及還算是比較「現代」的「反貪腐」控訴。雖說「禮義廉恥」是由倒扁總部的行銷企劃專家所設想出來的創意文案，但的確掌握住了眾多參與者的某種心理與感情需求狀態。群眾是感受到某種道德乾渴，於是那據說是屬於全然負面的蔣介石國民黨政權的道德大字，也從兒時記憶中的箱篋中被翻倒出來，成為今日的語言依傍。這個依傍對於不同情者而言，反映了其心可誅的法西斯心理（禮義廉恥等於蔣介石等於法西斯），對於較同情者而言，這反映了現代道德語彙的貧乏，但可惜也沒有在同情之餘，深入理解這幾千年前的古語中蘊含了什麼樣的當代意義，反映了什麼內在狀況？只能背誦「禮是規規矩矩的態度，義是正正當當的行為……」。

　　隨著運動的展開，不幸的是，這些最後都被不當化約到陳水扁這一具體對象、這一專有名詞上，一切混沌朦朧需要被整理、被詮釋的意義都被結晶（即，降低）到「倒扁」而已。人們越是敲敲打打聲嘶力竭重複不厭地喊著「阿扁仔，落台」，越是吊詭地在這個喧囂中展現出他們無助的失語。不是沒有論者提醒說：「注意！陳水扁只是問題的一環，甚至是那個巨大問題的代名詞而已。」但由於論者的這般表達其實等於是用另一個抽象來取代這一個抽象，從而同樣深陷於無法指認的危機。無論如何，把群眾的反扁語言視為能反映群眾內在的真實且全面的外在表徵，的確是把這個有待深入言說的道德危機感給說小、說偏了，說成是幾十萬人、上百萬人在恨陳水扁一個人。

　　紅衫軍淡消之後的兩年間，當時轟轟烈烈的紅衫軍竟然離奇地像一部當時轟轟烈烈的電影被台灣社會所遺忘，只有在「週年」的

時候，無聊興事的媒體幫它慶生，順道訪問一番「紅衫軍精神領袖」施明德先生。施先生也許不曾自取其號，我相信也是如此，因為，紅衫軍從來不曾有過「精神領袖」，因為這一群民眾的「精神」還一直沒有被適當地表述過呢！施先生並非不是紅衫軍的領袖，他的確是紅衫軍的核心領導者，但他不是「精神領袖」。

　　紅衫軍群眾找不到言說來表達他們的焦慮苦悶，知識分子也幫不上忙。知識分子幫不上忙，恰恰是因為絕大多數有政治意識的學者與知識分子，在過去那十多年以來，都在以這個或那個方式，幫助形成並奠定那造成紅衫軍苦悶的原因了。沒錯，解鈴還須繫鈴人，但問題是繫鈴人也許還正在繫著呢！有些知識分子或許能意識到這10來年台灣的人民在台灣特定的「民主」與「認同」的扭曲框架中所遭受到的重大心靈內傷，但少有人願意或能夠以「激進」的最本源意義，尋根問底，直面這個道德與精神危機，而只能聊作無奈不與狀。親綠學者在紅衫軍正式集結兩個月之前所擬的〈七一五聲明〉，或許就是表現這個繫鈴人狀態的一份歷史文件吧[3]。

　　〈七一五聲明〉的主要意思有幾點：1. 陳水扁總統涉及弊案，是「民主社會常見的道德和領導危機」，也是反省與民主的契機；2. 政治領導者不反省卻動員族群情感，這使得民主無由提升，且由於民主是認同的核心，因此認同也將成為「空洞的口號」；3. 總統位高權重動見觀瞻，一但失去信任，整個政府都將受到民眾懷疑；4. 陳總統若主動辭職，會是民主難得典範；5. 台灣認同外有中國威脅，內有人民分裂的挑戰，呼籲公民與民進黨堅持民主理想化解此次危機。

3　吳乃德等，〈民主政治和台灣認同的道德危機：我們對總統、執政黨和台灣公民的呼籲〉，《聯合報》，2006/7/13。

　　雖然始終並未拉到「民主（或說理）優先於認同」的高度，這個
聲明將民主價值論述入認同政治之內，也仍然有其進步之處。但這
個聲明的限制與盲點多於它的突破。首先，這個聲明在把「貪腐」
定位爲「民主社會常見的道德與領導危機」之時，就等於把這個亟
需切入在地與區域歷史與社會脈絡，進行深刻理解與把握的問題現
象，給普世化從而不當簡化了──「這是西方或是民主社會都有的
問題」。其次，藉由這樣一種去脈絡的普世性解釋，在論述思辨上
就等於不必面對一個清楚不過的現實：民粹領袖及其集團利用兩岸
的「分斷體制」[4]與台灣內部人民分裂獲得體制外的（從而必然是不
受監督）巨大權力與利益。從而，這個「分斷體制」如何結構性地正
當化民粹領袖及其集團的巨大體制外權力與利益，則被排除於反思
範圍之外。〈七一五聲明〉的這種去歷史、脫離區域脈絡的思路對
它猶然深所期待的民進黨也無益，因爲它並無法鼓勵民進黨，作爲
一個台灣社會不可缺少的也不應缺少的政黨政治一環，理性地、現
實地面對〈台獨黨綱〉的問題，並以超克兩岸的分斷體制爲目標，

4　這是韓國學者白樂晴所提出的深具實踐旨趣的概念，企圖從三個相
　　互關連層次（世界體系、分斷體制與南北韓兩個社會體系）的互動之
　　間，理解朝鮮半島上的南北政權如何在看似敵對卻又深度共謀的關
　　係上，各自利用分斷狀態謀取各自的政權利益，從而真正受害者反
　　是一般民眾；而宣稱要達成統一的對立政權，卻吊詭地一直在維繫
　　這個分斷。因此，好比要理解南韓社會，就不能僅僅從南韓這個「國
　　家的社會」單方面著手，而必須將之置放在一個由南北韓兩個社
　　會、兩個政權所共同構造的「分斷體制」不可。這個概念的塑造雖
　　然是以朝鮮半島爲指涉對象，但對兩岸關係無疑也有重要的啟發。
　　關於白樂晴教授的思想歷程以及分斷體制這個概念的闡釋，請參考
　　陳光興，〈白樂晴的「超克『分斷體制』」論：參考兩韓思想兩岸〉，
　　《台灣社會研究季刊二十週年學術研討會論文集》（台北：世新大
　　學，2008），頁95-113。

構思台灣民主前景,反而只有一味訴諸「族群情感」。

因此,〈聲明〉指責陳水扁總統不深自反省卻選擇動員族群情感,在表層有理之下,同時也掩蓋了政治領袖的失德失言不反省與族群情感的民粹動員之間,有一相互強化關係。不指出這個民粹動員的歷史與結構機制,而只針對某個個人進行鋸箭手術,在知識上與政治上都遠遠談不上徹底。在把需要細緻釐清的道德危機感以「民主社會常見的道德和領導危機」為由快速定位時,這個〈聲明〉其實無法面對民眾以其直觀所感受到的這個以陳水扁為核心指涉但卻又遠遠廣於、深於「阿扁」這一特定個體的深重道德危機感。因此,這個〈聲明〉雖然有其不可否認的相對進步姿態,至少敢於要求「台灣之子」作一世俗政治的負責(即,辭職),但在某種更深刻的層次上,反而是取消了這個道德危機亟需被言說的正當性需求。

繫鈴人不能說或不好說,沒參與繫鈴但又想充當解鈴人的進步知識分子又說不好。台灣社會研究季刊社(台社)成員,在紅衫軍如火如荼之時,所寫的幾篇對「自主公民」的呼籲,以及對紅衫軍的描述與定位文章[5],便凸顯出兩個問題:一、由於對群眾的道德危機感缺乏語言表述,遑論進行深度理解與掌握,從而只有加碼政治經濟與階級比重;二、越過了對紅衫軍群眾何以有如此高漲的行動動能的主體理解努力,快速拋出「自主公民」之大名以定性群眾,企圖僥倖地藉由提出「你是誰,你知道嗎?」,把釐清價值、決定歷史方向的重責大任安置在這個被批判知識分子邀請上座的,被尊稱為「自主公民」的主體身上,而後批判知識分子就可以丟掉他自己介入歷史、干預論述的責任焦慮,「放牛吃草」了。但這個高調主

---

5 馮建三(編),《自主公民進場:對百萬人民倒扁運動的觀察與展望》(台北:唐山出版社,2006)。

體的召喚，又由於對對象沒有歷史感受──你講的不是他的故事！──對象當然聽不到，註定只能落得馬耳東風[6]。

　　兩年後，我想提出一個暫時的解釋框架，說暫時，是因爲它非常初步、粗糙，等待補充修正甚或否定。這基本上是一個歷史的框架，企圖對紅衫軍群眾的內在道德與精神焦慮，提出一個比較合理的歷史解釋進路。要幫助(那時的)紅衫軍發現它自己，就必須在方法上把背景拉回到紅衫軍出現之前十多年以來的民粹文革，以及讓這個民粹文革得以殖床且滋養的兩岸分斷體制，以及日本殖民統治的當代存在。

二、民粹主義文化革命是紅衫軍的直接歷史背景

　　不少人曾把從李登輝啓動的政權本土化工程，一直到2000年民進黨取代國民黨掌握國家機器的不流血過程，謂之「寧靜革命」。但這個名詞在彰顯了不流血的同時，卻掩蓋了這個革命中最不寧靜、最勾動熱烈愛恨、最能轉換人們心志狀態與人格結構，以至於

6　並非完全沒有觀察者點到這個道德危機，但只是點到而已。例如筆者的〈這波紅色運動：台灣母親台灣之子〉，就指出了「眾多母親鬱積對社會道德底線的磨蝕與下一代教養問題的憤怒與焦慮」，但並沒有發展，反而輕便地訴諸政治經濟與階級分析《聯合報》，2006/09/18，A4。錢永祥的〈他們表達：基本價值不容破壞〉，可能是最接近此一道德危機現象的當時寫作，但可惜的是作者似乎把「基本價值」只限定在「一些根本的政治價值，這其中包括：基本人權、民主制度，也包括對於清廉的期待。」反而是編者的導讀引述了錢永祥幾年前的另一段文字，或許更切近核心：「反對」的真正矛頭所指「當前的體制、價值觀違逆了什麼重要、基本的做人道理(common decency)」《天下雜誌》，2006/09/13，頁222-226。

整個台灣社會文化基底的激烈過程。這個過程不妨稱之爲「民粹主義文化革命」（簡稱民粹文革）。若是從1993年算起，到2008年春天政黨再度輪替，也有15個年頭了。這個革命並沒有因爲政黨輪替而終止，將來如何發展仍屬未知，但它在這15年來，對台灣社會的文化肌理以及人格結構無疑已造成了巨大形塑作用，不容小覷，但直到目前爲止，似乎還沒有出現深入的反思與探討。[7]以下僅是我非常粗淺的勾勒與評估。

是打什麼時候開始，「台灣人的悲情」只能從228開始說起，我不知道，但是1947年應該是當不了起點的。台灣不幸在中日甲午戰爭後，被祖國割棄，而開始了長達半世紀的被日本帝國主義殖民的悲情歷史。要書寫悲情史，至少要從這裡開始，但不幸的是，比起228，甲午戰爭與馬關條約在當代台灣的歷史意識中似乎只是個遙遠的飄影，不僅不是悲情史的一大章節，反而竟可以是快樂史的

第一樂章。呂秀蓮女士於1995年率團至日本下關參加馬關條約一百年紀念會，表示要感謝馬關條約，台灣才得以脫離中國，云云，其實並非脫軌之言，因爲台獨史觀最高指令有二，一是反國民黨與反中，二是親日與親美。這個意識形態指令使得眾多當代歷史書寫

7　由《台灣社會研究季刊》編委會署名的兩篇重要文獻，共同涵蓋了從1990年代初到這世紀前幾年的十多年之間，李登輝政權以及陳水扁政權下的台灣政治與社會狀況，並將這兩時期分別定名爲「民粹威權」以及「後威權」。但這兩篇論文的共同缺點在於對所論及的政治體制對於台灣社會的精神狀態、文化肌理以及人格結構，造成了什麼樣的深刻影響，這一重要問題，缺少著墨。這兩篇論文分別是：〈由新國家到新社會：兼論基進的台灣社會研究〉，《台灣社會研究季刊》，第20期（1996），1-15頁；〈邁向公共化，超克後威權：民主左派論述的初構〉，《台灣社會研究季刊》，第53期（2004），頁1-27。

為了凸顯國民黨統治的暗與惡，將日本殖民統治程式設定為光與善。這裡不是歷數殖民統治加諸殖民地人民的各種暴政和精神扭曲的地方，僅舉如下數端也許就夠了：一、面對台灣先民的武裝反抗，日本政權頒佈〈匪徒刑罰令〉，規定「不論何等目的，凡結合多人以暴行脅迫達成其目的者均以匪徒定罰」，「如有違抗官吏或軍隊者，不問既遂未遂均處死刑」。從1898年到1902短短四年之間，依據此法令而被屠戮的台灣人就有11900多人。而雖然台灣人民的武力反抗自1915年的西來庵事件後大致結束，但此〈匪徒刑罰令〉卻一直繼續到日據末期[8]。二、日本殖民統治的高壓具體展現在深入社會各角落的警察體制，台灣老百姓日常見到警察不得不鞠躬並尊稱其為「大人」。三、1919年日本在台灣實施「文官總督制」，提出所謂「內地延長主義」綱領，企圖深化同化政策，改造台人為日本國的真正臣民。但同時，日本殖民者卻繼續對台人進行暴利搾取的非人道鴉片專賣。1925年，在文化協會所推動的「台灣議會設置請願運動」的第六次請願中，台灣代表公開指控日本當局「為圖每年600萬元之鴉片專賣收入，竟不恤以國際所禁止之鴉片毒害消耗台人的心靈，漠視國際之道義。」[9]四、1937年開始的「皇民化運動」，「在全島大力推行神社崇拜，民間供奉的神明集中焚毀，不許奉祀。台灣人世代相傳的祖先崇拜被伊勢大神宮的大麻神札奉祀取代，傳統的中元、春節亦遭禁止，家庭中更要設置日式風侶（澡盆）、榻榻米等。」[10]鄭鴻生曾指出，日本殖民政權在皇民化後期，禁止台灣人

---

8   陳孔立（主編），《台灣歷史綱要》（北京：九州出版社，2006），頁179、185。

9   郭譽孚，《自慚的主體的台灣史》（台北：汗漫書屋籌備處，1998），頁43。

10   陳孔立，《台灣歷史綱要》，頁217。

祭拜祖先，連神主牌位都不能擺，但光復後，台灣人家庭的第一件
大事，就是把牌位請回[11]。

　　日本殖民政權的「破四舊」，動機大概不是爲了民主科學新文
化，而是要把台灣人的文化認同連根拔起，企圖徹底把台灣人改造
成只信天皇、只拜神社、爲日本軍國主義效忠犧牲的「現代國民」；
祖宗家法讓位給天皇總督與「警察大人」，敬與畏的對象從而只能是
殖民者。可以想見，除了因特殊利益而迎合殖民政權的鄉紳地主和
商人的「國語家庭」，一般市井、農民老百姓應該是很鬱卒苦悶的，
要不然何來光復後趕緊把祖宗牌位迎回之舉？

　　國民黨來了。是可以祭拜祖宗了，但是在天的祖宗因爲是在地
的國民黨讓他們回來的，所以天低於地，對於世俗界發生的事情何
敢贊一詞？228的鎮壓以及1950年代初對左翼反抗者的大規模白色
恐怖「清鄉」，以及國民黨長期在中央以及基層的威權統治，更讓
國民黨成爲這個島上唯一「他說了才算」的權威，而又因爲政權掌握
在一些說國語的外省權貴手中，國語也因此被感受爲權力語言，連
很多除了講一口還算不上國語的濃重鄉音且除了只有榮家可以養老
送死，之外一無所有的底層外省人，也被聯想爲優勢者。本省老百
姓，特別是男性，於是又鬱卒苦悶了幾十年。必須指出的是，這個
鬱卒苦悶的精神狀態雖然不可否認地有「族群面向」，但是它不必
然會連結上對於日本殖民政權的認同頌讚，以及對自身是中國人的
否認。這些，應是之後以民粹文革爲高峰的台獨「民族主義歷史寫
作」所「發明」出來的。

(續)————————————————————————

　，頁217。

11　鄭鴻生，〈台灣的大陸想像〉，收於《百年離亂：兩岸斷裂歷史中
　　的一些摸索》（台北：台灣社會研究季刊社，2006），頁7。

　　如何才能讓人民從這種長期受壓抑的心理狀態中解放出來，讓各種悲情、鬱卒、畏葸蒸發於空氣之中呢？「最理想的」方式當然是將民主運動連結上近、現代世界史中的進步思想與運動能量（好比各種自由主義與社會主義），人們透過落實在日常生活中的民主化，在公共參與中取得自我教育的能力，從而得到一種有力的自覺，改變環境並改變自我。但這一條路徑在戰後台灣社會反抗威權的過程中，因為各種複雜的原因，始終沒得真正走上去，反而在1970年代中後期慢慢地走向了「省籍路徑民主化」[12]。這個以「台灣人出頭天」為魔幻口令但缺乏實質內涵的虛無主義路徑一旦踩上，就往而不返，使原本可以是正當的、素樸的「省籍意識」一化而為「外來政權」論述，再化而為統獨對立，再化為對作為政治概念的中國的對立，再化為對作為文化歷史概念的中國的敵對，以至於近來抗議陳雲林來台事件中的一輛宣傳車上所驚悚展現的，以數世代之前日本殖民者的回魂口吻，稱中國為「支那」……。

　　這個虛無主義政治運動發軔於1970年代中後期，到1990年代初才達到它的高峰期。1990年代初，李登輝總統鞏固了他在國民黨與國家機器中的權力基礎後，開始從全國領袖的位置由上而下召喚特定族裔的人民。李登輝以及接續他的陳水扁，為了聚攏權力，和「老百姓們」同悲共喜，完全放下身段，以不憚俚俗、盡量「鄉土」（其實是反鄉土的「流氣」）言辭，在「愛台灣」的宣示中，進行媚眾的民粹催眠，讓在外國殖民與本國威權統治下長期鬱卒畏葸的人民進入到一種夢遊症似的勇敢、不敬與無所謂的狀態。這樣的人格狀態並沒有帶來真正的反權威、反菁英、以及人民（或公民）的自主，反而

---

12 台灣社會研究季刊編委會，〈邁向公共化，超克後威權：民主左派論述的初構〉。

達成了一種壓抑性的反昇華作用,使人民勇敢地支持那據說是作為
「摩西」或是「台灣人之子」的他們的無疑的統治者。這是一個精神
暴風圈,風眼中站著的是權力意識無比清醒的民粹領袖。

　　1993年,民粹風潮首度啓動,李登輝以「土匪」、「控固力」
這些生猛有力的本土語言,回應千島湖船難事件,一下子翻轉了過
去(從日本總督到兩蔣)的領袖語言與扮相,使群眾為之驚艷、為之
癡迷。語言從此往而不返,都拿去當心靈嗎啡療傷止痛了。於是語
言愈來愈麻辣愈來愈驚爆,好比「新加坡是個鼻屎大國家」、「LP」、
「人肉鹹鹹」、「賭爛」、「我選上了,要不你能怎樣?」一路下
去,直到莊國榮粗口事件降到全島歷史最低點,勢方稍戢。這是因
為莊牴觸到了這個島嶼再不能不捍衛的道德最低點:「人死為大」。

　　在當代中國大陸的脈絡下,在魯迅思想的傳統下,錢理群先生
曾指出,由於語言方式是「國民精神的載體」,因此「極權體制下
的語言方式」為何的提問就變得很重要;他並提出「毛語言」這個
指涉「毛澤東時代所形成的一種思惟方式、情感方式、心理方式以
及語言方式——對中國人的,對中國國民性的影響」的初步概念[13]。
在經歷了15年的民粹文革之後,我們在台灣是否也值得將「李陳語
言」當作一個有意義的研究課題呢?民粹文革的語言難道對當代台
灣的文化、精神,與人格狀態沒有重要的形塑作用嗎?

　　這裡不是一個探討如此重大而目前為止缺乏研究與論述的課題
的時機,而且筆者的準備也不夠,但我們仍然可以初步就兩個方面
作討論:民粹文革的發生脈絡,以及民粹文革的後果。

　　民粹文革的發生脈絡。中國大陸學者王曉明分析四川大地震所

13　錢理群,《我的精神自傳:以北京大學為背景》(台北:台灣社會
　　研究季刊社,2008),頁76。

造成或經由地震所浮現出來的各種當代文化與政治現象與趨勢，特別是救災過程中——尤其是原先被視爲浮華的年輕人——所展現的愛國主義情感這一現象，提出了一個有歷史基礎的「命題」：「第三世界人民的社會或集體認同，通常是從對第一世界的抵抗中獲得動力」。在川震之前，西方世界特別是其主流媒體對於中國的不友善，表現在對拉薩騷亂事件以及奧運火炬事件的「無知與傲慢的」報導，刺激了廣大的中國人「對逆境中弱者的感同身受與共命運感，要戰勝所有壓到我們頭上的困難的強烈願望」，「人們將『地震』和『西方』歸爲一類，高呼『四川』和『中國』一起挺住」。[14]在另一個脈絡下，錢理群也指出中國大陸1949年後的民族主義或愛國主義，雖然有引導至專制主義的深刻弊病，但必須理解那是一個人們所真實感受到的救亡圖存反帝反圍堵的真實反應。別忘了，在文革之前，中國大陸已經歷了兩次外交封鎖，一是1950年代以美國爲首的西方世界對中國的封鎖，二是1960年代蘇聯代表社會主義陣營對中國的封鎖[15]。

戰後台灣社會之所以一直嚴重缺乏第三世界認同，不正因爲台灣認同的一直是第一世界嗎？或許，有可能也如王曉明針對中國大陸語境所指出的：因爲缺乏這個對外部強權的抵抗，人民的「社會或集體認同」也難以產生。我不擬在此討論這個可能性，因爲這樣的討論所開展的方向過於消極。但如果我們稍微調整一下王曉明先生的論點，把問題這樣陳述，或許就更有益於對自我的理解以及現狀的突破：如果我們的認同一直是美日第一世界，那是否就意味著我們無法更歷史地、更清醒地面對我們與第一世界的真實糾葛？而

---

14 王曉明，〈陝川甘災後感想〉(2008，未發表)，頁9、13、15。
15 錢理群，《我的精神自傳：以北京大學爲背景》，頁16。

這個歷史意識的巨大黑洞是否意味我們從根本上無法面對自身的真
實經驗與歷史？而這不就更意味我們無法建立一種和自身的真實經
驗與歷史共振的主體性嗎？這樣談也許還太抽象，那我就再舉之前
才討論過的〈七一五聲明〉爲例。這個〈聲明〉不就是現身說法地
展現了，即使是我們在診斷台灣社會與歷史的病理時，我們也是深
刻地認同西方的：貪腐是「民主社會常見的道德和領導危機」。如
果知識分子習慣於快速地爲真實的、具體的、複雜的問題開立出「普
世性」診斷書，那不就至少在效果上等於拒絕面對自身的真實經驗
與歷史嗎？

　　爲何台灣社會對第一世界的抵抗這麼缺乏，對第一世界的認同
又這麼滿溢呢？回到之前的疑問：爲何當代的台灣精神史書寫沒有
把「悲情」上溯到馬關條約與日本殖民呢？甚且，在大眾藝術上（例
如「海角七号」），還有把台灣人與日本殖民體制之間的關係浪漫化
的表現[16]。針對何以台灣當代歷史意識中沒有反日本殖民的這一側
面，有論者比較簡化地指出，是由於「仇恨跟放射線一樣，是有半
衰期的」[17]。這樣的把精神狀態當成化學現象當然是有問題的，因
爲在同樣被日本殖民的朝鮮半島，以及受到帝國主義侵略以及南京
大屠殺的中國大陸，以及，廣大的第三世界前殖民地仍然艱苦地進
行解殖的努力中，我們並沒看到什麼放射線半衰期之類的現象。近
取一譬：台灣社會對1950年代株連甚廣的白色恐怖似乎從來沒有經
過半衰就已經「全衰」了，而比它「壽命」還久的228卻還遠遠沒有
半衰呢！因此，真正的解釋應該是回到歷史，理解日本對朝鮮以及

16　陳宜中，〈海角七號的台日苦戀〉，《中國時報》，2008/10/10，A
　　18。
17　劉進興，〈《海角七號》沒主體意識？〉《中國時報》，2008/10/11，
　　A 18。

對台灣的殖民體制與政策有何不同，以及之後宗主國退出殖民地的
方式，等等。針對宗主國退出方式這一問題，瞿宛文最近的研究指
出，戰後台灣之所以有較自主的經濟發展，日本的角色與其說是戰
前建立了某些工業化基礎條件，還不如說是消極地，因爲它是戰敗
國，必須完全撤離，使其大財團無法「根留台灣」從而壓縮在地的
經濟發展空間[18]。似乎可以這麼說：日本沒有成爲其前殖民地台灣
人民的抵抗意識的一個標的，是有歷史的、經濟的基礎的。當然這
並不是全部的解釋，因爲恰如賀照田先生閱讀本文初稿時所指出
的，日本在戰後也同樣地退出了朝鮮半島。因此，一個更完整的解
釋其實更應該深入日本殖民體制的歷史實踐，例如日本對台殖民政
權與對朝鮮殖民政權在統合不同階級時的策略。或許這樣提問有助
於我們理解民粹文革的親日特質：是否日據時期對於農工運動與台
共的鎮壓[19]，以及對於台灣大地主大鄉紳的經濟上與文化上的「籠
絡」，可以解釋台獨運動以及民粹文革所展現的對殖民經驗的親日
歷史書寫，其實是一定歷史鬥爭過程之下的產物，並且是特定階級
（即，地主階級）立場的書寫？

　　那美國呢？1950年韓戰爆發，開始了台灣「抱美國大腿」（邱義
仁的肯定用語）進行反共、反中華人民共和國的歷程。而由於三個明
顯的原因，台灣對美國的依賴並沒有接續以對自主性的自我質疑，
以及對恩庇主的質疑。首先，除了早期少量的「美軍顧問團」，美
國在台並沒有像在琉球與南韓等地一般的規模駐軍以及隨之而來的
境內之國及司法特權；其次，由於冷戰地緣政治考量，如瞿宛文所

18　瞿宛文，〈台灣經濟奇蹟的中國背景：超克分斷體制經濟史的盲
　　點〉，《台社二十週年會議：超克當前知識困境會議論文集》（台
　　北：世新大學，2008），頁115。
19　陳孔立，《台灣歷史綱要》，頁195、207-210。

指出，早期美國對台灣的經濟援助並沒有對台灣本地經濟利益的佔有慾望，如美國在拉美所爲，反而是「提供保護傘及軍事與經濟技術等援助，稍後甚至提供出口市場，但卻容忍國民政府的保護國內市場，抵拒外資控制及補貼出口等作法」[20]。第三，台灣戰後思想與學術由於種種原因，包括國民黨爲了捍衛其自身利益，設立種種歷史與思想的禁區，妨礙本地思想與學術的自主性開展，並高度依賴美國學術。

民粹文革即是在戰後親美親日、敵對中國大陸的冷戰格局下所形成的主體性虛乏的虛無主義歷程中的高潮，將之前國民黨時期的政治意識形態反共(當然也內涵了誰才代表「真正中國」的「道統」文化鬥爭)，升高到國族認同與文化心理層次的反中。這段長達15年在思想上、學術上、教育上、流行文化上與日常語言上對「中國」這個概念的由上而下的敵對動員，藉由對「內外中國」(海峽對面的政權與人民，以及台灣社會內部的「非台灣人」——即，「愛台灣」表態不合格者)的排斥與否定中獲得精神動力，從而形成一部分「人民」的集體認同。但因爲「中國」畢竟因其「落後」而不屬於第一世界，同時，它也不只是政治敵對性的「內外中國」所能窮盡，而是一種「客觀」歷史的、日常經驗的、文化心理的內在，因此，將「中國」邪惡化的後果是，無法建立以自身歷史與經驗的深度挖掘與反省爲基礎工程的主體性，甚至，連前殖民地人民對法國、英國或荷蘭的反抗所能獲得的快捷權變但同時深具問題的「社會或集體認同」都無法獲得。結果只能是造成人民之間的內戰性分裂與歷史的扭曲。敵對「中國」甚至妖魔化「中國」，對於台獨運動所念茲

20　瞿宛文，〈台灣經濟奇蹟的中國背景：超克分斷體制經濟史的盲點〉。

在茲的「建立台灣人民的主體性」方向，竟然吊詭地是成反向關係，
要達到那個真實的目的(而非虛無的政治修辭)，必須要做的功課反
而是深切理解並掌握住自身的「中國」構成，這包括對歷史中國，
特別是近、現與當代中國的真實理解。

如果完全白眼的敵對妨礙了主體性的形成，同樣地，完全青眼
的認同也一樣是高度妨礙主體性的形成。長久以來，台灣社會對真
正第一世界的美、日又只有認同沒有批判的理解，造成了我們無法
以符合真實的歷史與經驗爲準則，來整理我們的歷史與經驗的困
局；好比，如先前所指出的悲情史只能從228開始講起，並同時美化
日本殖民史；又好比，無法有效反省與清理戰後台灣對美國的幾乎
全面的依附，對我們的主體狀態所產生的重大但又幾乎是在反思觀
照之外的影響。

以上是就台灣近百餘年來纏夾在與日本、與美國的關係，以及
兩岸關係之下，來理解民粹文革的發生。這20年間，以兩岸交流的
展開，以及台灣的資本與人員源源流向中國大陸爲背景的「國族」
敵對的吊詭升高，更是民粹文革所以發生的立即脈絡。在1980年代
中國大陸的改革開放、美國與中共關係在長期敵對之下的和解，以
及蔣經國開放探親的破冰政策諸脈絡之下，1980年代下半是見到了
兩岸關係的短暫回春。但隨著蘇聯與東歐共黨政權的突然解體、美
國順勢成爲全球單極霸權、中國大陸八九天安門事件，以及李登輝
實際掌握了台灣最高權力等全球與在地脈絡之下，大約在1990年代
中期始，台灣與中國大陸之間的邦交國鬥爭白熱化，使得過境外交、
祕密外交、金錢外交等等，於台灣追求在全球民族國家體系中的可
見度訴求之時，吊詭地爲無法究責的政治權力、貪腐，與每下愈況
的民粹話語與精神狀態，建立了結構基礎。當然，造成這個現象的
另一端，是中國大陸對台灣的缺乏大國自信且爲台灣人民感受爲粗

暴的外交封鎖。如果說，1950-60年代，先是由美國然後是由蘇聯所
帶領的國際封鎖，激起了中國大陸民眾的敵愾同仇之心，幫助形成
了自身的社會或集體認同，1990年代的對台國際封鎖，則爲民粹文
革加油添柴，增加了一部分人民的「反中」的集體認同，同時使「反
民粹文革」流失正當性。韓國學者白樂晴關於「分斷體制」的討論，
其實在對於民粹文革這一「本土」現象的理解，是很有啓發性的。
台灣與中國大陸其實都是這個體制的構成部分，而且雙方在敵對的
態勢之後其實又有相互構成、相互支撐的一面，從而這個分斷體制，
悖於兩岸政權的自我認知，反而是有利於兩岸的各自的政權。因此，
民粹文革的發生也必須擺在分斷體制下兩岸的一般敵對關係之下的
特定敵對機制來理解。

　　上述這些歷史脈絡還必須鑲嵌在特定的階級以及城鄉關係之
中，才能使民粹文革得以找到它的附著對象（或，「群眾基礎」）。
國民黨政權1960年代開始的出口導向發展策略，雖然達成相對成功
的經濟發展與相對低度的分配不正義，但也的確是以某些社會群體
的長期犧牲爲代價達成的；這些群體包括農民、工人階級（特別是女
工），以及眾多被凋敝的農村所擠壓出來聚居在都市邊緣，沒有穩定
受雇機會，飽受社會與治安歧視的社會底層。1990年代以降，新自
由主義風潮吹向台灣，政權開始急速向私人資本傾斜，財富分配開
始趨向極化，同時，由於「全球化」的流動加速，農民、勞工、廣
大低薪低尊嚴服務業，以及包括眾多原住民的社會底層，更是尖銳
地感受到一種被固著在一沒有希望之空間的苦悶，以及被流動的、
光鮮的、有希望的都會群眾以及和他們掛鉤在一起的經濟與政治過
程所拋棄的感覺。

　　在這個物質的、階級的基礎上，被國民黨土改政策剝奪了土地
的前地主階級，以及戰後國民教育與經濟發展所養成的反國民黨中

產階級政治群體(即,民進黨),以被全球化過程所排除的台灣民眾
爲主要話語動員對象,將可以具有實質公共政策意涵的社經痛苦,
以親日親美、反「內外中國」的民粹悲情語言予以轉化。這是民粹
文革之所以能夠形成的階級向度,透過這個向度,我們得以理解,
何以民粹文革的大小領袖們刻意使用媚俗語言、將身段極度放低,
只爲了在語言與象徵的層次上和真實弱勢者表達「我們」(可以理解
地,經常不包括原住民)以對抗「他們」,但少有在實際的公共政策
上,對弱勢者的生存狀態進行有效的結構性改善——儘管政權在
握;弱勢者的結構性存在,似乎被犬儒地以「國族後備軍」的方式
持續地被需要[21]。

　　因此,民粹文革是多重歷史與社會結構犬牙交錯的一個結果,
包括了日本殖民統治的幽靈、戰後國民黨政權的親美日反中共的具
有虛無特徵的地緣存活政治、民進黨政權(及其前身的後期黨外)爲
報復心情(「出頭天」)所吞噬的國族主義認同政治的無限上綱、分
斷體制下的兩岸關係,以及台灣社會特定的階級結構。除了這些「客
觀的」歷史與結構脈絡之外,有一個相對主觀的要素的缺席,也是
造成民粹文革出現的重要因素:台灣知識界並沒有在過去這幾十年
中幫助形成一個以真實面對自身歷史與經驗爲基底的自主性知識狀
態,從而能夠在知識的場域中,善盡知識與思想的力量,幫助釐清
真正的主體性形成的諸問題,從而建立一個有進步內容、有價值核
心的「人民的社會或集體認同」。

　　民粹文革的虛無主義(與反智主義)後果。至此,「虛無主義」
的所指應該比較清楚了:在「愛台灣與恨中國」的這個互依對偶之
中,所有優秀的傳統道德因子(講理、誠實、修身、禮節、互助、有

21　這部分的思考得益於與白憶梅女士的對話。

所敬畏、「己所不欲勿施於人」……），以及所有優秀的近現代人類文明成就或理想（不管叫它自由、平等、博愛，還是理性、容忍、多元，或公共）都必須在「愛台灣」這個唯一的且（目前爲止）空洞的認同前退避三舍的悲哀狀態。不妨回顧一下這個由上而下動員形成的虛無主義之旅，使我們能更清楚地指認民粹文革的後果。

　　1993年，作爲一個道德與政治的雙棲領導者，李登輝啓動民粹文革，如摩西般從核心一躍而至外圍，告訴這個外圍的人民，你們不當靠攏那個舊的核心。於是，這個國度從此開始走向兩群人民、兩個社會、兩套道德、兩個國家，最終兩個民族的分裂之途。民粹文革有很強的敵我不相容的宗教鬥爭性格，把「反中」當作超越一切世俗道德的最高道德，因此民粹文革的領袖必然是「道德領袖」，只要他在「反中愛台」這個立場上不搖動，不論他的其他世俗領域的道德，無論公私，是多麼的可疑。因此，民粹文革一經啓動，對政治領袖的憲政制約就變得無力。2000年政黨輪替後，新上任的陳水扁短暫地企圖做一個「全國的」政治與道德的核心，但旋即失敗，因爲民粹文革一旦開啓，接班的政治領袖很難在不內傷的情況下停傳，何況民粹文革給予了領袖多大的意志自由，只要他「反中愛台」。陳水扁在治國無力的情況下果然選擇操作民粹加溫，炒作「台灣人」民氣，而由這個國家核心所發動的民粹，更是徹底崩解曾經維繫台灣這個國度的基本道德準繩。陳水扁選擇繼續開採消耗民粹是非常可惜的，因爲他比「中國黨的台灣人總統」李登輝還更有資格解鈴。

　　公元2000年政黨輪替，陳水扁上台，這是重要的一年，勢必爲將來的史家所注意，但引起注意的原因不會是政黨輪替本身，更不是阿扁當總統，而在於這一年是民粹文革的一個重要質變與量變點。

　　1996年，首屆總統直選，李登輝挾民粹風雲當選總統，細節不較，這是台灣民主化的一大里程碑，但對很多人而言，這個里程碑

一定需要被超越，因為李登輝雖然是台灣人總統，但他畢竟是「威權的中國黨的台灣人總統」。這個「不純粹」、「不完整」的現實效果，允許了眾多不同理念與利益的人群得以說服他們自己是在一種進步的、民主的、社運的、公民的立場上繼續在「反抗」、在「反對」，只因「民間」對抗「黨國」的大業尚未完全成功。這個反對一定程度也制衡了這個民粹文革，而有一定的進步意義，例如1998年出現的以公民養成、社區培力為宗旨的社區大學運動。但是，2000年的首度政黨輪替，在造就了一個「民主的台灣黨的台灣人總統」之餘，吊詭地卻把這些原有的還帶有某種批判性格的社會反對力量給繳械了。但與其說是被繳械，還不如說是自我繳械，因為原先以反對國民黨為唯一民主與進步想像的「民主反對力量」，在「竟然來得這麼快」的政黨輪替驚愕下，發現他們自己的立足之場突然消失了，僅僅因為據說「民主已經完成了」。在失語之下，只能默默地沒有目標地繼續存在，而成為新政權以各種款項名目所支持的眾多「非政府組織」。到了2008年政黨再度輪替，在民進黨政權下默默存在了8年，且在紅衫軍如火如荼時韜光養晦的「社運團體」，宣佈了「台灣社會運動再出發」。這也不壞，因為至少誠實地承認曾經在某一個時間點上停下來過，而據我看，那個時間點應是2000年。「2000年」見證了「自由民主」的某些皮相成就，但更深刻地見證了台灣社會民主肌理的薄弱與荒謬。

　　公元2000年不但見證了因為「民主已經完成」而吊詭地導致了民主話語的失落這個怪現狀，同時也見證了因為國家機器已經在手導致了台獨目標的失落的怪現狀。在沒有條件實踐台獨理念的時候，台獨可以是一種自我宣稱的理想，可以在想像的未來中維持自己認同的完整與合理，但是當國家機器一朝在手，而又尷尬地面對台獨在現實上絕無可能時，那只有進入到一種存在的扭曲，一方面

完全喪失了對於民主(已達成)與台獨(不可能達成)的信念,另一方面卻要表演出,儘管有這麼多內與外的反動阻力,我們還是決心要達成台獨的目標。但這個表演,已經完全轉化成對內需的供應,以達到一個單純的、生物性的目的:政權自我延續。這樣的一個「假仙」或「作戲」的狀態,所造成的一種人格分裂狀態,是私底下貪腐與表面上「愛台灣」這種矛盾狀態的精神結構基礎。

這個來自上層的虛無主義的危害,是擴散及於整個社會的。民粹文革中,從李登輝到陳水扁以及無數官員幫閒的民粹話語和表演,造成了一種大家暫時在「台灣人」這一名上完全平等的感覺,而又因爲連「總統」竟然都和我們平等,這個「平等」可以使人暫時達到一種醺然之感。而如果,連向來在這塵世間最高位的「總統」都只是和我自己一樣粗鄙或高尚(在此已無分別),那誰又德高於我、明智於我呢?行爲與行爲、語言和語言、人與人之間既然沒有任何可能的差等,也就等於失去了傾聽、反思、自我批評以及向他人學習的動力,那麼自己就無限地膨脹起來了。韓國的白樂晴教授所指出的一種以「非強制性的尊重」爲內容的「智慧的差等」(hierarchy of wisdom),於是就完全消失了[22]。這就形成了一代什麼都可以不必尊敬、什麼都可以不必畏懼的——「勇敢的台灣人」了;「啥米攏不驚」、「俗擱有力」!這個膨風起來的自我,身分認同擺在第一優先,嚴重缺乏探索問題論列是非的能力,而後者卻是任何實質性民主的前提。

民粹文革的虛無主義不只使一個社會所賴以維繫的各種價值泉源以及道德紐帶的掏空與崩解危機惡化,也同時吊詭地深化了原本

22　白樂晴,〈韓半島的殖民性問題和近代韓國的雙重課題〉(出版資料不詳)。

在威權體制下就存在的社會智識與社會智能低下的危機。政治與認同相互綁在一起難解難分，造成了「認同掛帥」的後果，而由於政治與認同完全結合，這個「認同掛帥」必然也是一種「政治掛帥」，以一種類宗教的「認同道德」（愛台灣）為單一目的，並以此絕對目的來正當化手段；只要為了「愛台灣」，任何世俗道德與政治約定（例如憲政）皆可毀棄。這是反身性的終結，而由於只講顏色正確不論及其他（包括經驗、史感、才智、專業……），它又是一種反智主義的強烈展現。這讓人聯想起中國社會主義革命傳統中關於「紅與專」的爭論，以及中國歷史中綿延不絕的儒家泛道德主義。如何從思想史、文化史的角度，重新整理、理解當今台灣的重要思想與文化事件和中國歷史與文化傳統之間的深層複雜關連，或許值得作為將來的研究課題[23]。

　　因此，民粹文革最吊詭的一面就在於它在作「民主正在大步前進」或是「民主已經完成」等正面宣稱的同時，卻在背面快速地掏空任何民主體制所賴以維繫與發展的道德肌理與社會智能。在缺乏理論與歷史的細緻分辨與指引，從而只憑藉一股認同的「氣」來反國民黨或反中，雖然在國家機器的爭奪上獲得一時的成功，但代價也是巨大的。

　　民粹文革接續之前那藉由凸顯省籍矛盾，以省籍認同為動員主軸的台灣特殊民主化路徑，即台社所謂的「省籍路徑民主化」[24]。

23　筆者在概念層次上對這種建立在區域尺度上的歷史性知識計畫的
　　初步討論，見趙剛，〈超克分斷體制下的歷史與主體：從學習做一
　　個方法論意義上的中國人開始〉，《台社二十週年會議：超克當前
　　知識困境會議論文集》，頁137-163。
24　見台灣社會研究季刊編委會〈邁向公共化，超克後威權：民主左派
　　論述的初構〉。

民主被狹隘地想像爲「反威權國民黨」，展現了民主想像與理論的
貧乏，集中展現在問題重重的一連串等號上：民主等於反國民黨等
於反威權，最後等於反權威。問題特別出現在最後一個等號上，因
爲不是所有的權威都必然是不正當的，也不一定非得都要「反對」。
如果把反威權等於反權威，那就必然產生了對所有「可以正當化的
權威」的否定，這造就了一整個世代的虛無主義、反智主義。

　　「正當的權威」這一想像在當今的台灣仍然是缺席的，人文社
會學術界也以各種「政治正確」的歐風美雨與民粹文革共同強制此
一缺席。我沒有能力在此深入此一議題，只能如是提問：一個社會
如果只依賴權勢(槍桿、監獄、法律、官大學問大)以及市場(利益、
獎懲，有錢好辦事)所構成的外在性強制秩序，那就將是一個無理可
講的社會。人們無法在新浮現的也經常是衝突性的情境中，與他人
共同謀求大家都可以接受的道理，這個道理未必純是「理性的」，
而可能只是一種「做人應當這樣」、「做人要講道理」的常識，而
這個「講道理」就可以且應該是一種「正當的權威」的基礎。我們
必須說，過去這十多年來，「做人」已經幾乎沒有「講道理」的空
間了，尤其是在需要解決衝突的情境中——學術界尤然。1950年代
以至於1970年代這30年間，台灣社會帶有鄉愿氣息但頗爲寬容、體
諒、會「不好意思」的主體，已經讓位給硬掰的、愛拼的、自我極
度脆弱同時高度膨脹的主體。如果以前的「傳統主體」有問題，現
在的「現代性主體」狀況似乎沒有理由更好。

　　因此，從另一個比較廣闊的當代視角看，這個民粹文革也不完
全是台灣歷史所內生的，也不完全是兩岸分斷體制的結果，新自由
主義全球化話語其實也在更大的脈絡下包養台灣島內的民粹文革。
它是一種市場民粹主義，具有強烈的去歷史、反傳統、反菁英、反
智的行動主義傾向。在「現代化」、「多元」、「差異」與「自由」

的政治正確光環下，只有去社會、去歷史的市場中的「個人」能被指認、能進行言說與行動。主體從而是高度非歷史的，僅僅在「實存時間」中對環境進行當下反應，效率是唯一的檢驗標準，對其他所有價值的虔敬皆合當顛覆。台灣的民粹文革，雖然與效率崇拜無關，但是在去歷史、反菁英、反智、「爽就好」的行動主義上頭，卻無疑是「與全球接軌」的。順便一提，台灣人文學術界的「後學」在思想與知識上完全無力於對民粹文革提出批判性論述，其實和後學本身也是一種民粹主義有關。

　　這10來年的民粹文革，到底給全體台灣人民帶來了什麼樣的社會文化以及人格結構的轉化，是一個逃不掉的、或遲或速需要學術界深入研究的問題。我在此倒是可以先提出幾個「經驗資料」供大家思考。這些例子，與其說是要用來證明它們與民粹文革之間的簡單因果關係，不如說是藉這些現象來思考這十多年來台灣社會是否已經形成了一個深刻的道德與民主危機。如果是，那麼民粹文革就該被嚴肅面對。

　　我有一個朋友，住在民風純樸的中部農村，她說，「這幾年在鄉下，人們對於任何智慧任何道理沒有基本的尊重，就算你是哪方面鑽研了一輩子的人，他們也會以各種方式表示你沒啥了不起，你懂得的他也懂得，而且比你懂得的還高明；人家說鄉下風氣很純樸、人很古意，也許從前是吧……」。

　　一個前幾年畢業的學生，在新竹某國中教書，在高鐵站與我巧遇，告訴我現今國中教育出了很大的問題，還不在於中產階級父母所經常擔心的書包輕不下來，而是在於學生的頑劣狀態不斷在擴散、在升高，尤其是廣大的中下階層的子女，對於任何的權威毫無尊重，對自己也毫無反省。而同時，老師在失去了傳統的權威之下，也完全找不到可以維繫基本課室秩序的新的可行的文化機制；所有

對小孩的管教都有可能動輒得咎。這位社會學研究所畢業的、堪稱自由開明的年輕女老師，說著說著竟然忿恨起那個「人本」來，埋怨後者並不了解當前教育的權威崩解的危機，反而以學生民粹主義的政治正確無限上綱……。她舉了一個聳動的例子，我忘了是她自己經驗的還是她同事的經驗。有一天，年輕女老師走進教室，一個學生站起來，說「X妳媽！」，然後全班哄堂大笑。

還有一個學生，作2005年高捷「暴動」事件的研究，在傳統左派難以討論的「勞動力素質」的問題上，有一個發現：儘管高雄市政府是有照顧本地勞工的政策，要求捷運工地優先聘用本地勞工，但這些本地勞工和過去被盛讚的「台灣勞工素質」的形象大相逕庭。相對於樂觀、吃苦、不抱怨、維持整潔自律形象，遵守工安規定的一般泰勞形象，本地勞工愛抱怨、不能吃苦，沒有工地紀律，穿著邋遢，而且還一副什麼他都懂、他最會的派頭，而且還不能批評……。記錄到這個現象的學生是一位反全球化、捍衛本地勞工工作權的進步學生[25]。

最後，舉一個也許更多人關心的例子，就是台灣棒球。本屆奧運，台灣棒球被中國隊打敗，一時之間輿論連國恥之說都出來了，但有一個記者的報導似乎輕輕碰觸到一個大家都沒有提到的一面。他說：

有球迷形容輸給中國是「國恥」，因為棒球號稱「國球」。只是從比賽或日常的言行舉止來看，年輕一輩真正具有棒球「國

25 吳孟如，〈集體行動之後與勞動政權之重構：以高捷泰工「騷動」事件為起點〉（東海大學社會學研究所碩士論文，2008），頁38-42、86。

士」風範者恐已寥寥無幾。而棒球平常享受了太多國人的關愛
與社會資源，球迷、媒體常常過度包容，甚至縱容，接受檢討
與自我反省的能力本來就有待改進。[26]

　　同一天的《中國時報》，李丁讚教授也對棒球敗北發表評論。
他主要的論點則是，輸球是因為沒有信心，而沒有信心又是因為民
族國家的認同問題沒有解決，而對手中國隊、韓國隊則都是來自沒
有這個問題且國族主義高昂的國家。他說：

　　近年來，韓國與中國的國族主義高昂，她們都相信自己是世界
　　第一強國。這種對國族的信心，讓她們的運動員在奧運競賽中
　　勝出。不幸地，台灣人一直處在國族未明的狀態下，大家對台
　　灣的未來充滿不確定感，甚至悲觀。我們哪個人敢說：我們是
　　世界第一呢？缺少了這種來自內在的自信、從容與篤定，我們
　　就不難理解，為什麼台灣的運動員不能在代表國家的場合中有
　　淋漓盡致的演出了[27]。

　　李丁讚正確地點出了台灣人道德意識裡的一個問題狀態：缺乏
「來自內在的自信、從容與篤定」，但可惜他沒有更進一步說明，
和這個「台灣人狀態」看似矛盾但又實為一體兩面的那種習見的自
以為是、對什麼都不敬畏、缺乏自我反省能力的「台灣人狀態」，
之間的關係又如何解釋？要求李教授在短短的一篇讀者投書上把這

26　廖德修，〈中國畫句點，台灣打問號〉，《中國時報》，2008/8/16。
27　李丁讚，〈沒有信心，怎麼會贏？〉，《中國時報》，2008/8/16。

個問題的複雜諸面都說清楚並不現實[28]，何況李教授已經強調了自信得「來自內在」，這當然意味和那表現於外、以群力相鑠相挺，但底氣實爲空虛矯情的「自信」，是不一樣的。

　　但是，李丁讚把輸球最終歸因於國族主義不夠高昂這個核心論斷，可能是需要商榷的。這並不僅僅是因爲，很顯然地，國族主義不是萬靈丹，而是因爲李丁讚這樣的論證，恰恰迴避了對這十多年來民粹文革的反省與質疑。難道從李登輝到陳水扁政權這十多年來的民粹膨風，不正是造成台灣人無法真正直面自身從日本殖民以來的「缺乏內在的自信、從容與篤定」，反而以民粹反昇華的路徑，飲酖止渴地以虛矯的、空洞的自尊、自傲、我最行，來使台灣人的主體一直處於醺然狀態，「以爲自己會贏」嗎？從棒球的例子，我們看到，民粹文革的「教育效用」已經超越了藍綠，照台灣人的人格結構打上了深深的烙印。而民粹文革所內建的貪腐，也從高層一路漫流到「民間」。高層左手翻雲右手覆雨，又如何能教下面抬頭看戲的群眾不有樣學樣？而這到了運動界就是打假球。順著這個思路，那麼屬於「上層建築」的民粹文革是否對作爲「底層建築」的經濟發展，具有高度破壞力，就很值得當作一個重要研究課題了。

　　2006年雙十圍城之前的紅衫軍民眾主體，其實可以看作是因爲各種社會位置或機緣，恰巧相對地站在這個涵蓋全台的民粹暴風圈的邊緣，從而得以對民粹文革所造成的道德危機產生嚴重焦慮感，並以行動進行反應的人們。例如眾多熱情參與的女性(不分本省外

28　李丁讚教授在另一篇較長也較正式的文章中，其實把台灣社會的出路展望在一個更寬廣的、建立在與維繫於日常生活中的「平等、友善、親密」，這個他所謂的「教育民主」工夫上頭。文章的很多論點我都能同意且也令人深思。見李丁讚，〈台灣民主困境的社會根源〉，《台灣社會研究季刊》，第65期(2007)，頁215-225。

省），被民粹文革直接指斥有身分問題的「外省人」、年輕到還沒進入到包括大學校園的民粹風暴圈之內，以及年輕到還沒有開始爲「生涯規劃」擔憂的高中生，以及包括眾多原住民在內的社會弱勢與邊緣者。紅衫軍的主要道德意識狀態，特別表現在佔參與人數約三分之二的女性身上，就是對這個民粹主義的政治催眠，以及從而形成的大規模自我膨脹，以及從而對所有可能的文明價值皆傲慢不敬，所體現的道德危機感。當她們被問到何以會來參加紅衫軍聚集，她們的答案經常竟是：「有陳水扁這樣的總統，我們當媽媽的要怎麼教小孩子做人的道理！」「做人的道理」是最大的道德危機的最簡約的表明，但是缺乏進一步的論述。

三、紅衫軍之後：馬英九與沒得發現自己的紅衫軍

紅衫軍沒得發現自己，除了等待不到「精神領袖」，以及缺乏批判知識分子的有效介入這些原因之外，還包括媒體名嘴的錯指。在缺乏有力的競爭解釋之下，「綠頭藍身」成了對紅衫軍的流行錯指，而且還是個意識形態錯指，因爲它恰恰是要以沒有出路令人生厭的藍綠鬥爭來定位紅衫軍，從而遮掩住紅衫軍成立的真正理由，也就是台灣社會已冰凍三尺的深刻道德危機。紅衫軍戴上藍帽子的那一刻，也就是紅衫軍需要被指認、被理解的歷史獨特性被瓦解的一刻，而立即成爲重複多餘之事。這個錯指唐突了多少紅衫軍群眾身上穿著的「不論藍綠，只問黑白」醒目大字的T恤！而這個到處可見的標語，不就見證了紅衫軍群眾朦朧意識到它自身必須要超越黨派的狹隘格局，探指於常識道德領域嗎？

紅衫軍最終沒有發現它自己的原因，還包括遠處站著一個誘惑，「瞧，那個人」總是似乎在彬彬有禮地以腹語對群眾說：「依

法抗議吧，累了，就結束吧，後面的就交給小弟我（即，投我一票）
吧！」對照於暴其氣、亂其言的民粹文革，「馬英九」是這個紅衫
軍人群在給定現實之下，找不著出路的唯一希望之燈塔：溫文爾雅、
輕聲細語、常戴微笑、謙恭自制且貌似有所敬畏──凡此一切，都
是「陳水扁」作為一個形象的對照。應該可以這麼猜想，不少紅衫
軍在擁戴施明德為名義共主時，已經把縫合道德裂縫的希望暗暗地
投寄於馬英九了；群眾與施明德同床異夢。以我在現場的觀察，施
明德也的確從未獲得過群眾熱情的簇擁、歡呼與期待，一如革命領
袖或偶像明星所遭遇的那般，而只是受到微溫的、客嗇的支持禮遇。

　　施明德先生說，他幾次面臨痛苦抉擇，最後他都戰勝了權力的
誘惑，並未帶領群眾衝進總統府，而歷史證明了這是智慧的抉擇，
云云。但是，當施明德說這些話時，也許沒考慮到一個事實：如果
紅衫軍主體群眾本就是對那深具「衝」、「勇」、「撩落去」等重
口味民粹主義民氣的道德反彈，那麼，除了少數的、邊緣的「敲打
族」之外，她(他)們的主體狀態又如何會「衝進總統府」呢？紅衫
軍的遊行過程是平和的、愉悅的，但卻是一種只有喧囂人氣與物理
規模，卻沒有精神與目標的遊行；在人群中經常有行不知所之的荒
謬感，以及時間分秒流過但什麼都不會改變的犬儒自覺。紅衫軍是
另一種喧囂失神的城市空間漫遊者；是千萬個自流的、豐沛的、壯
觀的但無法匯集的原油眼，從暗地裡莫名地冒出來又莫名地流回到
暗地裡。凡此一切，除了清楚無誤地指出紅衫軍並沒有什麼「精神
領袖」之外，更重要地指出了這是一個低度政治化、不曾理論化的
群眾聚集，它沒有機會把它真正痛苦之所在(即，這個社會的集體
的、公共的、道德的紐帶的崩解)作出明確的、有針對性的陳述。

　　紅衫軍群眾在凱道的風雨中靜坐、敲打、呼口號了那麼多日子，
又大遊行了兩次，在這些日子裡，何嘗不是歷史在等待一種紅衫軍

關於「我們是誰？」、「我們為何在這裡？」的釐清。這一個長達一個月的超大群眾聚集，最後在溫文爾雅白襯衫馬市長的重裝鎮暴黑制服警察如機器人部隊般的鎮壓下，弔詭地使這個本來就沒有找到它自己的運動乾脆順勢自我了斷──「倒扁」既然失敗，那也只能「挺馬」了；「落紅不是無情物，化作春泥更護馬」。

所以，我曾百思不得其解的疑惑，為什麼那麼震撼人心轟轟烈烈號稱百萬人的大抗議聚集，說結束就結束，而且之後被社會遺忘得那麼徹底？總算可以有一個答案了，那就是：由於聚集的群眾無法思考，紅衫軍領袖老是在祕密思考，進步知識分子幫不上思考的忙，於是，紅衫軍群眾在找不到自己的進步性之下，只能倒扁，倒扁不成，那只有挺馬。這是順著歷史與思惟的慣性，寄望於下一個領袖有德有行吧！這是千百年來弱勢人民的最現實的期盼，紅衫軍並沒有超克這一「智慧」。於是，也只能現實地期待「馬英九」──那位被形象化成和「陳水扁」對立的那個政治領袖。這是一個還沒有發現自己的運動，事後看來，它也只能夠讓自己在歷史扮演「階段性的任務」，也就是「從倒扁出發達到挺馬」。當支持新領袖的慾望在紅衫軍潰散之後竄起，並在大選之前的一年半中溢流全島時，誰又有工夫想起紅衫軍呢？連「前紅衫軍」都在選戰的激情中把自己給忘得一乾二淨了。

四、何以批判知識分子對紅衫軍沒能找到它自己要負責？

批判知識分子對紅衫軍群眾沒得找到它自己這一回事，不能怪群眾、不能怪施明德、不能怪等不到「精神領袖」、不能怪媒體名嘴，也不能怪馬英九，只能怪自己，因為批判知識分子對於紅衫軍現象之所以出現的解釋框架太過於依賴現成品，即民眾進場是對阿

扁一家族的貪腐的憤怒——而「反貪倒扁」也是運動總部僅有的訴
求語言。而之所以會如此,則是因為批判知識分子缺少一個對於群
眾內在危機意識的歷史感,並不曾嘗試拉出一個歷史的視野,提出
一個新的分析框架。做不到這一點,於是就越過了認識與思想的困
難,將就上了一條輕便簡易的路徑,直接祭出高調的啟蒙理念自主
公民,而這註定了將只是知識分子自我安慰畢竟不曾缺席,對於群
眾而言,這個大名當然恰如馬耳東風。

　　兩年後,我們開始直面此一危機意識,初步發展出「民粹文革」
這個概念,並將紅衫軍現象與之緊密扣連。我們相信,這樣的一種
歷史的思考方式與分析架構能幫我們在這個歷史記憶急速流失的島
嶼上,再現被遺忘的歷史與結構。而我們可以這樣申論:要理解紅
衫軍,必須要理解它之前15年的民粹文革,以及之前的國民黨政權,
以及之前的日本殖民時期。此外,我們還需要結構地理解台灣與中
國大陸共構的「分斷體制」,以及台灣對美、日的依賴,以及二戰
以來流變至今的冷戰結構。

　　必須要把紅衫軍的主體置放在一個更寬廣有深度的歷史與空間
脈絡之下。唯有如此,我們才能幫助紅衫軍找到它自己,也能夠幫
「反紅衫軍」找到它自己,也才能幫我們批判知識分子找到我們自
己。紅衫軍的歷史命運,現身說法了一個深刻的道理:在台灣,任
何具有突破現狀可能的改變力量,都因為藍綠對立解釋框架的啟
動,而被繳械,而藍綠對立,最終又和兩岸對立的「分斷體制」密
切相關。因此,長久以來知識界對台灣社會的重大事件或是現象,
僅僅從台灣社會內部或是當下之時進行掌握的知識習性,似已到了
必須深刻反省另尋出路的時機了。

　　紅衫軍沒得找到它自己,只能倒扁,倒扁不成,只有回推到邏
輯另一端,但同時是自我否定的一端:挺馬。複雜的現實政治一下

子又變得極其簡單，整個紅衫軍運動水落石出，竟是陳水扁與馬英九的對決。這已經不是現代西方意義下的政黨政治框架所能解釋得了，且不是單純的「藍綠鬥爭」所可窮盡得了。難道不是嗎？「馬英九」和「陳水扁」各自僅僅「代表」其政黨嗎？這兩個「個體」「屬於」這兩個政黨，從而爲其部分嗎？或更是以極爲誇張的比例「鶴立」於「雞群」之上，僅僅因爲他「代表」了那更大的(但分裂了的)人民呢？這個對於「放大化」的領袖的依賴，是內在於台灣的「威權」或「民主」的傳統中的。相對於中國大陸，台灣倒是沒有出現過文革時期對毛澤東的領袖崇拜，但是也從沒有出現過社會主義對於「個人崇拜」的理論與政治的反省，也從來沒有出現過集體領導的政治制度。

　　那要如何解釋這個「二人對決」呢？這顯然是一個重要但卻因爲不在西方民主理論的話語之內，而被忽視的一個重要問題。

　　台社當初在丟出「自主公民進場」時，可說是高調地完全不曾理會這個真實的政治狀況，而是按照西方規範性政治理論所擬定的主體想像。自主公民進場有何意義呢？答曰：「自主公民進場意味一種能超越藍綠的歷史主體的出現，將打破藍綠對壘的政治困境，從而自主地擔負起政治方向的形成」。話是說得體面穩妥，但似乎難掩這還是一個相當空洞的姿態，因爲那是一種什麼樣的政治方向，根本性地缺乏討論。但是，這個非歷史的、程序主義的、行動主義的「自主公民」，按照理論設想，好像本就不需要回答這個問題，因爲自主公民能自指、能現身是關鍵，之後都好辦，因爲既然是公民，「自然會」公共討論出價值目標及合理手段的。「自主公民」於是成爲一種理論萬靈丹，自然是「普世」到什麼病都治不好。

　　這些激進民主語彙(不管是，公共討論、公共領域、公眾、審議民主、自主社運、公投或「民主在街頭」)在被提出來的時候，其實

都預設了它們所鑲嵌的政治與社會體制（例如，國家與市民社會的對偶、憲政國家、結社性社會、資本主義市場），以及所對應的某些終極價值（例如（溝通）理性、世俗化、多元價值、不服從主義、個人主義、競爭、生態）。簡言之，「自主公民」在修辭層次上可以當作一種普世的主體，但在制度現實上，它必然要鑲嵌在特定的歷史、社會與價值形構中，才得以出現。

　　上面這些「西方民主語彙」聽起來不錯，也似乎多是可欲的，少有歷史人群得以因自稱的特殊性而謂與彼絕然無關。但是，假設（必須馬上說，這是一個問題很大的假設）我們的確需要所有這些價值與制度，我們也必須認真思考如何讓它們真地能和現實（必然是歷史中的現實）結合起來，歷史地、結構地展開目的與手段之間的關係探討。如果不此之圖，反而以一種白樂晴教授所謂的「公式主義的謬誤」[29]傲慢展現自身，同時遮蓋對實現它自己有利的或不利的歷史肌理的理解，則是知識上以及政治上的不通之路，必然只能在響亮的口號中原地踏步，從而成為構成現狀的一景。

　　這樣的反思可能遭遇到的立即質疑是：「那你是不是從什麼『中國性』、國粹主義、或是東西二元對立這種知識上有問題、政治上不正確的自我東方化觀點出發呢？」不是的。刻意這樣提「西方」，是為了要凸顯一重要現實與理論問題：「在台灣，我們所說的『國家』這個名詞，到底意味著什麼？」這個問題之所以重要，是因為它能夠幫助我們理解「二人對決」這一特殊現象，而只依賴西方的國家或民主理論必然是窒礙難通的。

　　在西方基督教傳統下，教會不管權力有多大，它理論上絕不等

29　見陳光興，〈白樂晴的「超克『分斷體制』」論：參照兩韓思想兩
　　岸〉，頁100。

同於那個據信超越一切世俗與私己、全然爲公的上帝，而只能是後者的一個代理、一個執事。同理，在西方，國家和政府也不能等同起來，因爲後者只是前者的一個代理，一個執事。如果說，神愛世人，上帝是普世性的，那麼民族國家的「國家」理論上也代表了一個超越地域、族群、性別、階級的「公」[30]。國家是全體人民的抽象體現，政府則是「爲人民服務」的制度手段。在這個不容混淆的區分基礎上，建立了西方的民主政體。如果說，在現代民族國家與民主體制出現之前的西方絕對主義時期，帝王體現了國人整體，那麼民族國家時期的政治核心領袖則不再是民族國家國人整體的「體現」，而只是主權所在的人民集體的托付，作爲全體國人的意志的代理。作爲這樣的政治核心，他或她本身不生產正當性，更不是道德的泉源。簡言之，國家被視爲是「道德的」（或「意識形態的」，端看論者之立場），政府則否。

但是在台灣的活的傳統政治文化中，直到今天，可說一般人心目中的「國家」和「政府」並沒有任何明確的區分，西方的基督教－自由主義傳統下的「國家」概念並不能照搬到台灣[31]。在台灣，

---

30 見費孝通，《鄉土中國》（上海：上海人民出版社，2006），頁27。

31 中國大陸的「國家」想像是如何，我不知道，但由於社會主義革命的緣故，可能是比台灣來得不那麼「傳統」？無論如何，這可以當作一個值得追索的問題起點。王曉明關於川震災後的反思寫作，其實也是從另一個切入點，探討類似的問題：在社會主義革命傳統下的當代中國大陸，到底「國家」意味著什麼？國家和政府，政府和社會，國家和社會之間的關係為何？我們（作為批判知識分子）對於這些範疇的關係應該有什麼樣的期待？雖然關切的問題和這裡不完全一樣，也不可能一樣，但很多的關切點是重疊的，同時，對於西方國家理論或社會理論在適用上的質疑，也是非常的一致。我相信，兩岸批判知識分子在這些關於歷史重大事件的分析上，應該會互利於更多的相互對話。

我們日常語用的「國家」一詞，事實上是一幅由反透視法所構成的
圖景：核心位置站著不合比例超大體積的「領袖」（經常就是總統，
同時是黨魁），然後從各種黨、政、軍機構，由大至小，一圈圈推出
來，這是「官」（即，「政府」），之外就是廣大的人民（所謂「國人」），
而這些國人又以和官之間的關係遠近層層往外推，構成類似樹木年
輪的多圈同心圓；這個同心圓整體據說應同屬一個文化，並住在同
一塊土地上。這個涵蓋多重權勢差等的人群、文化與空間的官民集
合體，謂之「國家」，民在外，官在內，最核心站著一個領袖，後
二者則構成了政府（或「國家機器」）。且由於國家、政府或國家機
器同在一個平面且共享「領袖」這一核心，因此「領袖」不但是國
人的政治領導核心，也被國人視為道德領導核心──「子率以正，
孰敢不正？」或更直白，「上樑不正下樑歪」。

　　台灣近20年多來的「民主化」，並沒有真正改變這個「政治文
化」。在當代台灣，人們的政治意識總是處於一種矛盾狀態中，一
方面被正式地教導「人民是國家的主人」，「總統民選，人民是頭
家」等等，但另一方面，人們似乎又深刻延續過去以來對政治核心
的道德期待。人們真地這樣期待，但這個期待在自由民主話語裡卻
又尷尬地沒有位置。民粹文革對這個政治文化所帶來的改變則是數
量的改變，從一個領袖變成兩個領袖，從一個國家變成兩個國家，
從一個人民變成兩個人民。從李登輝到陳水扁到馬英九，每一個領
袖只能在一部分的人群中找到正當性，台灣的「內部分斷體制」到
目前為止似乎還沒有找到彌合的契機，兩個颱風眼將繼續撕裂台
灣。紅衫軍曾經蘊含某種超克這種分裂的可能，但最後卻以強化這
種分裂告終。必須說，無法超克兩岸間的分斷體制，台灣的「內部
分斷體制」就將繼續。

　　從反思紅衫軍現象所牽引出來的關於「國家意味著什麼？」思

考的意義在於：我們應當面對長期以來價值（或「政治正確」）先行的知識慣習，重新面對超出我們當下的歷史與結構深度，藉由面對過去，找到我們面對現在、開啓未來的契機。在此，布雷西特的警語可以有很大的啓示，他好像是這樣說的：「我們不要從未來的美好事物，而得要從現存的醜陋事物開始。」我不知道，紅衫軍群眾（一如中國傳統政治中），對於政治與道德二者之間具內在聯繫性的信念是否是醜陋的，但它的確不在當代政治正確的美好事物清單中。那麼，我們是否可以為了面對我們自己的歷史資產與負債（而這是我們所真正繼承的，無論承認與否，是我們的歷史的現實），而暫時懸置這個「美好事物清單」？

因此，群眾如果說：「我要求、我希望政治人物要有道德領導力」。知識分子不應對他們只是冷冷地聳肩訕笑，或是以民主教科書進行啓蒙，或只是丟給他們進步的名字讓他們改運，而是直面這一民眾的淺白呼籲，開啓我們對這個淺白呼籲後頭的苦悶、困惑與慣行慣思的理解，找到對歷史的具體掌握，從而獲得介入的契機與鎖鑰。為什麼某些群眾對於陳水扁有這麼大的失望與憤怒？為什麼某些群眾對陳水扁的貪腐有這麼大的包容？為什麼某些群眾寄望於馬英九？為什麼又快速失望於馬英九？而失望的理由竟是退居二線的他太不像個強有力的政治與道德領袖！為什麼又將寄望於XXX？為什麼又將失望於XXX？……如何面對這個無盡的期望鎖鏈？如何能免於對領袖的一再幻滅？如何超越並克服此中的虛無主義以及反智主義？這才是真正的、具體的、我們的民主課題。老實說，對於這個民主課題的真正理解與掌握可能還沒有開始呢。

趙剛，東海大學社會系教授，台社成員，著有《知識之錨》、《頭目哈古》、《四海困窮》等書；《法國1968》為其譯作。

我的台北「野草莓」雜記

何東洪

一

　　本來以為自己「貼近」這場「野草莓學運」，因此大膽地答應了《思想》的邀約，可以為這場靜坐寫下具有「反思高度」的觀察紀錄。殊不知，答應後，廣場的學生雖然人數逐漸降低，還是持續了一個多月的行動，並且到了2009年元旦，最後一批學生轉進了月租3萬5的「野莓之家」，我仍遲遲無法下筆。原因錯綜複雜，部分是因自己經歷、記憶被喚起的糾葛，部分則因於並不十分明瞭相異的學生在這場靜坐之中的體驗，以及他們對於「運動」的想像與欲望到底為何，深怕一個不小心，又落入「世代指導的暴力」指控。

　　但既然學生們自稱這場靜坐為學運／青年自我改造運動，不是學期中的「豪華假期」，也不是救國團的團康或是飢餓三十的體驗營，而是一場朝向貼身面對國家／國家機器暴力的集體行動；同時，不同社運、政治團體過去二十多年抵抗國家機器的獻身的積累，以及NGO團體的相挺、民眾熱情提供物資與捐款才造就這場「運動」，那麼學生們就不能不扛下社會責任與各界的批判。作為「野教授」的一員，我也自知必須面對相同的責任與批判。

　　我不打算從理論高度以社會運動、學生運動的規範性範疇來談這場「運動」（這點，過去一個多月裡已有不少學院教師觸及），也不打算從它的發生與進展歷程回溯（這得由身為主體的學生們自己書寫，雖然勢必會因地域脈絡與進程的差異，產生立場與視角的爭辯或鬥爭）；我打算用自己這些日子以來，身心被台北中正廟的場景所魅惑（haunted），作為教師與輔大學生交往的經驗，作為「野教授」成員，以及和過去參與學生運動、現在仍在社會運動圈裡獻身的朋友之間的交談等多重交織、反覆思索的背景，來書寫這篇心得。

二

　　2008年11月5日當天，我接到李明璁電話，他匆忙中簡明地說學生因陳雲林訪台所激起的圍城衝突、上揚唱片事件，想要對國民黨來個抗議行動，希望晚上可以到台大大家談一談。當天晚上，在范雲的辦公室，除了李明璁和我，還有張鐵志、Michael（林世煜），以及幾位台大濁水溪社學生。短暫的討論後，我因有事先行離開。當時的商策，我沒有太多介入，只提及行動的目的與方式。倒是Michael語重心長說道，這將是一場長期的戰鬥，學生必須做好心理與組織的準備，法西斯的復活顯然將撲天蓋地而來。范雲當時忙著在另一個辦公室開婦女新知的會議，對於大家的討論，所言不多。當晚由李明璁起草的1106行動聲明，在台大BBS上透過交叉傳閱、號召，讓第二、三天在行政院前靜坐的學生高達四、五百人，也發動了幾十個大學老師。幾天後我才知道，三點訴求中的「要求立法院立即修改限縮人民權利的《集會遊行法》」，是范雲最後加進去的。

　　一場「運動」的發起動機與它的歷經之間經常會產生意想不到、或是質上的變化。有人說，這是一場由BBS空間發起的「快閃」行

修改集遊法是野草莓的主要訴求。（攝影／黃義書）

動所轉化成的「學運」，參與者一開始大多是台大老師的「迷們」，直到11月7日轉進中正廟後（我聽到學生們稱它爲「自由廣場」，中正廟是野百合世代的稱呼！），因網路與媒體的報導，號召了「草莓世代」的各校大學生。

　　從草莓世代的去污名到「野草莓」的正名與「野給你看」行動，是否稱得上是一場運動，或者說它開闢出青年自省運動，不能單就特定媒體的報導（尤其是自由時報持續一個多月的關注），或是網路上來來回回的「嘴炮」，或是行動者「官方」文宣的宣稱來看。更重要的，它必須從訴求、動員、組織三者交互關係過程中被檢驗。

三

　　12月14日與20日由《嗷》網路雜誌舉辦的兩場野草莓運動座談中，邱毓斌扼要地說明上述三者對於運動的重要性：參與者首先必須在思想上有所準備；議題的設定與拓展必須與「在地」連結；作組織的工作。若我們用大腦、肉體與骨骼經脈三者比喻來說明，野草莓運動是由「先天不足、就地練功」造就而成的結果，它同時體現了特殊的開拓性與困境。

　　「綠色魔咒」，一直困擾著這場靜坐。11月6日，我人在嘉義，接到民進黨立委的助理朋友來電，對於學生把綠營群眾隔離、要求他們取下各自訴求的旗幟、布條後方能加入而大感不滿！這是學生第一次與綠營區隔。我能理解這位朋友的不滿。過去二十多年來，台灣的學生運動不是走在社會議題的前端，而大都是被社會與政治議題的衝撞而拉出的。這次靜坐，是因「圍陳」事件而起，當然起於綠營的發動，因此「學生、老師憑什麼可以隔離群眾，或綠營人士呢？」要回答這個問題，除非學生們可以拾起這個議題，比綠營走得更前面，讓群眾、社會團體得以辨識與加入，否則一個因政黨主導的政治議題的「啦啦隊」，何以能自稱為具有主體意識的團體呢？

　　11月10由「野教授們」發起學界聲援學生連署的廣場記者會、11月11日台社發表〈廢除集遊惡法連署聲明〉、12日由火大聯盟發起「社運要求廢除集遊惡法」抗議行動與當日中午三鶯部落到達廣場，這三個動作，在看似「社會力」較勁中，卻也「迫使」學生必須面對第三點訴求的具體內容與運動意義的詮釋。從之後的發展看，要求馬英九總統、劉兆玄院長公開道歉、警政署長王卓鈞、國

「野草莓」風雨無阻（攝影／黃義書）

安局長蔡朝明下台，顯然不是屁股坐在中正廟號召就可以達成；而一開始即被定調的「修法」訴求，勢必排除「廢法」的力量。但若說走「修法」路線即是跟從綠營尾巴，也不公允。學生在「集盟」（集遊惡法修法聯盟）的協助下，在廣場的論壇與修法行動中，面對了近20年來在藍綠陣營各自政治利益計算裡，對集會遊行自由與公民權利有著相同的箝制的事實，因而有機會認識到國家機器的暴力與被壓制的弱勢聲音之間，存在的多樣矛盾，而這不是國家認同的政治選擇可以一併解決的。

　　「思想上的準備」必須被武裝，但學生組織既有的分工與合作模式作得到嗎？

　　11月7日，我正和一群老師在嘉義開會時，從網路傳來學生討論撤離行政院後轉進的直播，螢幕上則正進行該轉進台大校門口還是

中正廟的討論，最後決議到中正廟。接著是，到中正廟要不要申請
「集遊法」的討論，我頓時對著螢幕脫口而出：「幹！就是出來抗
議集遊法，還要討論申請，有沒有搞錯呀！」

　　從這一刻起，到12月底的最後一批一、二十人駐留中正廟爲止，
學生們所有大小決議幾乎都採用「直接民主」（大家戲稱的「班會」）
的方式，這實爲創舉，但也拖垮了這場靜坐。

　　如果說「討論的機制」是協商「李明璁BBS站」裡所號召、因
不滿「國家機器象徵的警察沒收中華民國國旗」、支持台灣獨立、
支持本土運動、參與社運的社團等多樣面貌學生的必要手段，那麼
學生的異質性，無疑地，在兩次組織的替換下，不只無法在幾乎是
每天晚上9點開始的「班會」討論機制下被看見，被差異地對待，還
成爲人數不斷流失的肇因。

　　從11月7日分爲22個小組討論，選出決策小組，歷經成員「落
跑」、重組、分工，撐起11月15日的大會師，到11月21日決定去留
的投票對決(51對42票，決定留下)，工作小組再度重組，到12月7
日遊行之後留下少數堅持的學生爲止，直接民主的形式終究無法處
理學生白天人數遞減(有時少到靜坐帳棚區一個人都沒有！)，晚上
才來開會的窘境。任何一位學生，不管來幾天，只要出現，都算成
員，都有資格投票；而不管是行動計畫，或是訴求的擴充，小組的
日常運作，都一五一十地從現場麥克風傳出去，也在網路上直播。
這大概是全世界僅有的創舉吧！

　　11月的期中考週，我曾試著進入靜坐帳棚裡，跟學生聊集遊法
的意義，卻被一旁戴著口罩的學生阻止，說他們現在是「默聲靜坐」，
不能講話，然後我看見幾個學生非常認真的K著書。我只好摸摸鼻
子走了！

　　廣場並非沒有一些有運動參與經驗的學生在裡面進行小組討

新世代語言orz也出現了（攝影／黃義書）

論，問題是，一來靜坐的學生來來去去，二來與組織分工的各小組
成員形成一種既疏離又是權力關係的距離，他們難以發揮作用。

　　當這樣的組織關係難以把運動的訴求作更進一步的推展，而「班
會」又無法凝聚運動方向時，學生的差異，難免被放大或是扭曲地
誤解成運動立場的鬥爭。11月21日晚上的投票，最具代表性。不管
是決定撤離或是留下的一方，投完票之後，各自走掉二十多人，趕
著捷運回家，只留下工作人員和少數睡在廣場的學生。在冗長討論、
議事規則的限制下，雙方都無法清楚說服彼此，即便都稱是爲了深
化運動的訴求與方向而堅持進退，但運動訴求的深化，卻無法在廣
場被討論、爭辯。而各種社會運動的面貌，僅能藉著活動的編排而
被快速「瀏覽」。但除了週末和大集結當日外，這些社運議題活動
所吸引的，僅僅是白天或是開「班會」前的少數學生，絕大多數的

時段裡，小組成員不是不見了開會去（？），就是忙他們的日常工作，無暇進入帳棚跟與會的NGO團體或是社運工作者討論。

　　11月12日中午，三鶯部落從立法院來到廣場。本來前一天與決策小組說好的座談，卻被糾察學生非常「官僚式」地阻擋，說他們沒有獲得「指示」，折騰一會兒，才讓部落代表簡單地跟學生聊他們的抗爭經過與訴求。我見當時帳棚中，除了幾個學生目光注視他們外，其餘的還是爲著期中考試，低頭K著他們的書。當晚我看他們補做活動流程表，把這個「活動」寫成「三鶯部落到場致意」，頓時非常沮喪，不知是部分學生的無知還是自大，讓它荒唐到如此地步！

四

　　每天從家裡坐公車到輔大，從輔大到廣場，我習慣會觀察學生。一日在802公車上，我見到兩名穿著時髦、看似研究生的男女，男生靠窗坐在我旁邊，從他的包包裡拿起一本LV目錄，從後頁往前仔細翻了翻，然後從我面前遞給走道一旁的女生要她好好看看：「裡面有些好東西」。接著，他從包裡拿出薩依德的《權力、政治與文化》一書，煞有其事地閱讀著。走進學校的路上，我想著，後殖民知識分子的反思著作與奢華的品牌消費，兩者都是時髦的消費？還是後現代個體化社會下可以並存，卻不產生矛盾的認同？

　　11月9日當天廣場，麥克風傳來：「XX同學，你訂的麥當勞送來了！」靜坐第一個星期開始，熱情民眾的物資即源源不絕的送入廣場，但總有學生還是熱中麥當勞。對他人而言，這只是食物的選擇，但對於經歷過校園反教官、反刊物審稿制度、走入農民運動到反WTO、並曾在晚上一群人去砸麥當勞的我輩來說，實在難以跟當下

的反感景致「和解」。聽到麥克風的呼叫時，我僅能在朦朧細雨裡，裝模作樣對著學生微笑的喊著：「民眾送來那麼多好吃的東西，還要吃麥當勞垃圾食物！」

　　「裝模作樣」，是這幾年我面對學生時的必要武裝。我無法說服輔大的學生到中正廟，尤其是參與樂生保留運動的學生。我裝模作樣地告訴他們：「去看看，裡面有一些好玩的東西正在發生！」他們回答我：「台大學生搞的東西，不敢苟同。」他們終究沒有去，寧可在衛生署前被警察抬上警備車，寧可在12月3日清晨，死守樂生療養院，被霹靂小組拖拉，載到海邊，他們當中，也不乏一些參與野草莓的台大同學。

　　我的「裝模作樣」，不是虛假，而是試圖貼近「草莓世代」，「跟他們搏鬥」（這是初到輔大心理系時，夏林清送我的話！）。我在廣場的日子裡，就是試圖尋找「搏鬥」的空間。但這企圖似乎難以有所作為，因為身為「野教授」，我們在11月15日之後，便很有默契地退居二線；再者，「老師與學生的張力拉扯下」，學生對於特定老師在這場靜坐中的角色的質疑或批判使然。

　　11月21日第一批決策小組被投票撤換後，廣場不同學生間所產生的不信任感，也讓學生們開始對於教師作為一個集體的身份產生猜想。雖然11月15日之後的會帥，讓教師們以為是撤離而轉入校園的開始，但學生始終對於留或不留無法定案。11月24日晚上，部分比較積極到廣場的老師，決議在新的決策小組接手關卡，推我跟陳昭如到廣場跟學生說明。到了廣場，我察覺一些學生對於老師的動作有所警覺。當下一位學生問我：「老師是不是不再支持新的幹部，對我們放棄了？」，在他們的「班會」進行中，陳昭如報告了白天老師們以「台灣學界守護民主平台」的名義前往監察院陳情的情形後，我簡要地說明：「在同學的三點訴求下，教師以集體名義繼續

支持學生，並且對於運動至今，校園裡的教官以及校方的打壓及秋後算帳，必定保護學生到底」。而後，司改會林峰正律師接著說明關於集遊法的立法努力，以及表達相挺支持學生。

　　看在學生眼裡，這當然是針對靜坐已達一定時日之後，廣場不同學生產生的對於進退不明、相互信任感的日漸薄弱、以及對於靜坐困境而提出的諸多議題設定的節骨眼裡，老師們的「阻撓」動作。但事實上，老師們與學生的互動，牽涉的是對於運動的節奏、觀點、目的與組織之間對應問題的不同看法。

五

　　老師之間的差異與集結的可能，如同我學生說的「台大學生搞的東西，不敢苟同」一樣，不是貼近的說法。當然，靜坐一開始，幾個被媒體點名，或是被學生「察覺」到的老師，都出於台大。但如同廣場的學生一樣，台大的學生，也不是鐵板一塊，他們和其他學校學生一樣，有著對於社會運動與政黨政治的關係的多樣立場。「台大學生」的標誌，指向著「自由主義」的政治立場而與「非台大學生」的左翼社會運動立場有所矛盾，並在「圍陳」事件尾巴導引出的靜坐訴求裡，被彰顯出來。這種看法，被視為一些有運動經驗的學生一開始不願意投入廣場的理由。

　　掌握政治情勢與開拓運動的契機，不能以意識型態的區隔為前導，而成為介入與否的唯一考量；接手政黨的政治議題，也不必然會朝向被政黨收編的命運。事實上，關於集遊法的廢除與修改的差異與迫切，歷經民進黨執政八年與國民黨重掌政權所反映出的兩黨政治之下，促使了自由主義與左翼在「基本公民人權」的社會基底裡，產生對話的可能。我認為這可能是這場靜坐引發的重要意義之

一。

有不少老師表達「真希望樂青來主導這次野草莓運動！」，言下之意，當然是野草莓在廣場的作為令很多人難以理解，包括論述的薄弱、動員的弱化、運動節奏失序、組織的僵化等等。而投入樂生運動、九五聯盟的青年，這幾年在社運領域裡的堅持，讓資產階級政黨的本質在兩黨輪替中顯露無遺。他們運動的活力與創意、思維與行動的積累，才是野草莓們必須參照的，而不是上上世代的野百合！

不管是以個人，或是集體的面貌出現，老師們自我看待以及被看待，都難以與「野百合世代」的幽靈切割。或許廣場學生心目中的學生運動只有「野百合」才可以比擬；或許是老師們的貼近方式，讓學生覺得是以學運經驗在「下指導棋」。若是前者，學生或許想像到的僅僅是1990年3月學運的「規模」，而不是1980年代中期以來，投入校園議題、社會議題，日常性組織工作，校際串連、思想的不斷撞擊與改造社會的理想圖像而產生的不同的學運團體。正是這些學運團體的投入，三月學運才可能被撐起，雖然它也是在政治情勢開拓出的空間裡出現的，雖然它的結果叫人失望。而老師們「下指導棋」的說法，牽涉幾個交織的因素。「當需要的時候，叫我們來，不需要的時候說我們介入過深」，幾位老師這麼抱怨。正因這是一場集體面目不清的靜坐，使得學生們的個別差異無法被看到、討論、爭辯而形成一體的外貌，使得個別老師的意見諮詢成為個別學生的意見，一旦被納入集體的討論中，在這般「直接民主」的「班會」形式中，無法形成討論。再者，校園裡師生權力／知識關係被帶到廣場之中，一旦遇見關卡，無法前進時，這些權力／知識關係便複製成對於運動的壓迫關係。「教授們在結構上，相對是保守的」──范雲在一場座談會中表示。國內外的歷史上都顯示，的確，運動的

拓展，經常是帶領著知識的，而學院的教師，是遠遠落後於社會運動以及學生運動視野的。但這不必然對應在每一場發生在街頭或是靜坐裡。其中既有關係的超越，是必須在鬥爭中完成的。學生們選擇持續性的靜坐，選擇在12月7日以和平、理性、非暴力的原則，僅只一次地走出廣場，是要展現什麼？之中的論述令人摸不透。

　　這種關係超越的鬥爭，不必然非得「弑父」才得以完成，而先前的人在運動歷程中累積的局限與意識型態的保守性，也不然地會再度降臨在現在人的肩膀上。歷史的帳，不是這樣算的。要算，得要先共同承認，不同世代的經驗是不斷地立體般的呈現在當下的；自詡為批判的、激進的，可能是當下兩岸、藍綠政治局勢裡最為保守的；過去被批判為親綠陣營的，在現下也不必然就是綠色政營的維護者。

　　「唯有靠把過去的幽靈鬼怪重塑肉身，才能牽引出未來的亡靈」——湯姆‧奈仁曾這樣說。不要只看過去「野百合」世代的幽靈，睜大眼睛看看「野百合」世代的人們，這20年來，他們還在和社會底層的人們共同打拼。參照他們的實踐，來看清藍綠政治，由此，我們才能找到超越藍綠的路徑。

　　知識分子看待學生運動的歷史定位，不必老是用一些因運動經驗而得以在政治場域裡逼近既得利益份子的例子，而全稱式地貶抑它。那些脫離學生身份之後依舊在社會運動、NGO場域裡奮鬥、堅持的人，也應該被誠懇地看見。不然當人們說，1980年代的社會運動造就了台灣現今學院裡／國家機器中心的社會科學的掌權學術官僚時，我們何以區分依舊繼續就地戰鬥、貼近葛蘭西意義裡的「有機知識分子」，與批判犀利、實際卻受益於學院保護傘而無後顧之憂的「蛋頭」以及「批判的知識分子」的差別呢？

六

　　以我的觀察，廣場上從第一任領導班底被取代後，11月下旬到12月底，才開始有運動的活力展開。活動、空間的設計，各校學生自行在各組裡工作，試圖從「最大公約數走入最小公倍數」——從圍陳事件的公憤轉到靜坐的多元面貌嘗試。雖然11月中，大多數的學生已經知道，從訴求看，這將是一場失敗的運動，但重要的是，繼續留下參與的人在其中認識、相互見到彼此。

　　12月中下旬，在1207遊行後，廣場還持續著每天晚上的討論。一些從第一天就來的學生，依舊認為持續靜坐才是達成這場學運目的的唯一手段；而一些學生進行著與廣場公民們的貼近生命故事的交談。2009年元旦，支持公視的遊行裡，野草莓學生充當糾察，我看見他們臉上的神情，已大不相同，多了自信。

　　但我還是不能認同，學生們把募來的款項，用在一場「大遊行」幾乎所有的必要開支上，除了幾個大布條、行動小屋、雙塔等的製作，DIY幾乎從這場運動中消失。幾百萬的結餘，成為他們之中「不同掛」的共同負擔，或是資源。我寧可看到他們把錢全捐給社運或是弱勢團體，重新在校園裡紮根，樸實地把廣場經驗帶回校園去反思、檢討與拓展組織，而不是把月租3萬5千元的「野莓之家」當作一個集體取暖的高檔地方。「一種不肯認清失敗現實，而僅停留在道德層次上的拒斥，或許對大眾有些許用處，但是因為它把知識分子引到一種低能的自滿，所以對知識分子而言是有毒的」，葛蘭西提醒著我們。

　　「人家搞了好多年的運動，踏踏實實的做，沒有什麼金錢的資源，依然可以做出成果，而憑什麼你們可以坐在廣場，身體動也不動，就募來了幾百萬！」我在一場座談會裡這樣說，現在我依然要

重申一遍。

　我以爲把運動界定爲因世代的差異而特殊化，或是同世代間議題的差異而忽略了自身的反省與局限，將是「野草莓學運」的悲哀。如果學生們自稱這是一場運動的話，我要說，沒有「野草莓世代」的獨特社會運動，運動就是運動，是一步一腳印的經歷積累與對社會結構、歷史的認識、是日常的溝通與組織拓展工作，而不是登高一呼，或是網路文宣式的自我標榜可以成就的。運動，是要正面衝突的，不是快閃，或個人主義的堅持，或是期待英雄的帶領。後現代主義是無法上街的，即便它上得了街，也在11月7日大家決定要轉進中正廟的當下陣亡了。

　何東洪，輔大心理系助理教授，從事的研究包括國族主義與流行音樂聲響的關係，並介入社會運動與音樂的實踐，規劃獨立文化／運動刊物，著有 "Taike and its Discontent" 等論文。

民主社會如何可能?：
二十年台灣經驗的反省

緣起

　　台灣社會學會以「台灣社會的整合與分歧：解嚴二十年台灣經驗的反省」為2008年年會的主題。理事長張茂桂認為，這是一個重要的議題，可以對台灣的民主實踐進行反省與展望。可是，在準備發表的年會論文中，與這個主題直接相關者不多，殊為可惜。因此，張茂桂與我商討，希望能組成圓桌論壇，針對這個議題進行更直接的討論。在年會幹事湯志傑的幫忙策劃下，吳乃德、吳介民、林國明、黃長玲、錢永祥、顏厥安等人慨然答應參加，共襄盛舉。大家於是透過網路系統，開始討論座談的題目。這是一個很愉快的交流經驗，有幾個很有意義的題目都相繼出現。最後，大家決定採用厥安建議的「民主社會如何可能」，希望對民主政治的社會基礎，有進一步的理解，也希望社會學的研究，對民主政治有所幫助。這裡要特別感謝《思想》，願意以篇幅來記錄這一圓桌會談的過程與內容，以資就教於社會上的廣泛讀者與關心的人士，引發進一步的攻錯討論。底下的文字，都是現場發言後，經作者本人文字補充而成。湯志傑則是現場提問後擴充而成的文字稿。結論則是由我在座談會後，根據與會者的書面文字所綜合整理而成。圓桌座談的時間是：2008年12月13日17：10-18：30；地點在中研院社科大樓三樓。

李丁讚

民主社會如何可能？
二十年台灣經驗的反省

李丁讚

　　1987年台灣解嚴，威權體制瓦解，社會運動風起雲湧。國家機器施加在人民身上的各種壓迫一一解除，這是自由化的年代。1992年年底，增額立委選舉，在野黨取得超過三分之一的席次，權力制衡體制逐漸形成。民主也開始制度化。1996年總統直選，主權在民的理想確立。2000年民進黨執政，兩黨政治正式奠立。這時，西方民主體制中的重要制度，如主權在民、兩黨政治、選舉制度、多數決、三權分立(司法可能不能算)等，都逐漸確立。從自由化到民主化的路徑與框架，台灣與先進國家並無太大不同。

　　但是，在與西方類似的民主政治體制與民主進程中，台灣卻有一個與西方很不一樣的社會基底。我們的問題是：從這個不一樣的社會基底下所構築起來的民主制度，到底會與西方的民主制度有什麼不同的發展樣貌呢？在台灣的土壤孕育中，西方的民主制度會有怎樣的變形呢？從最基本的定義來說，民主的運作，必然要面對人民、土地、歷史。不謙虛地面對土地的民主，必然有很多霸氣與暴力，與民主的精神其實是相違背的。從這個角度來看，每個民主儘管框架大同小異，但因為孕育的土壤不同，也就一定會長出不一樣的形貌。也就是說，每個民主都有其文化與社會的特殊性，我們要探討一個社會的民主實踐，或分析其民主困境，就必須回到該社會

的歷史和社會關係中，才能對這個社會的民主特性有所掌握。因此，今天我們要探討台灣的民主經驗，也就必須回到台灣社會的脈絡之中，仔細來審視西方民主制度與台灣社會相互碰撞的細節與過程。我們要問「民主社會如何可能」，其實就是在問，民主制度與社會脈絡如何接榫、磨合，進而有機地連結起來的過程。因此，底下我將先把民主制度在台灣社會的實踐過程做簡單分析，藉此指出台灣民主的困境與契機。

首先，台灣的民主進程與國族建構同時並進，相互定義。90年代初，有制衡意涵的國會正式出現，這是台灣民主制度的啓動。而也大約在這個時間，「新國家」論述開始出現，建國的工程正式啓動。這兩個同時發生卻相互交纏的過程，深刻地影響著台灣民主的進程與開展。在某個意義上，台灣的民主是由建國的熱情所推動的。但這種熱情也某種形式妨礙著台灣的民主。1994年台北市長選舉、1996年總統直選、2000年的政黨輪替，都是民主的重大成就，但也是族群問題和統獨問題白熱化的關鍵時刻。西方先進國家在民主開展之前，都先有國族國家（nation-state）爲基礎，在國族共同體的基礎上推進民主。但在台灣，民主與建國同時並進，甚至可以說，民主就是建國，建國就是民主。台灣的民主是在意識型態與國族認同的分裂與對立中開展的。

第二，在認同的分裂與對立中，「中國」因素的加入，使得情況更加複雜。在建國的努力中，中國當然是最大的障礙。再加上中國飛彈對台，限縮台灣的國際生存空間，變成建國運動的敵人。而且，在藍綠對抗中，藍營又被認爲是「中國」的代理人，本來只是政權的競爭，卻被擴大成統獨的競爭、以及建國的關鍵。這時，競爭者也因此變成了敵人。輸掉了政權，建國必然無望，台灣也會被中國統一。這時，就沒有民主了。因此，政權的競爭，是一種「戰

爭」，是輸贏的問題，是敵我的問題。台灣的民主不是競爭，而是
戰爭。而且，在全球化之後，兩岸的關係除了原有的政治關係之外，
又加進了經濟關係。一方面，台灣與中國是政治上的分裂或對立，
但在另一方面，台灣與中國卻在國際經濟體系中逐漸揪合在一起。
藍營主張與中國合作／合一，才是台灣的生存之道。在這個意義上，
統獨的問題變成是生存與死活的問題。民主的競爭，又加上了戰爭
的內涵與味道。認同的分裂更加對立。

　　第三、在認同對立中，民間社會也逐漸分裂，而有所謂「兩個
民間社會」的說法。兩個民間社會分別閱讀不同的報紙，看不同的
電視頻道，聽不同的廣播，建立不同的人際網絡。也就是說，兩個
民間社會分別屬於兩個不同的生活世界，也建立不同的公共領域。
在這種情形下，公共領域的發言，是表演給自己人看的，而不是要
講給外人聽。所要表現的是忠誠，是兄弟之誼，而不是理性論述。
多表演，而少論述，是台灣民主的特徵。這種情形，綠營比藍營嚴
重。因為綠營人多勢眾，獨立又比統一更有道理，因此，理直氣更
壯。社會的分立，「我群」的誕生，以及因此而產生的公共領域的
情緒化與表演化，個體容易被政治化，主體也逐漸消逝。這是台灣
民主所站立的社會基礎。

　　第四、但是，藍營在私領域的表演卻比綠營嚴重。侍從主義一
直是國民黨穩固政權的重要方法與機制。透過這個機制的運作，國
民黨的力量滲透進台灣社會的基層，把台灣人的私領域政治化。近
年來，一種新的侍從主義更從這個舊的基底上逐漸興起。除了原來
的地方派系之外，新侍從主義更走出固有的派系範圍，而向所有選
民進攻。除了傳統的紅帖、白帖之外，很多政治人物把公家的資源、
時間幾乎都用在個人性的服務上面，以「利益」引誘個人，進而建
立個人網絡，大大地超出原來的派系範圍。利益極小化的結果，公

共資源私有化，公共政策邊緣化。這是一種私政治的表演。也在這
個表演過程中，民間社會的私領域被政治徹底滲透。

　　從以上對台灣民主進程的剖析，可以看出台灣的民主進程是鑲
嵌在統獨分立的意識型態之中。而這種政治上意識型態的分裂與對
立，一方面往內發展，又鑲嵌在本省／外省的族群政治之中，進而
鑲嵌在藍綠的社會關係之中，甚至演變成兩個民間社會的分立。這
兩個民間社會的內部又有兩種不同的表演邏輯，分別滲透進入個人
私密的生活領域之中，也分別以不同的方式把個人的私密生活政治
化。另一方面，統獨意識型態的分立，往外則鑲嵌到中國／台灣的
分立格局之中，也進一步鑲嵌到經濟生活的脈絡之中。兩個民間社
會甚至逐漸與兩種經濟想像、兩種中國想像相磨合。這種從意識型
態、政治、社會、經濟、到私生活的層層鑲嵌、多重鑲嵌，讓台灣
社會生活的各個層面都糾結在政治的對立與想像之中，從經濟、社
會、文化到生活的各個不同面向，都逐漸被化約到政治／意識型態
的單一範疇之中，而這正是台灣民主所面對的社會基礎。

　　如果說，民主的運作必需認真面對這個制度上的土地、人民與
社會，才能孕育出真正的民主。那麼，在台灣目前這個社會基礎上，
我們的民主發展會有什麼樣的特殊樣貌呢？我們該怎樣來看待我們
的困境？如何尋找實踐的契機？在我們的社會生活被政治層層鑲嵌
的情境中，民主社會如何可能？這是我們今天座談的基礎。但在各
位進入討論之前，我想先簡單交代西方民主政治所由產生的社會脈
絡，或許可以提供我們對話或發想之參考。

　　約略地說，西方社會在18世紀之前，是自由化的時代，到了19
世紀才進入民主化時代。在18世紀時，現代國家誕生，透過公民權
的賦予，人民有了言論、結社等自由，個人意識逐漸形成。另一方
面，自由市場也逐漸形成，私人領域逐漸獨立於國家領域之外，個

人越來越像是理性的行動者，主體意識更加清晰。這時，核心家庭也逐漸發達，家庭內部的親子關係、夫妻關係開始親密化，個人不但可以以主體的形式出現，也慢慢可以把自己的太太、小孩都當成主體來相互對待。這些在現代國家的脈絡下所逐漸形成的自由市場與核心家庭、也就是哈貝瑪斯所謂的私人領域與親密領域，或簡稱「私密領域」。對哈貝瑪斯來說，公共領域之所以誕生，正是私人領域與親密領域的擴充與完成。沒有私密領域的發展，個人主體無法誕生，人與人之間相互的溝通與對話，更難進展。公共領域也就無法浮現。因此，西方19世紀民主政治的出現，是建立在18世紀民主社會的基礎上來開展的。

　　台灣在1980年代後期才開始自由化，核心家庭和市場理性也都約略在這段期間才開始發達。但是1990年代開始，台灣就進入民主化的階段。自由化的洗禮其實很短，民主社會的基礎仍非常薄弱。在這個基礎上，台灣的民主政治會有怎樣的發展呢？在哪個意義上，我們困境會變成我們的契機？

　　李丁讚，清華大學社會所教授，教政治社會學與文化社會學，目前正在思考「民主的文化」等相關議題。

中國因素與台灣民主[1]

吳介民

　　台灣的民主政治正處在歷史變化的交會點上。2008年五月「二度政黨輪替」之後，馬政府展開新的大陸政策。海峽兩岸的政策互動以「國共平台」為媒介，迴避對等國家模式的協商，引發諸多疑慮。加之海協會長陳雲林來台期間，警察維安過當侵犯人權的爭議，使得兩岸的「國家和解」之途，一開始即蒙上陰影。「中國因素」正在沁染台灣日常政治的運作，並影響台灣民主發展的進程。中國因素與台灣民主前景的互動方式與節奏，格外需要謹慎對應。中國因素由外而內，貼近到台灣的現實生活。如果這個社會不願意認真看待這正在發生的情勢，不但會錯失形塑良性中國政策的契機，社會內部藍綠分歧可能加劇惡化；甚至，台灣作為一個具有自主性的民主國家地位，也將遭到動搖。

　　本文以解決問題為導向，首先將從理論與歷史的角度，討論「主權受挑戰之民主國家」的處境與難題；接著分析中國因素，如何以

1　本文是由一份圓桌會談引言稿發展而成的。「民主社會如何可能？解嚴20年來臺灣經驗的反省」圓桌會談，2008年台灣社會學年會，台北：中央研究院社會學所，2008年12月13日。作者感謝廖美、陶儀芬、吳乃德、郭宏治、汪宏倫、張貴閔、彭昉、曾嬿芬等人的修改建議。

國共平台的機制影響台灣政治；最後，關於如何思考、實作兩岸政治社會互動，作者拋出幾個初步提議。

一、國家條件與民主政治

　　研究政治體制與民主轉型的學者林茲與史特班曾經指出，民主化過程中，存在一個所謂「國家條件」("stateness")的難題[2]。他們認為，主權國家是現代民主政體的前提。民主是現代國家的一種治理形式。國家這個強制性的組織，涵蓋了在它統治底下的所有公民。假如在一個國家，實施民主政治的領域範圍，與其領土統轄範圍沒有重合，則這個國家難以建立民主體制，即使建立也難以存續。因此，這兩位作者下了一個結論：「民主政治預設了國家條件。沒有主權國家，就沒有安穩的民主政治。」[3]

　　歷史上，有幾個案例支持這個論斷。英國殖民下的印度，倫敦政府保留對印度的統治權。「一國兩制」下的香港，難以成為一個民主政體，因為香港民主化的程度，被中華人民共和國所限定；而威權的中國中央政府也不會允許它統治下的一個地方單位成立民主體制。香港問題是現在進行式。香港在英國統治下，尤其是殖民末期，享有高度的市民自由(特別是個體的自由權[individual civil rights])，但無民主體制、或僅有低程度的議會政治。香港統治權回歸中國之後，中國政府對於市民自由權的負面影響時有所聞。近年

2　Stateness不容易找到一對一的中文用語。在此處翻譯為「國家條件」，但在本文其他語境中有時則翻譯為「國家地位」。Linz and Stepan, 1996, *Problems of Democratic Transition and Consolidation* (Johns Hopkins Univ. Press), Chapter 2.

3　Linz and Stepan (1996: 19).

來，在特首直選議題上，北京毫不放手，似乎證實了上述缺乏國家條件難題的論斷。我們可以將林茲與史特班的命題，稱爲：「主權不完整國家民主化」的難題[4]。

二、「主權受挑戰民主國家」的處境

　　林茲與史特班命題並不能直接套用於台灣，但對於我們思考台灣的國家定位、民主發展、以及兩岸交往正常化，能帶來一些啓發。台灣歷經二十年的民主轉型與二度政權輪替，民主政治已經初步鞏固。然而，社會內部對於國家認同的分歧、兩岸之間的主權爭執，北京對台的統合攻勢，是否使台灣陷入民主體制難以鞏固或維繫的困境？首先，讓我們觀察台灣／中華民國，作爲一個政治社群的國家地位的議題。

　　根據韋伯（特別強調國家的「領域性」）和逖利（Charles Tilly）（強調統轄領域內擁有自主權）等人對現代國家的定義，台灣這個政治社群作爲一個國家，殆無疑意。從幾個指標來看，台灣的政府，都與現代國家的條件吻合：民選中央政府、司法體制、財政與稅收、軍隊組織、在其統治領域內壟斷合法武力等等。

　　再看國家統轄領域與實施民主之政治社群的重疊程度。中華民國實際統轄台澎金馬領土，而這些領土都實施同一套選舉民主制度。從以上兩個角度觀察，台灣確實是一個現代意義下的主權獨立民主國家。

　　但是，有幾個因素，讓台灣的主權性質產生模糊，並影響其國

4　這個命題用英文表達是：the problem of "democratization in sovereignty-incomplete country"。

家界線的明確性。第一，在當前國際政治體系中，台灣不被強權承認為主權國家。國際強權承認、默示、不挑戰、或認知到中華人民共和國對於台灣主權的宣稱。第二，台灣實施的中華民國憲法，規定中國大陸為其法定領土的一部分。李登輝曾經在1998年宣稱台灣與中國乃是「特殊國與國關係」，即是在巧妙地「劃清」台灣的國家實際統轄領土範圍。馬英九在2008年說，兩岸不是國與國關係，而是「地區與地區關係」，則再度模糊了台灣的「國家界線」。第三，在「國族認同」議題上，台灣有部分人民，贊同台灣與中國統一、或不反對與其在政治上統合。就這部分人民而言，台灣的國家界線乃應統攝到中國的領土範圍。由於上述因素，台灣的國家定位仍然存在著一定程度的懸疑、未決狀態。

延伸前述林茲與史特班的理論觀點，台灣的國家定位的模糊性，有兩個面向。一個是外部的、領土疆域的範圍，因為北京宣稱對台灣擁有主權而產生爭議。另一個是內部的、國族身分與民族主義的競爭。前一個問題是兩個國家（state）之間的領土宣稱與主權爭議。後一個問題則表現為國家內部（intra-state）族群政治與國族認同的爭議。因此，當我們說，台灣是一個「主權受挑戰民主國家」[5]，這裡的「受挑戰」指的是台灣在國際列強夾縫中的處境；這是外部的意義。但是，對內而言，台灣的國家主權是沒有爭議的；不管這個國家的名字是中華民國或其他稱謂，它的統治權都是自主而完整的。

這兩個問題，對台灣而言，本來可以分別處理。假如不存在外部的主權受挑戰，內部的認同爭議，隨著社會民主化、族群和解、以及新生世代的成長，將逐步導向「生活在台灣」的現實共感。因

5　這個概念用英文表達是：“sovereignty-contested democratic state”。

此,國族認同分歧並不必然會導致論者引以為憂的「民主內戰」狀態。但是,由於中國因素逐漸由外而內地影響到台灣的政治生活,導致主權爭議與國族認同兩者糾結不清。2000年以來,台灣民主發展的種種危機,即反映了「主權受挑戰國家民主化」的難題。要克服這個難題,必須先準確評估中國因素的演變。

三、中國:灼熱的存在

1949年以來,中國因素在台灣的演變,大致可區分為三個階段。

第一階段,冷戰時代兩岸全然阻隔。中國這個意象,被專制統治的國民黨以「中華道統」的論述壟斷。在此階段,中共所統治的大陸地區,是抽象而遙遠的存在。國民黨政權在美國的保護下生存,並宣稱代表整個中國。國民黨的教化機器灌輸人民這樣的大陸情狀:飽受貧困、鬥爭、封閉所踩躪的「神州」。同時透過反共意識形態塑造對岸為「共匪」形象,藉此增強國民黨統治台灣的正當性,也「合理化」白色恐怖政治。對於老一輩抗拒國民黨統治的左翼人士而言,國民黨乃是右派法西斯政權;對於信仰本土價值的人士而言,國民黨則是具現了中國政權的專制統治。然而,弔詭的是,如今國共已經再度合作,冷戰時代國民黨的右翼政治與反共教條,卻在台灣社會留下相當普遍的、保守的階級心態。這樣的「恐共心態」延續至今。

第二階段,後冷戰初期(1970年代初期-1990年代中期),以中美和解為初始點,緩和了東亞地區的戰爭威脅。國民黨與中共之間激烈的「中國代表權」之爭塵埃落定,北京被國際強權承認為中國的合法代表。面臨國際地位危機的國民黨,陣營內部出現了「革新保台論」。兩岸之間的主權爭執,隨著美國對台外交承認的撤除而浮

現於台灣政治舞台。1980年代，在蔣經國統治的末期，台灣與中國大陸恢復交往。1987年，蔣經國開放老兵回大陸探親。其實，少數台商在開放探親之前就已透過第三地到大陸投資。1980年代末、1990年代初，台灣資本紛紛西進中國，牽引大規模的工作移民。這個階段，也是台灣民主化的啓動階段，抽象的中華道統，淡出台灣的政治意識形態光譜，現實感逐漸回歸日常政治場域[6]。這個階段，脫離毛主義統治的中國，展現出「全民皆商」的景觀。中國作爲「世界工廠」，通過西進資本的操作，「大陸熱」在1990年代早期經常登上台灣報紙頭版。中國因素具體浮懸於海峽上空。

第三階段，中國崛起(1996-)：中國在全球的影響力，隨著經濟實力展現出來。1997-98年，中國渡過亞洲金融危機。2001年「911事件」之後，美國在反恐戰略上需要中國配合。中國龐大的外匯存底，使其擁有國際金融操作的槓桿。其潛在的國內消費能力，吸引世界資本的目光。2002年，中共十六大順利完成接班，顯示這個後極權主義體制的韌性。這個階段，幾十萬台商與台灣外派人員在珠江三角洲、長江三角洲等台資群聚地區，形成社會經濟網絡。

總的來說，中國崛起，應該放在後冷戰國際政治體系強權結構變化的趨勢中分析。1996年台灣總統直選，中國飛彈軍演威脅，是個轉捩點。這是北京政府在後冷戰階段，第一次挑戰美國在東亞的獨霸地位。對台灣而言，1996年的總統選舉是否能夠平安順利舉辦，攸關民主政治以及更重要的「主權在民」原則的確立。由於美國強勢軍力的介入，解除了海峽戰爭危機，然而，正因爲這次危機，台

---

6 蕭阿勤將1970年代的台灣菁英，稱為「回歸現實」的世代。參見《回歸現實：臺灣1970年代的戰後世代與文化政治變遷》（台北：中央研究院社會學研究所，2008）。

灣社會第一次切身地感知到中國具威脅性的、巨大的存在。此後，隨著中國崛起，中國的容貌開始具體化、實體化，進而感染到台灣內部的政治論述與政治競爭。也是在這個關鍵的歷史轉折點之後，台灣國家定位問題的雙重難題交疊呈現：北京對台灣的領土主權宣稱，以及台灣內部的國族認同分歧，與一個日益「炙熱」的中國因素，交熔在一起。從短期效果來看，1996年的總統選舉，使台灣確立了主權在民的實質獨立國家地位。正因為如此，北京才會擺出不惜一戰的威脅姿態，試圖阻擾台灣的民主進程。就長期效應而言，從這一年海峽危機開始，中國因素具體影響了台灣的政治生活。

　　「國家認同」的困擾，從此變成我們必須面對的政治問題：國家認同不僅是「內生」的問題，同時也是「外鑠」的難題。困擾我們多年的「藍綠爭議」，其實是「主權受挑戰國家民主化」的一個副作用，這個集體焦慮所導致的社會能量虛耗，固然有族群權力競爭、國族認同分歧、政客煽風點火的因素，但其本質是地緣政治的、結構制度的動能。汪宏倫從制度論的觀點，曾經精確指出：「『中國』作為一個意符（signifier），其意指（signified）已經被對岸所先佔（preempted），而『台灣』作為一個新的集體指稱的意符，既未得到充分的制度支持，在國際上也受到種種阻撓，使得台灣的政府與人民，僅僅是為了『如何指稱自己』這件事，就得受盡各種挫折，浪費無數精力。」[7]

　　「中國」，由遙遠、抽象、朦朧的，高掛在海峽遠方的存在，日益貼近台灣生活的現實，炙熱地貼靠我們身旁。

7　汪宏倫，〈國族問題中的制度因素、全球脈絡與怨恨心態〉，收錄於王宏仁等人編輯，《跨戒：流動與堅持的台灣社會》（台北：群學出版社，2008）。

四、國共平台侵蝕台灣民主

2008年，馬英九當選總統，試圖改善兩岸政治關係。這本來可以是兩岸政治敵對和緩的契機，也可能是兩岸社會良性互動的轉捩點。但是，馬政府的處理方式，不但濫用了兩岸和解的氣氛，破壞朝野間原已十分薄弱的信任，更引發了民主倒退的憂慮。

首先，馬政府推動兩岸協商，是透過「國共平台」進行。國共平台始自民進黨執政時期；當國民黨再度執政後，國共平台從「民間政黨交流」的性質，蛻變為準官方的色彩。這個平台迴避正常的國家交往管道。本質上，它是黨對黨交流，卻獲得國民黨政府的追認與執行。在台灣，這個平台的協商迴避了立法院的監督，以及公民社會的參與。其進行方式如同祕密外交談判，其操作違反民主國家責任政治的原則。

第二，國民黨從「反共」到「親共」之間的跳躍，有著令人驚訝的歷史斷裂[8]。台灣已經是一個藍綠分歧的社會，推動與北京協商，應該先在台灣社會內部尋求共識與互信。但是，我們看到的卻是反其道而行[9]。結果，馬政府的作為使得「主權爭議」益形惡化，被指責為「出賣台灣」，於是又匆忙宣示：「台灣是主權獨立國家，台灣前途由台灣人民決定」，「絕不會賣台」。然而，就在重申台灣主權不久之前，馬英九在回答外國記者詢問時說：台灣與中國大陸是「地區與地區」的關係。這等於承認了北京所要求的「一個中

8　見陳芳明，〈從反共到親共之間的斷層〉，《聯合報》，2008/11/27。
9　徐斯儉最早對於國共平台的協商模式提出批判，〈藍綠溝通比國共溝通還難？〉，《中國時報》，2008/10/31。

國」原則，也間接承認了台灣不是主權國家。這種前後反覆矛盾的
主權說詞，正反映了「主權受挑戰民主國家」的困境。馬英九作爲
這個國家的直接民選總統，不但深陷於這個泥淖，自己的言論與施
政更加劇了問題的嚴重性。

　　第三，2008年10月，陳雲林來訪期間，馬政府出動天羅地網般
的警察維安人員，將台北街頭清理得「彷若戒嚴」景觀，侵犯人民
言論集會自由。這使人擔心，以這樣的「治安規格」招待來自北京
的特使，是否也是中共要求的戲碼？這種「消音式維安」，是否以
後只要中方談判官員來訪，馬政府就配合演出？

　　兩岸國家和解理應是爲了追求更好的社會、更好的政治生活。
和解的真諦是原本抱持敵意的雙方以對等、相互尊重、開放的方式
展開交流與協商。但是，國共兩黨合作演出的是，私密化、黨天下
的協商。海協、海基兩會的簽約儀式，只是臺面上的表演。兩岸黨
政官員談判與互訪過程，不應該犧牲民主價值（包括程序的與實質
的），以順應中方所習慣的非民主治理模式，以國家機器壓制人民聲
音，來迎合中方官員長期處於威權環境中習慣的「舒適感」。

　　圍繞著國共平台所引發的疑慮，尤其需要注意的是，一組正在
發生的關聯現象，可能如「白蟻效應」般侵蝕台灣社會的民主根基：

（1）北京以其雄厚的經濟規模與財政能力，將台灣視爲一個特殊
　　　的境外地區，通過給予更多的優惠政策（貿易、投資、市場
　　　分享）而形成一個對於台灣內政的「影響力槓桿」（influence
　　　leverage, 依賴理論的經典議題）。

（2）被國共所壟斷的海峽談判，排除反對黨與公民社會的參與監
　　　督，是否會逐漸危害台灣民主鞏固的進程？

（3）由於跨海峽資本的聯盟形成，在台灣國家機構中形成強有力
　　　的利益團體，而內建盤附在立法與行政機構。

(4)北京政府藉著這些準制度化(但不具有民主正當性的)機
制,形成對台灣內部事務決策的影響力(例如否決權、政策
發動權力、政策干擾權力等)。

國共平台侵蝕台灣民主根基的作用,一般人不容易在短期內感
受到。但是,等到中共對台灣內政的影響力槓桿確立之後,則難以
收拾。國共平台作爲統治菁英與紅頂巨賈的金權饗宴,其所設定的
議題,掩蓋、排除了許多重要的社會議題;而且缺乏正當民主程序。
背後的利益集團,是寡頭壟斷資本(台方)與國家官僚資本(中方)的
跨海峽聯盟。對壟斷性財團而言,國共平台很有效率,直航等財團
利益在密室中分配,比攤在陽光下協商省事。哪些紅頂商人有資格
參與冠蓋雲集的「國共論壇」?哪些特殊利益可以通過協商而分配?
具體回答這些問題,就可以了解這種政治協商模式的本質。

目前仍在發酵的全球資本主義矛盾、金融危機,可能迫使各國
採取自我保護措施,並使得各國強化經濟管制、抓緊對社會的控制
與干預,而在全球層次產生民主限縮、或甚至「法西斯化」現象;
另一種更駭人的可能性,則是國際強權通過戰爭來解決爭端。假如
前者成真,會使得「兩岸交往國共平台化」的趨勢,得到台灣人民
更大程度的默許:許多人會寄望中國國內市場對台灣資本開放,能
夠給台灣經濟帶來好處,而「適度」犧牲責任政治與人權法治是可
以容忍的──儘管與中國更進一步的經濟整合,可以給台灣社會帶來
哪些正負面的經濟效果、以及社會成本由誰分攤等議題,到目前都
還沒有充分討論。假如後者成真,則台灣可能不自主地捲入霸權戰
爭之中,在極度不確定性或恐慌之中,被迫選邊站,而成爲強權的
砲灰。

然而,中國因素,對台灣社會內部的作用,並不必然是負面的,
也不必然導致社會內部的持續分化。辯證轉化的可能性之一,在於

台灣的公民社會，如何精準理解中國歷經30年的市場轉型發展之後，在經濟、政治、社會文化各領域的變化。如何通過正常化的兩岸交流，不讓「中國因素」對台灣民主進程產生負面影響。甚至更進一步，讓兩岸社會健康而正常化交流，促進雙方對彼此政治歷史感的理解。這樣的互動模式，就比較可能將兩岸交流轉化爲台灣內部民主化、族群和解、藍綠和解的資源。以下嘗試從這個方向提出可能的出路。

五、「兩岸國家和解方案」公民運動

台灣民主的生存發展，遭遇了國家定位的難題。而解開問題糾結的一個路徑，在於如何通過民主開放而穩當的方式，處理與中國的關係。

首先，是社會集體心態的調整。背對中國，無視中國的政治與社會微妙變化，對台灣沒有好處。「背對中國」的社會集體心態，在台灣呈現兩種極端狀態：一種是無批判性的擁抱中國，將中國經濟當作無窮的機會與利益，不在乎中共威權政治的壓迫性（第一種中國想像）。其對立面則是無差別性地批判中國，將中國化約爲充斥威脅與風險的社會，無視其廣大民眾追求良好經濟與社會生活的意向（第二種中國想像）。兩種態度都是逃避，無從掌握中國的現實。這兩種中國想像差異極大，卻有共通之處，就是缺乏社會觀點。台灣需要具有現實感、基於進步價值的中國論述，也需要細緻的社會分析。這是本文所主張的第三種中國想像——「面對中國」：面對中國經濟崛起的事實，中國不再是鐵板一塊，中共不再是個極權主義

政權，而是具有韌性與彈性治理能力的威權主義政權[10]。

　　經過三十年市場經濟發展，中國已經不是「共產國家」，而更接近官僚國家資本主義。市場經濟使中國更富裕，但是社會不平等也更嚴重。國家機器控制社會的模式更科技化與細密化，但是社會抗爭的多元空間也逐漸浮現。儘管社會仍受國家嚴格管控，但就像到處都存在的灰色經濟空間一樣，無數NGO活躍於國家監控末梢的灰色社會空間。抗爭者所從事的，不再是毛主義式的「階級鬥爭」，而是以各種巧妙的論述包裝其權利主張，例如把上街遊行叫做「散步」、包圍官署叫做「上訪」，就像20多年前台灣的街頭運動，叫做「自力救濟」。總之，中國各種社會主體正在湧現。

　　國民黨將近半個世紀的反共、恐共教育，是台灣「鎖國心態」的歷史根源。這種教育妨礙台灣人民健康而自信地看待中國社會。但歷史的反諷是，灌輸反共教條的國民黨，如今跟共產黨把酒言歡，台灣民間卻還在背負著「紅色中國」宣傳的債務。

　　北京對台灣的威脅(軍事的、政治的)是真實的存在，但是「紅色恐怖」失之誇大。確實，對中共政權生存或其統治正當性有威脅的主張與活動，例如最近由自由派異議人士發動的「零八憲章」，馬上遭到鎮壓。但是，對不具立即政治威脅性的集體行動，北京當局則經常默許、或放任人民「依法抗爭」，來增強其威權治理的「效率」。總之，台灣經驗倘若對分析中國發展有所啟發，則中國市場經濟轉型之後，「社會力」的發育是一個不容忽視的現象。

　　第二，民主的公共生活需要一個具有「生活化共通感受」的政

---

10 參見Nathan, Andrew, 2003, "Authoritarian Resilience," *Journal of Democracy* 14（1）: 6-17. 黎安友（何大明譯），2007，《中國政治變遷之路：從極權統治到韌性威權》（台北：巨流出版）。

治共同體爲前提。不同的認同主體之間，互相傾聽、感受對方的歷史感，進而存異求同，獲致共同政治生活的基礎。例如，近年來一些NGO與學者提倡社會內部的溝通實踐，講自身族群身世的流離悲情，以族群對話來化解認同分歧。這些當然是必要的社會實踐。然而，藍綠國族認同紛爭，固然因爲政黨競爭、兩個「民間社會」對立等因素而激化，但最重要的結構性因素是：台灣的國家地位受制於國際強權政治格局，使得「國家定位爭議」，在民主化的過程催化激盪[11]。

　　因此，「超克」藍綠分歧的前提是，真實面對結構困局，而不是提倡唯心的和解論。因爲，抽離現實條件的超克論，不會爲多年來不斷「內捲化」、自我再生產的兩個民間社會內部各自的集體焦慮與「妒恨心態」，帶來任何舒緩效果。藍綠各方應該在「台灣是一個主權受挑戰民主國家」這個前提下進行公共對話，尋求政治生活的共通點。換言之，差異國族認同之間的互相肯認，需要以對於台灣外部結構處境的共識爲前提；以此爲基礎，擴大政治社群（共同體）的認同範圍。

　　統獨未來的選擇，不是不能談，而是如何談，基於何種社會共識來談？台灣十幾年來關於國家定位的民調，「維持現狀」大致超過半數。這個「維持現狀」的意見，涵蓋了很人部分的「中間選民」以及「淺藍」、「淺綠」的支持者。本文提出的台灣國家狀態，可能相當接近「維持現狀」的陳述，但是過去缺乏以分析性的語言將

11　「民間社會」不同於公民社會。公民社會的構成要素是公共領域。而民間社會是由私人利益、「常識」、情感認同、族群語言、文化慣行等日常經驗所構成的常民世界。兩個民間社會在此是指「藍」、「綠」二者。參見吳介民、李丁讚，2008，〈生活在台灣：選舉民主及其不足〉，《思想》，第9期（2008年5月），頁33-68。

其內涵講清楚。維持現狀是指：台灣是一個民主國家，已經實施了
十多年自由開放的選舉制度，並且由全民直選產生國家元首。就此
而論，台灣的主權國家地位乃是完整而自主的。然而，問題在於外
部環境。台灣在國際外交活動上受到限制，是因為「一中原則」對
台灣的壓迫性。在國際強權結構的現狀沒有突破性的變化之前，北
京與台北之間存在著「主權爭議」，乃是台灣無法迴避的政治現實。
因此，與北京展開任何正常化交往，必然會觸及這個「不舒服的事
實」。要言之，處理外部困境的必要性，並不亞於內部困境的疏通；
外部困境的緩和，有助於改善內部的爭擾。

在適當的條件下，兩岸的國家和解，有助於台灣內部分歧國族
認同的和解。其中，一個必要條件是民主程序的正當性。兩岸政治
交往不應該由兩個代表政商利益的政黨壟斷。任何涉及台灣民主國
家地位的兩岸協商事項，必須事先取得民主治理的正當性與合法
性。因此，筆者提議兩個層次的公共對話：

(1)在台灣內部，應該開展「兩岸國家和解方案」的公民對話，
　　以公民社會為主體，邀請各主要政黨與公民團體代表，召開
　　一系列的公民會議，溝通辯論兩岸政治經濟交往的原則。在
　　民主國家，國會(立法院)本應承擔起大部分的職責。但是在
　　國族認同紛擾，以及國民黨全面掌控行政立法資源的局面
　　下，立法院似乎已經失去履行此項職能的能力。因此，公民
　　社會更須承擔起此一責任。這個公民對話不是短期的會議形
　　式，而應視為長期而持續性的公民社會運動。

(2)另一個層次的公民運動，是跨海峽的公民社會對話。台灣的
　　公民團體，應該積極與中國社會各界展開交流，而不是自動
　　放棄，將兩岸發展方向與交往內容，任由國共兩黨操作。兩
　　岸交流，也絕不應該由代表兩方財團與官僚利益的資本聯盟

所壟斷。以公共領域的形式，尋求與中國社會的自由派進步力量連結，形構一個「兩岸公民社會平台」，讓兩岸社會開啓互相理解。

兩岸公民社會平台，不但迥異於政黨私利導向的國共平台，並且是促成兩岸社會正常交往的催化機制。首先是「地緣政治的考量」。台灣處在亞太地緣政治環境中，經不起「背對中國」而自我傷害。同樣的，中國的持續發展，也需要一個和平共榮的海峽關係。在決定與彼岸進行任何方式的政治協商之前（或反之，力求維持目前的政治地位），台灣社會有必要同情地理解中國社會的現狀與處境，同時也要求中國社會以對等態度理解台灣歷史。其次，台灣人民不論對中國社會是否懷抱「同文同種的情感認同」，都需要理解：兩個社會之間並無任何理由抱持敵意。兩岸敵對，倘如國共兩黨所宣傳的，是「國共內戰遺緒」所造成，爲何兩岸人民要承擔雙方統治政權的包袱？台灣自許爲民主社會，在處理兩岸關係時展現開放多元態度，是我們珍貴的資產。

台灣人口中有幾十萬人常住中國。中國是台灣最大資本輸出國，也是台灣最大的進口國。兩岸經濟社會關係無聲無息地影響台灣，但是社會之間的隔閡卻難以想像的鉅大。台灣方面的情況前面已經提過。在中國，許多新聞界與學界人士，對於台灣的民主政治都抱持著一種嘲諷的態度，或是認爲「台灣民主不過是民粹的翻版」。（2008年馬英九當選總統，北京傳媒有不同於先前的報導方式。）

2005年底，一位中國知名的新聞專業學者錢鋼，到台灣觀察三合一選舉之後，曾經寫下一篇精彩的「遊記」，其中一段文字：

在臺灣的一個月，我同時觀察著現場和傳媒，看到媒體總是反映著現實的局部。那是媒體追逐的局部：最聳動、最激烈、最

有戲劇性、要被渲染被廣泛散播。然而，已然成為常態的那些
事物和細節，媒體似乎沒有關注的理由。我也同時觀察著兩岸
的傳媒。發現內地對臺灣選舉的報導，往往是對臺灣媒體報導
的再取捨，即：凸顯民進黨的慘敗、更多展示臺灣的「亂象」。
有的媒體流露出一廂情願的欣欣然之色，甚至分析這次選舉綠
敗藍勝的原因是「大陸對台新思維撼動臺灣島」。經過二度取
捨，媒體展示的圖像更加失真...有人說：「誰想知道文革是什
麼樣，到臺灣來看看選舉吧！」大謬。[12]

　　錢鋼的分析，精準表達了多重扭曲的資訊傳播，如何阻斷正常
的社會溝通。這當中有台灣媒體市場政治化、綜藝化的因素，再加
上中國媒體政治宣傳的作用。從錢鋼的話語中，我們警醒到兩岸之
間自由無礙的溝通何其匱乏而迫切。

　　兩岸公民對話，根本的精神在於交換歷史經驗，兩個社會如何
各自在帝國主義以及威權政治陰影下追尋自由與解放。通過與中國
進步力量的接觸，來活化台灣對於中國的僵化想像。台灣遭受殖民
外來統治的傷痕，與中國被帝國主義欺凌的經驗，兩岸社會可以在
此尋得共通的歷史脈絡，而獲致共通感受。正因為如此，中國社會
需要敏感而細緻地處理跟台灣的交流對話，理解台灣人民對中國的
防衛心理從何而來。從一方來看，一千顆飛彈是對準「分裂祖國的
力量」；但對於另一方，這些飛彈是在呈現「外來殖民者對弱勢本
土力量的欺凌」。

　　歷史交付給我們的使命，是不容片刻鬆懈的永恆磨練。「一邊

12　錢鋼，〈我所看到的臺灣：一個大陸人眼中的臺灣地方選舉〉（草
　　稿）。

是魔鬼，另外一邊則是汪洋大海。」這是漢納・鄂蘭在思索「獨裁
政治下的個人責任」時，提出的警語。這句話，也適用於今日處理
兩岸歷史性和解的情境。民主的新生力量，不玩魔鬼的遊戲。航向
汪洋大海──我們還在冬夜的旅途中。

　　吳介民，任教於國立清華大學社會學研究所，曾參與創辦當代中
國研究中心。1992-2004年曾經參與「里巷工作室」，與友人合作拍
攝《台胞》等影片。研究興趣在民主化、社會運動、中國民工階級
形成與公民權理論。

關於民主社會的幾點想法

黃長玲

　　討論民主社會如何可能，我想從三個角度來談：1. 社會普遍的不民主現象，2. 民主社會與民主國家的關係，3. 民主社會中有公民權的人對於沒有公民權的人所應該擔負的道德責任。

　　當我們試圖回答「民主社會如何可能？」這個問題時，首先要面對的就是社會上普遍存在的不民主現象。如果我們所理解的民主，是對個人權利尊嚴的基本尊重，那麼很容易看到在社會關係中，欠缺這種尊重。這個社會隨處可見男性對女性的不尊重，僱主對員工的不尊重，老師對學生的不尊重……等等。換言之，解嚴後民主化20年來的成果，主要是表現在政治上的民主，而非社會的民主，在許多的社會關係中，民主還是一個需要努力、仍待追求的目標。

　　民主社會的建立是不能迴避國家（the state）的，雖然台灣今天有認同爭議，但是無論這個國家要叫做中華民國還是台灣，無論這個國家在未來是否要與另一個國家（譬如中華人民共和國）發展出任何一種體制性的關係，台灣社會的民主都和國家的作為有密切的關聯。民主社會與民主國家互為因果相互證成，在當代關於國家與社會關係的研究中，已有許多討論。國家的民主固然要靠社會推動，但是社會中處處可見的不平等與不民主現象，其實需要國家力量的介入，才有可能有效改變。許多進步價值，只靠著社會本身的努力，

終究有它的極限。譬如台灣是一個善意能量很充沛的社會，我們常
會看到人們願意對於需要援助的人毫不吝嗇的給予幫助。但是再多
的善意捐款，都無法取代適當的社會福利政策所能達到的重分配效
果。又譬如現在社會的環保意識增加，社會上人人使用環保筷環保
杯固然是好事，但是政府若是沒有適當的資源回收及替代能源政
策，環境保護的效果終究是有限的。簡言之，任何建立民主社會的
努力都無法迴避國家，不但無法迴避，還必須想辦法讓國家的作為
變得民主，讓國家成為促進民主而非阻礙民主的力量。

　　近年來很多人提出民進黨執政期間社運衰退的看法。我想這樣
的看法被許多人接受，是因為民進黨執政期間街頭抗爭大幅度下降
的關係。我個人並不同意社運衰退的觀點：雖然街頭抗爭常常是社
會運動者所採用的重要手段，但是社會運動並不等於街頭抗爭。如
果我們同意社會運動的目的是挑戰社會價值、改變社會關係，而不
只是挑戰國家政策，那麼民進黨執政期間國家與社會關係的圖像其
實是複雜的。就我個人參與婦女運動的經驗而言，如果有人問我婦
運者過去幾年為什麼不上街頭抗爭，那麼我的回答很可能是「婦運
者在忙著利用體制內所釋放出來的空間及管道，忙著在援引國家的
力量來改變社會上性別不平等的現象」。不但幾個重要的性別法案
是在民進黨執政期間通過，民進黨政府在體制上也對婦女運動開放
了前所未有的空間。以改變社會的性別關係和建立性別平權價值而
言，在過去幾年中，許多重要的變化，並不因為街頭抗爭而產生，
而是經由婦女團體與國家機關在體制內的持續互動而發生。在這樣
的情形下，社會運動是否衰退是很可以深入討論的議題，但至少就
婦女運動而言，我個人並不認為它是衰退的。

　　社會運動者是否能善用國家力量而不是被國家力量淹沒、切
割、或收編，取決於市民社會本身的紀律(discipline)。在這個部分，

我想我可能也比許多人來得樂觀，因爲我在很多事上看到這種紀律的展現。以野草莓學運爲例，如果我們誠實以對，那麼應該會同意這個運動在某個程度上撫慰了綠營選民的情感。在歷經了民進黨敗選的失望，體制內朝野力量懸殊的挫折與苦悶，以及陳雲林來台期間維安過當的憤怒後，這場學生運動的出現，對很多綠營支持者而言，是有某些情感寄託的意義的。然而，我想指出的是，從11月6日行政院前的靜坐開始，到12月7日各地野草莓在台北集結一同舉行的和平遊行爲止，從頭到尾，這場學生運動的公開訴求只和人權有關，而沒有出現任何和主權有關的訴求。換言之，在台灣藍綠分裂的格局下，在認同政治莫大的驅力之下，這場新世代的運動，在公開訴求上始終沒有背離這個社會的最大公約數，也就是關於民主價值的追求與實踐。同樣重要的是，所有參與的民眾，也對於這個公開訴求是尊重的。這樣的自我節制，我認爲是非常值得珍惜的。類似的例子，其實過去幾年在台灣看到不少，如果仔細審視近年來由社運團體發動的示威遊行或是其他類型的集體行動，則我們也會發現，無論認同政治如何分裂甚或宰制著台灣的公共生活，台灣的市民社會已經逐漸出現某些共同的規範。無論每一個個人在具體的公共議題或公共行動上容許自己被認同政治驅策的程度爲何，在即使看來很微小的程度上，台灣公共領域的自律性與自我節制確實是存在的。這樣的自律性或是自我節制，不但值得珍惜，也是民主社會得以成爲可能的希望。

民主社會的建立雖然不能迴避國家，但是關於民主社會的想像卻必須要超越國家範圍，不受國家範圍的拘束，而這個部分的實踐就涉及有公民權的人對於沒有公民權的人所負有的道德義務。我們必須記得，人權是民主實踐的重要基礎，而人權和公民權不同，它的實踐不應受當事人是否具備公民身分的限制。就這個意義而言，

我們對於在台灣人數已達數十萬的移工以及新移民，在台灣沿海港口停靠的中國大陸漁工，以及流落在台灣的圖博人，都負有一種道德責任。這樣的道德責任感是否存在，以及它的實踐形式，直接和台灣社會是否民主密切相關。有選票的台灣人，必須確保這些無選票，但是與我們一同生活、一同工作、一同組成台灣社會的人能享有自由、平等與尊嚴。唯有如此，我們的社會才得以被稱為民主。

　　整體而言，我們應當思考的是，如何將對於國家認同的關注轉移為對於個人權利與社會團結的關注。有強烈國家認同的社會不見得是民主的社會，但是重視個人權利與社會團結的社會，很少會不發展出自己的認同。換言之，民主化一定會帶動本土化，但是本土化不一定會帶動民主化。在許多國家的發展經驗中已經看到，背離民主價值的本土化常成為威權或極權主義的溫床，但是背離本土價值的民主化，在人類社會的政治生活經驗中，似乎還未出現過，原因無他，民主的實踐預設了本土化的過程與力量。對於在認同政治中苦惱的台灣社會而言，思索民主社會如何可能的起點，也許是記得民主實踐與認同政治的不對稱關係。

　　黃長玲，台大政治系副教授，研究興趣是性別政治與勞動政治，近年的研究計劃是比較南韓與台灣國家女性主義的發展。教學研究之餘，也投身婦女運動，目前為婦女新知基金會常務監事。

民主社會的合法性與正當性

顏厥安

一、思考起點

　　民主通常是政治、政府、國家體制的特色。尤其在法學的領域內，我們常常說民主的政府、民主的國家、民主的制度、憲政民主、民主與法治等。但是民主的社會卻不是一個正式的名稱。法學家除了常常以負面的角度批評人民缺少民主素養，社會缺少民主文化，用來說明前述民主制度為何難以實施外，很少積極地思考民主社會所應具備的要素。

　　社會學家普遍考察了民主與社會的關係。但是起碼在哈貝瑪斯的詮釋裡，韋伯就太忽視了民主化的力量。而帕森斯雖然看到了民主的作用，但是卻又刻意不以規範的層面來加以考察。

　　我認為民主社會不是民主制度出現的必要條件，但卻是民主體制深化、鞏固，乃至於長期比較穩定維繫的必要要素。我認為台灣的民主制度就並不誕生於一個民主的社會當中，但是卻一定要透過民主的社會，才得以深化與鞏固。

　　民主社會的要素或建立問題相當複雜，以下只能就一個近來思考的層面提出我的看法，並在這個層面下分析台灣社會仍難以成為

民主社會的原因。

二、民主社會的合法性與正當性

　　我的想法很簡單：民主社會的正當性，除了需要民主憲政體制
作為統治結構的正當性基礎外，還需要日常管理、管制、司法等相
關法律制度運作的「民主合法性」作為實施性的支撐。

　　一般而言，我們比較容易了解民主憲政體制的民主正當性。至
於合法性[1]的一般意義在於，依照法律明文的規定來界定的權利義務
或權力的行使都可認為具備了合法性。通常在法律技術上，將合法
性稱之為具備法律上的效力。

　　民主的合法性，傳統的看法認為就是民主正當性體制下的合法
性。但是這個傳統的看法，還是太偏重民主的體制面。如果我們改
而從其社會面，也就是從被規制的人民面來考察，我則想強調兩個
構成民主合法性的重點。

　　第一，人民對為何要服從加諸於其上的法律訓令，具備反思批
判與溝通的能力，或起碼是潛力。第二，人民實際上對於這些訓令
進行了反思批判與溝通之過程，並依照這個過程的結果來決定自己
的行為方式。

　　我把側重民主憲政立法過程之民主合法性，稱之為創生
（generating）的民主合法性。把透過人民反思批判的過程，所產生的
合法性稱之為再創生（regenerating）的合法性。我認為民主社會的合
法性關鍵，在於再創生的合法性。因為唯有透過再創生的過程，日
常規制人民生活的法律，才不會僅具備「一次性」、「批發性」的

　　1　在中國稱之為「合法律性」，也是一個蠻貼切的說法。

民主正當性，而是具備分散性、多層次、實踐性的民主合法性。

三、夥伴式民主與審議民主

　　我認為台灣的民主化，當然帶來了統治機制的民主正當性，以及依法行事之創生的民主合法性。但是社會缺少了對「再創生」合法性的反省與實踐，也錯失了在此一過程中可產生的「自我充權(培力)」(self empowerment)，因此台灣的社會並不民主。

　　如果借用德沃金的說法，可以說，台灣的民主制度有「多數決民主」的原則與運作，但是卻缺乏「夥伴式民主」的精神。因為夥伴式民主，在我的理解下，是透過民主社會，公民自我充權所建立的民主制度。

　　其實大家更熟悉的審議民主概念，也有所適用。正因為缺少民主社會公民持續參與審議的厚實能量，多數人太習慣接受一次性投票產生公職人員後的全盤委託，因此台灣的民主生活是以投票機器(voting machinery)為最主要的組織、動員與吸收資源能量，形成了媒體曝光、政商連結、密室政治，缺乏公共論辯的「非民主文化」[2]。

　　就此點而言，台灣的政治民主化，反而也產生了一些對社會民主化的壓抑作用！

　　2　其實台灣有大量的重要公共決策是在國會或各級議會中完成，但是這些重要民意機關卻可能是最能罔顧民意，只顧利益的決策場所，而公民對之的監督興趣與能量也非常低。公督聯盟運作上的困境是一個新近的驗證。另外一個更難以被檢驗的體制環節，就是司法。

四、溝通權力與正當性

　　除了偏向公共政策審議方面的審議民主思考外，我認為台灣在政治與社會關係上，還忽略了一個重要的層面，那就是民主的權力（democratic power），不僅僅需要民主體制的正當性構成，還需要在實施權力的過程中，展現其溝通的能力。這個概念需要還原到power原本在拉丁文potestas中，與potentia的關係。

　　如果暫不做相關考察，簡單地說，民主的政治並不「統治」民主社會，而是「中介」社會中的政治意志，協調社會中的公私利益。民主的政治權力，主要要展現在促進與完成溝通的能力上。這其中也要包括創造社會力的平等狀態。

　　但是很遺憾的，基於許多複雜的原因[3]，中華民國體制下的民主政治，卻始終想以民主多數決的公權力來「統治」（支配、宰制）社會。包括李登輝的威權民主改革，民進黨的執政，到當今的憲政結構失衡，都有或持續有或將會有太多的施政作為還是想以政治的便宜手段宰制、壓迫社會，而缺乏溝通的能力。

五、民主社會難以形成的病理分析之一：不正義

　　有諸多可能的原因阻礙了台灣民主社會之形成，本文以下將僅由正當性與合法性的角度來提供一些分析。

　　3　可能的背景因素，例如儒家文化、東亞現代化共同的菁英主義、殖民主義、冷戰結構、國民黨的軍政訓政傳統、國民黨右翼的財團與買辦傳統、台灣國民黨的侍從主義、統獨藍綠分裂等等。

　　我認為當前談民主是不可能迴避社會民主與激進民主之關聯。我們可以甚至必須追問，民主社會是否意味著要不斷以某種激進民主的理念來對權力與資源進行某種調整或重分配？對此問題我採取肯定的立場。因為表面上透過定期改選公職，民主制度似乎不斷替換政治權力擁有者，但是因為代議民主制度之基礎原理無法保證經濟資源可被符合社會正義地重分配，因此長期而言，政治權力還是非常可能會被經濟權力的擁有者把持。

　　台灣的現狀似乎就是如此，在租稅、信用、環境負擔、媒體機會、教育文化資源、社會安全與福利等各方面制度，都呈現相當嚴重的不正義現象。這種不正義一方面源自於過去的不民主體制，另一方面1990年代後表面具備民主正當性之體制，竟也持續透過新的合法性來鞏固著既有的不正義。因此台灣社會不民主的一個重大原因，即來自於民主合法性不但難以改革不正義，竟然還持續鞏固，甚至強化著社會的不正義。不正義的社會，造成各種階層、團體彼此之間長期的不信任與緊張，例如勞方與資方、軍公教與農工漁民、小商人與大財團、都市與鄉村、北部與中南部、西部與東部、漢人與原住民等等。這種不信任與緊張，當然不可能提供社會團結與民主溝通的基礎。

六、民主社會難以形成的病理分析之二：分裂主體與體制的不對稱關係

　　另外一個分析，可能可以錢永祥教授本次提出的分裂主體觀念為基礎。錢教授主要想強調，分裂主體仍共同必須擁有一些重要的民主價值原則，尤其是所有成員的平等參與權利。不過我認為，在分析台灣民主社會難以形成的病理方面，兩大主體與體制

(establishment)的關係是一個考察重點。簡言之，藍營主體對體制的掌控度、信任度與親近性，都高過於綠營主體。即使經過了本土派李登輝與民進黨陳水扁的20年總統任期，這個基本態勢還是沒有改變[4]。

如果我們認為，分裂主體造成的分裂社會，大大阻礙了台灣民主社會的發展，那兩大主體陣營與體制的不對稱關係，亦即藍營優越於綠營，必須放入這個分裂態勢的因果互動中加以考察。

基於本文的性質，我無法在此提出對此一狀態歷史生成的看法，但是卻要指出，基於歷史複雜因素而來的，某一方主體長期覺得被體制所否定、忽視、貶抑、排斥、剝削，這種「次等化」的情感記憶，以及新的合法性[5]持續鞏固強化不正義的事實狀態，當然無法僅透過「平等投票權」的賦予即可消弭或補償。因此民主投票的正當性與合法性，在此等體制非對稱關係下，並無法為許多個別法律運作產出再創生的正當性與合法性，反而產生了正當性赤字與偽合法性之權力。

從黨產、軍教免稅、18趴[6]等的難以改革，到近來快速起訴或

4　一份資料可參考瞿海源，〈司法公信力低落問題嚴重〉，《蘋果日報》2009年01月03日，http://1-apple.com.tw/index.cfm?Fuseaction=Article&Art_ID=31285004&IssueID=20090103 查詢日期：2009/1/5。雖然各年度有所差異，但是民進黨或綠營支持者對司法的信任度一直不高。

5　合法性主要透過國會多數與官僚來創造，就前者而言，綠營政治力從來沒有掌握過立法院多數席次；而包括司法在內的官僚體系，其整體政治傾向一般認為傾向於支持藍營。因此綠營可說從未曾掌握過合法性的產出機制。

6　近來立院國民黨陣營傳出承認18趴制度優惠特定族群，不公正，因此考慮改革，不論之後是否真的以及如何改革，此等動作其實更強烈顯示國民黨／藍營認為「體制是我們的，不論是否公正，要改不

收押綠營政治人物，警力系統性施暴，更換法官收押阿扁，對李慶
安美國籍、貓纜等事件的遲不追究等等，一再地顯現了分裂主體與
體制之非對稱關係以及一方透過體制壓制另一方所產生的「不公平」
[7]。這個非對稱體制關聯性的結構如果無法適當調整，如果體制的偽
合法性權力一直操縱在某一主體陣營，恐怕台灣的民主社會也很難
出現[8]。

七、台灣的民主社會如何可能？

　　對此一複雜問題，我目前的想法分成幾個方向。第一，民主運
動必須持續，且是一種民主「社會運動」，而非過去的民主制度運
動。由於國家權力主要是一種集中厚實的組織力量，難以一次性的

（續）

　　改，由我們決定」。當然此一「動作」背後的重要動機，在於每年
　　800億的負擔已經開始拖垮政府財政。不過此一狀況早已經出現或
　　可預見，國民黨卻可以在民進黨執政8年間頑強捍衛。而財政負擔
　　的說法，更顯示只要混得過去，藍營缺少積極改革不正義體制之動
　　機。

7　這個非對稱狀態與族群分界線的關係，是另一個值得觀察的項目。
　　不過此問題太過複雜敏感，在此不論。另外一個重要的問題則是，
　　文教與學術資本，以及相關的文教學術及媒體工業或規訓機制，與
　　體制親合性及掌控性的關係。我們不能忘了，文教學術與媒體，都
　　是「體制」的一環，藍營主體也都佔有較高的優勢性。

8　由此亦可看出，形式地主張「法律之前人人平等」、「依法辦理」、
　　「相信司法」等，往往忽略了此處的非對稱狀態，而產出一種去脈
　　絡之假中立立場。一個有趣的對比，人們常常說「**法院是國民黨
　　開的**」，但是針對阿扁司法案件，卻只會攻訐**個別**的法官或檢調人
　　員是阿扁的「暗樁」，這種對比亦可顯現一般民眾如何認知分裂主
　　體與體制的不對稱關係。由藍營提出的暗樁說法，似乎也真的認為
　　體制真的屬於國民黨，因此阿扁要派出間諜滲透。

撼動，因此比較單薄分散的公民力量，只能透過多點議題突破的社會運動，來進行對國家政權的持續抵抗與抗爭。抵抗是否定性的，抗爭則是爭取承認之肯定性作為，爭取承認差異者的民主夥伴地位。

第二，必須設法對知識論述生產結構進行持續性的民主意識改造。亦即在知識生產的參考向度當中，引進更多的民主與社會運動座標。別的領域不說，至少在法學知識的生產當中，需要進行此等改造。尤其針對前述精巧合法性操作進行具備社會意識的反思與批判。

第三，必須思考、實踐，如何能在公民行動的動機結構當中，創造出私人利益與公共性的轉化銜接與結盟。在韋伯的合理化分析中，社會功能與行動系統的分殊化、專業化是一個必要的環節。東亞的現代性當然也包括此等歷程。但是這其中也包含了對民主社會的壓抑因子，以及意義與自由淪喪之危機。韋伯也始終是個對大眾社會前景的悲觀主義者。如果我們夠幸運，可以選擇成為悲觀但有品味的享樂主義者。如果不，對這個公私動機結盟的反思，大概是迴避不了的任務。

第四，可能也是最困難的，就是要設法降低社會不正義，並調整前述兩大分裂主體與體制的非對稱關係。之所以困難，因為這是個雞生蛋，蛋生雞的循環壓抑問題。不設法調整，難以產生正義與民主社會；但是缺少民主社會，又缺少啟動調整的動力。對此我現在並無具體良方，但卻也並不全然悲觀。優先可以或必須著手之處，主要還是透過前述三種方式來防止不正義與不對稱的相互壯大。公民應充分意識到，缺少民主的公民社會，看似民主的政府體制還是可能威權化，公民彼此關係還是可能充滿緊張與不信任。更別說在台灣具體處境下，脆弱的民主更可能被內在（分裂主體）或外在（中國）等因素所摧毀。

　　尤其當前的一黨獨大，之所以令人特別憂心，並不僅在於憲政機關全盤一黨化，而在於台灣的民主社會力仍相當薄弱，因此已經出現了具有民主基礎的威權權力。這種威權權力的特色之一，就是具備了符合民主規則之精巧合法性（subtle legality）外觀，但是卻阻絕、拒絕了對權力行使方式與內容的論辯、質疑與挑戰[9]。這種狀態正好在鼓勵不正義與不對稱的相互壯大，也構成此一政權的正當性赤字以及權力行使的偽合法性。問題僅在於此等赤字還要累積到何種程度，以及自覺公民們要以何種共同積極行動來保衛民主。

　　顏厥安，台灣大學法律系教授，主要著作有《法與實踐理性》（1999）、《規範、論證與行動》（2004）等學術論文集，曾在人權等領域之NGO或政府諮詢機構擔任工作。研究法認識論以及法規範性問題，現正以批判理論為背景，運用規範縫隙概念，撰寫有關於法規範性的專書。

9　例如明明發生了有清楚證據的大量警察暴力，但是行政機關卻可以公然否認，其他制衡機制也都幾乎全盤沉默。請注意，這與威瑪共和沉淪前的狀況非常類似。

必要的民主：
他—我對抗抑或你—我平等

錢永祥

一

　　上個世紀的美國神學家尼布爾，說過一句廣爲人知的名言：「因爲人類能行正義，民主才有可能，不過人類又好行不義，所以民主方有必要。」

　　這次台灣社會學會年會的論壇，針對台灣20年民主實踐的經驗，想要進一步探索民主社會如何「可能」。這是一個嚴肅真實的課題：確實，民主政治之所以可能，依賴於很多複雜的人性、社會、歷史、以及文化方面的條件，不是藉教科書上臚列的制度（例如定期選舉、例如多黨政治）本身就可以竟其全功。換言之，民主政治必須寄身、存活於某種民主的社會生活中。

　　可是在追問「民主社會如何可能」的時候，我們似乎假定了「民主」本身的含意已經很清楚明確，問題僅在於創造、補充所需要的現實條件，來幫助它的實現，從而關於「民主」含意的深入討論便顯得次要。這是一種過於樂觀的想法。其實，民主之所以不能簡單的界定，原因正在於民主並不僅是一套定型的制度或者狀態，更是一種人類群體之間互動的方式。民主制度爲這種互動提供了大致的路徑，可是互動的意義、方式、目標，以及結果，並不會由制度的

路徑所完全決定。下面所述台灣既有民主經驗的特色，會進一步彰顯這一點。

　　筆者因此臆想，如果在「如何可能」之外，我們也追問民主「何以必要」（雖然這裡已經完全離開了尼布爾的論述脈絡），那麼由於「必要」乃是相對於特定的政治課題而言的，民主本身的含意便可以「問題化」。既然課題乃是具體而特定的，那麼在認定民主對於解決此一課題乃是必要的途徑時，就不免需要說明，民主何以具有這種能力，從而我們便不得不對「民主」在這個課題脈絡裡的含意有所反省。在今天的台灣，當民主一詞的意義已經浮泛臃腫而無所不包之時，這種提問更有其現實意義。

　　從這個角度來看，追問「民主何以必要？」，首先便需要說明，相對於甚麼課題，民主是必要的？我們希望實現民主，是因為這個社會中有些嚴重迫切的問題，除了民主，其他途徑均無力處理解決，所以民主是必要的。那麼，解嚴20年之後，當政黨政治至為發達、政權已經二次輪替、大致公平的選舉無年無之、五權分立與司法獨立、媒體自由等等也都接近實現，台灣社會還有甚麼問題，是非民主不足以解決的？

　　對這個問題，每個人的回答不會一樣。有人會說建國未成，有人會說主權流失，也有人會說金權猖狂、人權倒退、文化霸權宰制依舊等等，不一而足。但無論所指認的問題是甚麼，繼續主張民主的人，都有義務說明，一方面，為甚麼民主原本便旨在處理他所關切（或者憂慮）的問題，以及另一方面，為甚麼他所謂的民主有助於建國、伸張主權、維護人權、追求進步價值等等。坦白說，在這兩個問題上，似乎還難以見到足以服人的說詞。

　　筆者想要改弦易轍，捨教科書而回到台灣現實，指出台灣的民主受到其歷史課題的影響節制，業已發展出了一種特殊的內容。在

過去，這種民主觀曾經激起過龐大的道德能量與動員效果。可是隨
著課題的物換星移，這種以對抗為主調的民主，卻無力處理台灣當
前最大的政治課題。這時候，我們面對的選擇是：民主還必要嗎？
如果答案是肯定的，我們就必須修正、拋棄台灣民主在內容上的歷
史包袱。

二

　　要凸顯上述的論點，筆者不忌粗疏，先提出一套歷史的分期。
從上個世紀八十年代民主運動展開以來，台灣的政治發展，經歷過
幾個階段。從最早期的1. 反抗威權體制與解嚴開放（社會對抗黨
國），歷經了2. 本土化（對抗「外來──其實是黨國餘緒──政權」
與建立主體意識），3. 締造新國家（藉總統直選與政黨輪替將中華民
國體制台灣化），到4. 新世紀沿著政黨、族群、省籍、地域等歷史斷
層的全面分裂，台灣社會從伊始充滿理想主義的「民主運動」，逐
步演化到了一個破壞性的「民主內戰」的局面。在每一個階段，「民
主」都被賦予獨特與鮮明的內容，成為特定主體的禁臠：相對於第
一階段，民主是「民間」做為主體追求自由主義式的憲政民主；到
第二階段，民主指新民族、新國家的消極主體意識（因為以排外為主
軸）；在第三階段，逐漸成熟的憲政民主程序，為主體意識提供了體
制上操作的架構，從而浮現了跨政黨的積極而能量可觀的建國主
體；到了第四個階段，激盪逼出另一種對應的主體意識，藍綠兩色
的分裂主體隨著政黨的分界，蛻變為兩極，民主卻不再具有在其間
整合的功能，反而成為衝突的戰場。在這四個階段，由於課題不同，
民主何以「可能」與何以「必要」的理由也不會一樣。課題如何不
同?上文所強調的主體之變即是關鍵：民主的任務，從整合的全民對

抗一個外在的威權，逐步演變到這個主體的分化以及內在相互對抗。詳情不論，這四個階段一路發展下來的一個結果，就是令台灣社會從一個尋求解放的、（表面上）整合的社會，逐步分裂成兩個充滿敵意的國度。

但在這個並不算長的歷史過程中，所謂民主化，顯然仍有其不變的一個面向：**民主在台灣，始終意指「我們」與「他們」的對抗。**由於所面對的課題使然，台灣的民主一直是一個召喚與鞏固「我們」的過程，而「我們」之所以可能，是因為始終有一個「他們」作為對立面：沒有「他們」，「我們」也將喪失了整全性與主體性。在台灣，歷史條件使然，民主，其實就是對抗他者而鞏固我群的一個鬥爭過程。

可是在另一方面，我們與他們之對抗，在這四個階段之間，已經從人民與統治者、本土與外來、國民與外敵、逐漸演變成為人民內部之對抗。不意識到這種根本課題上的轉變，以及所帶來的主體之轉變，我們談論民主會流於空疏。

有人會說，台灣的歷史使然，「人民」的這種分裂在所難免，甚至於內戰才是台灣政治的真實面貌，有待一場決戰或者時間的清洗（即是某一世代死亡殆盡），才能出現一個新的、整合的台灣。我個人不接受這種歷史定命論。我的理由不是歷史條件不足畏懼，而是這種結局下的社會，不會是一個健康的、自在的、正義的社會。而不去挑戰這樣的命定，有愧於任何以進步與理想主義為念的知識人。

但是面對這樣的內戰局面，我們還是得問，民主是它的解決方案嗎？對於克服當前這種局面，民主是必要的嗎？

三

　　我相信民主是必要的，因為我不認為任何非民主的方案，更能處理這個局面，尤其當這個局面乃是人民內部的敵意。那麼，此前幾種關於民主的理解（自由憲政主義的民間主體、消極排外的本土主體、積極的建國主體、直到兩種分裂主體敵我鬥爭的內戰狀態），當然必須有所調整。在今天，「必要」的民主所面對的課題，已經不復僅是人民對抗統治者或者外來者，而是還要緩和與調節人民內部的敵意與對抗。如果我們想要循民主鬆緩這種人民內部的對抗，甚麼樣的民主，才是堪當此任的「必要」計畫？我還沒有完整的答案，但是下述粗略的想法，似乎可以作為進一步討論的出發點。

　　首先，民主之所以成為內戰，當然是因為原先人民與其外某個統治勢力的矛盾，延伸擴散成為人民內部的矛盾所致。因此，民主思考必須要擴大焦點，從處理人民與統治者的關係，轉成人民內部的「公民如何相互對待」的議題。這種焦點的擴充與轉移，要求關心民主的人發展相當不同的價值預設與制度想像。

　　其次，民主之所以演成內戰，另一個重要的原因殆為，民主被理解為敵我之間的「競爭／輸贏」。而這種理解，乃是「多數決」民主觀的邏輯結果。換言之，在制度方面，民主思考必須不再習慣性地完全循「多數決」觀念來理解民主，即認定民主僅僅等於選舉或者投票的多數決程序。在多數決的思考模式之下，民主乃是伸張、實現一部份人既定的主張、利益的程序。而經多數決洗禮的一部份人，自然取得了政治甚至道德上的正當性。多數決在公民之間造成的輸與贏、得與失的對比，也進而轉成道德意義上的輸贏。因此在多數決之外，民主需要發展出其他鬆緩爭議、調節利益的管道，讓公民之間的分歧不至於惡化成為輸贏的決戰。換言之，在制度上，不能再讓選民、政黨、投票、選舉等等「多數決」原則的異化產物，壟斷民主的現實運作。

　　「多數決」原則之所以取得壟斷的地位，有一些重要的成因，包括其形式上的公平以及程序的簡單明快。但是現代人對於價值問題的一種理解（或者說誤解）也在作祟，值得特別正視。今天，大家普遍相信，價值問題「見仁見智」，無所謂客觀的是非高下，從而不可能找到任何價值上的原點、某種最根本的公共價值或者道德原則，可以爲全社會所共享，進而作爲「公民們相互對待」的準則。既然「價值多元」而其間又無法調和，那就無須刻舟求劍，尋找甚麼基本原則，能作的不過就是根據選票，從數量上計算、加總「偏好」了。

　　可是，多數決之外，民主社會真地再沒有甚麼最根本而必須爲全社會所服膺的價值原則嗎？當然有，並且哲學家已經在發展筋骨結實的陳述可以參考，雖然這個問題在這篇短文中無法細說[1]。我們得承認，每個人的價值判斷與政治認同即使再「見仁見智」，但在最低度的標準上，一個民主社會不能不承認所有成員的平等參與權利，從而民主社會必備的價值觀勢必仍有排斥性（一套價值觀若是無所排斥，定然空洞而並無內容可言）。它至少要排斥三種態度：1. 認爲某一族群比其他人更有資格擁有、歸屬於這個政治共同體，因爲這抵觸了成員身分須普及的原則；2. 認爲我群的利害比他群的利害值得優先考量，因爲這抵觸了平等關懷原則；3. 認爲我群的願望比他群更有正當性與優先性，因爲這抵觸了平等尊重原則。一個社會如果不能奉某種這樣的價值觀爲公共生活的圭臬、爲成員相互對待的原則，則它無論實行了甚麼樣的選舉制度，仍然不算一個民主的社會。就近取譬，一個藉民主過程，讓我群與他群的敵對幾乎制度

1　最近應邀來台講演的美國學者德沃金，對這個問題便有明快而全面的一套說法，令筆者很受益：德沃金著，司馬學文譯，《人權與民主生活》（台北：韋伯文化，2007），尤其是第一章所述的「共同立基」。第五章對於多數決原則的批判，對筆者也有很有啟發。

化的社會，在這個意義上正好不是民主的，一如根據階級成分、種族膚色、宗教信仰、經濟能力等等而容許我群凌駕、歧視他群的社會，絕對違逆了民主的道德要求。

在台灣，20年幾年的民主運動，卻並沒有將這樣一種價值觀普及落實，在民主化的旗幟之下，成爲整個社會的公共道德。相反，台灣的民主觀一路耽溺在「我們」與「他們」的對抗之中，即使我們與他們都已經蛻變移位，仍然樂此不疲。爲甚麼？

這是一個很複雜也極其棘手的問題，牽涉到台灣歷史曲折陰暗、因此人格與心靈很難開放，牽涉到台灣隔絕於現代世界的左右派國際運動、因此反抗意識缺乏普世、進步意識的滋潤，也牽涉到台灣既有的思考資源貧乏、道德視野狹窄，因此無力擺脫族群、「我們」意識的羈絆。結果，雖然整個社會嚮往民主，卻始終無力發展出普同的參與身分與平等的尊重關懷，只能用「對抗」做爲民主的集結號聲，用「我們」與「他們」之分窮盡社會的相處關係。我們不必抽象地評論這中間的是非；但不妨自問一句：這條路走得下去嗎？以內戰爲形式的民主，是有價值的嗎？再走下去，民主在台灣還有可能嗎？

四

綜合以上所言，當前台灣社會的內戰狀態，說明了民主乃是必要的；但是這裡所謂必要的民主，不能因襲既往，繼續以對抗爲僅有的內容，而是必須擴展一套有關平等的參與、有關普及公民身分、有關公平制度的理念，方足以處理眼前的迫切問題。類似的想法，以前筆者曾經用「合作型」、「對手型」、「敵我型」的三分法來表達，其目的在於尋找一種適合於「公民社會」的民主觀。可是這

種「公民社會」的想像，卻正好沒有放在台灣的民主發展史的流變
中來取得內容。結果，「公民社會」似乎只是一種在教科書意義上
「比較好」的民主政治的形式，卻無法說清楚，因為台灣今天的政
治形勢乃是民主內戰，因此更需要我們在選舉民主、多數決、民主
對抗的格局之外尋覓出路。我猜想，今天備受推崇的審議民主、社
會運動等等補充性的選項與公民社會一樣，也需要放在20年來的歷
史脈絡中重新陳述定位，它們的複雜價值預設才會顯現其及時性和
說服力。

其實，台灣的民主運動史，除了在政治領域的對抗之外，本來
還有更廣闊的關懷的。(所謂「黨外運動」，原本即涵蓋一片外於政
黨政治的議題與嚮往。)階級、資源分配、生態、種族、性別、直到
跨國界的剝削、團結等領域，各自都有如何落實公民的平等參與的
議題，也都有各自的對抗陣線。在這些陣線上，民主的價值涵蘊，
也就是普遍的參與和平等的關懷尊重，不僅十分相干，並且還可以
取得更真實、明確的內容，成為指導性的原則。正是在這個意義上，
我們會說，民主的意義不只在於政治、不只在於政權移轉，更在於
社會生活的方方面面。但也正是在這個意義上，政治民主之內容的
窄化、我群化、敵對化，會侵蝕、淘空這些社會領域的平等價值意
識，結果社會運動化為利益團體，社會生活中愈難見到正義與人道
關懷，社會的民主生活也就愈發不可期。

所以，針對台灣，尼布爾的名句是不是可以改寫如下？「因為
我們勇於對抗，選舉民主已經可能；但因為我們耽溺於對抗，超越
選舉、超越對抗的民主更有必要。」──即使這種不止於選舉與多
數決的民主將是甚麼樣貌，還有待摸索和充實。

錢永祥，供職於中央研究院人社中心，並擔任本刊編委兼總編輯。

公共領域、公民社會與審議民主

林國明

一、重塑「民主社會如何可能」的問題:審議民主的想像

　　民主社會如何可能?回答這個問題必然關係到我們對民主的想像。民主的核心觀念是:統治必須建立在人民同意的基礎上。這點大致無什爭議。有爭議的是,人民的同意如何達成?也就是說,「正當性」的來源,才是爭議的關鍵。「投票中心」的民主理念認為,透過程序公平的投票機制所產生的多數決定,就具有民主統治的正當性。這種理念是代議民主體制運作的基石,長久以來一直支配我們對民主的想像。但我們知道,許多政策決定,使得部分人群覺得他們的權利、價值、認同或利益受到損害;即便是「客觀利益」或「群體價值」相同的人們,對於什麼政策方案才最符合他們的利益或價值,恐怕也是爭論不休。如果沒有實質的理由,講不出任何可以說服公眾的道理,光憑多數決的程序原則,如何能使人民,尤其是自覺受損的少數群體,同意政策決定是正當的?所以,有另一股民主理念認為,一個具有正當性的政治秩序,必須向所有受到法律和政策決定所約束的人,說明決定的合理性。政策決定必須具有說理的義務,要「給個說法」,要公開說明、解釋,提出充分的理由

來辯護它的合理性。而辯護政策合理性的說法，如果要能被社會公眾所接受，就要有「對話的機制」，讓所有受到政策決定所影響的民眾，或他們的代表，能夠表達他們的關切和主張，也能夠讓不同的觀點，相互對話，彼此溝通，讓各種論點的合理性，在溝通中接受審慎的衡量和批評的考驗。從對話過程中產生足以服人的理由，如此這般「對話中心」的政策形成過程，才能具有「獲得人民同意」的正當性。

這「另一股民主理念」，是當今政治思潮中正夯的「審議民主」。審議民主並沒有要以「對話」來取代代議民主的投票機制，它是代議民主的延伸，但因為對「正當性」的基礎和途徑有不同的想像，它更關注投票之前意見形成的溝通過程。所以，從審議民主對民主的想像而言，所謂「民主社會如何可能」，這問題問的是：在一個多元差異的社會中，如何從一般公民也可以參與討論的公共審議過程中，形成能被社會公眾接受的，具有合理性的政策決定？

二、公共領域如何開展？公民會議及審議式公民參與模式的實作

從審議民主的觀點來理解，探問「民主社會如何可能」的問題，必須回答「公共領域如何開展」？所謂公共領域，指的是：不同的私人聚合成為公眾，在公共論壇中，透過言說的互動，平等、理性地討論共同的事務，形成公眾意見，來影響公共權威的運作。許多台灣的學者和知識分子，包括參與「民主社會如何可能」圓桌論壇的諸君，已經指出，台灣民主政治之所以無法健全的運作，主要的原因之一是「公共領域的欠缺與不足」。許多人也指出公共領域在台灣難以開展的因素。重大的阻礙因素包括：國族認同的衝突與族

群政治的動員、藍綠對抗、公民社會運作邏輯和媒體的惡質化等等。
這些因素交織造成敵我關係的激情對立，使得政策決定缺乏理性思
辨和公共說理的空間。許多「聚合私人而成公眾」的公民社會團體，
身陷敵我對抗的漩渦而難以進行說理的溝通。而應該作為民主過程
參與主體的公民們，其中積極者，可能被藍綠對抗的邏輯所動員，
但更多看慣了「吵吵鬧鬧」的爭議卻不知何所爭的民眾，卻可能對
公共議題，乃至於民主政治的過程，採取冷漠、嘲諷的態度，或感
到挫折與失望。缺乏公共論述的政治激情，同時助長了公民的政治
冷漠。

　　公共領域的欠缺與不足，是民主社會無法健全運作的病灶。於
是，不少公共知識份子和民主實務工作者，針對妨礙公共領域開展
的病因開出處方，例如推動族群和解、進行媒體改造等。除此之外，
近年來有股值得注意的趨勢，是在建立一般公民可以參與討論的對
話機制，例如召開公民會議，或其他模式的公民審議活動，希望藉
此來開拓公共領域。

　　最近20年來，當審議民主的理念逐漸受到民主理論的關注的同
時，許多強調公共討論的公民參與模式，例如公民會議、審議式民
調、公民陪審團、學習圈等，也在歐美國家相繼發展出來。這些「審
議式的公民參與」模式，有些共同的特質。它們讓一般民眾能夠參
與討論具有爭議的公共議題；參與的過程，盡可能包含不同背景的
公民，讓各種多元的聲音和主張都能夠呈現；討論的過程也盡可能
地提供充分的資訊，讓參與者能夠明智地判斷各種論點，並且讓彼
此能夠進行對話，透過說理的過程，進行相互了解的溝通，形成解
決方案的集體意見。

　　2002年一些參與行政院二代健保規劃的學者，率先將公民會議
的實作經驗引進台灣。自此之後，各種審議式公民參與模式的實踐，

在台灣陸續開展。從2004年到2008年，有超過60場的公民審議活動，在全台各地舉行，討論各式各樣的全國性、縣市性和地區性的議題。其中，大概有一半是採用「公民會議」的形式或名稱進行。

公民會議是丹麥發展出來的公民審議模式。它邀請一般公民來討論具有爭議的政策議題。執行機構透過公開管道招募參與者，從志願參加者之中，以性別、年齡、教育程度、居住地區，或其他可能影響公民觀點的特質作爲分層變項，隨機挑選20人來組成公民小組。公民小組成員在正式召開會議之前，先經由預備會議的過程，透過閱讀資料和專家授課，來了解政策議題，並設定他們想要探查的問題。然後，公民小組在開放給媒體與公眾旁聽的正式會議中，聆聽多元觀點，詢問代表不同立場的專家證人對議題的意見。最後，他們在有一定知識訊息的基礎上，對爭議性的問題相互討論並作判斷，並將他們討論後的共識觀點和差異見解，寫成正式報告，向社會大眾公布，並供決策參考。

倡議公民會議，主要的理由是爲了矯治代議民主的一些弊病，例如：一般公民除了投票以外，缺乏政治參與的機會；政策決定，經常是敵對性的黨派利益的競逐和動員，而無法提出足以說服公眾的理由。倡議者認爲，結合「公民參與」和「理性思辨」的公民會議，可以提供新的民主想像，讓我們找到新的基點來眺望民主的遠景：透過公民參與對話與溝通的公共性，讓政策決定增加說理的成分，提出公眾能夠信服的理由，同時養成良好的民主政治運作所需要的，積極關心公共議題、超越特殊偏狹利益、廣泛參與公共事務的公民德行。

在藍綠對抗、政黨惡鬥所滋生的公眾不滿和挫折中，訴求「公民直接參與，理性討論政策」的公民會議，對一些政治社會行動者，包括公民社會團體，具有吸引力。但這種由學界所引進和協助推廣

的公民對話機制,是否能在台灣持續擴散發展呢?它必須獲得公民
社會團體的力量支持,才能穩定地開拓公共領域的空間,促成公共
領域的良好運作。可是公民社會團體並非全都熱切擁抱審議民主的
理念與實作。某些歷史情境可能使公民社會團體和審議民主存在著
緊張關係,而不利於公共領域的開拓。

三、鉅觀的公共領域與微觀的審議民主:互補與緊張

　　公民會議是公共領域中一種特殊形式的論壇。有些理論指出,
在現代民主社會中,倡導特定利益與價值的社會團體是公共領域主
要的行動者。公共領域透過媒介串連多樣化和多層次的結社網絡,
連結不同時空的人們進行溝通行動。在多元核心、自發形成的溝通
行動中,結社組織與社會運動的網絡聚合特定公眾,提出他們獨特
的關懷,形成部分的、非代表全體社會的主張。公共領域不同觀點
的溝通行動,經常是非結構化的,不是那麼秩序井然,而是有點雜
亂,有點嬉戲,甚至帶有感情,採取對抗的形式,當然也有策略的
行動,也有觀點的扭曲,實際的運作不像哈伯瑪斯的理論所描繪的
那麼理想。我們暫且將這些以公民社會團體為行動主體的公共領域
稱為「鉅觀的公共領域」。

　　公民會議作為一種形成公共意見的論壇,它的運作形式和上述
理論所描繪的溝通行動有些不同。公民會議是透過高度結構化的程
序規則,讓公民在一個固定的論壇聚合,透過面對面的言說互動,
針對「全社會」共同關切的問題,進行「知情、理性」的討論,提
出共識性的解決方案。這些程序規則,一方面試圖創造哈伯瑪斯所
說的理想的言說情境,讓參與的公民,能夠在自由、平等、公開和
資訊充分的原則下,理性、知情地討論問題;另一方面,這些規則

也過濾訊息，聚焦議題，引導形成集體意見。我們暫且這類強調程序規則的公共討論稱為「微觀的審議民主」。

「微觀的審議民主」和公民社會團體有什麼關係，和「鉅觀的公共領域」如何相互影響？「微觀的公共領域」的擴散，對鉅觀層次的、整體社會的公共領域的良好運作，可能產生什麼後果？這是思考「民主社會如何可能」的重要課題。

「微觀的審議民主」的實踐，需要依靠公民社會團體的運作。前面說到，許多理論認為公共領域的溝通行動是以公民社會的運作為基礎。如哈伯瑪斯所言，公民社會的結社組織與運動，指出人們根著於生活世界所關注的問題，公共領域處理、討論公民社會所提出的問題，把這些問題的壓力擴大，提供令人信服的解決方案，並且造成聲勢，要求政治決策系統接手處理這些問題。台灣曾經進行過的全國性公民會議所討論的議題，如代理孕母、全民健保永續經營、稅制改革、性交易是否要處罰，以及應否廢除死刑等等，無一不是因為公民社會團體的倡議所引發的政策爭議。社會團體所關注的問題，不但成為公民會議所討論的議題，公民社會團體的意見，也提供公民審議過程中所需的基本資訊和多元觀點。而公民會議的結論，能否形成「鉅觀的公共領域」持續討論的關注焦點，並影響政策決定，更有賴公民社會團體的關注與監督。如哈伯瑪斯所言，公共領域所討論的問題，必須由政治系統來解決，「公共領域靠自己來解決問題的能力是有限的，但這種能力必須用來監督政治系統之內對問題的進一步處理」。監督政治系統的能力，在相當程度上必須倚賴公民社會的運作。尤其是像公民會議這樣的論壇，是單次聚合的審議活動，並非持續運作的溝通網絡。這種論壇無法自主產生監督政治系統後續處理問題的能力。因此，公民社會團體是否接受公民會議這種公共溝通模式，並施加壓力要求國家回應公民會議

所提出的方案，是公民會議能不能產生政策影響的重要因素。

　　「微觀的審議民主」的運作需要倚賴公民社會團體，但公民社會團體不見得都對審議民主抱持友善的態度。學者如楊恩（Iris M. Young）和翟澤克（John Dryzek）等人，都曾指出社會運動者對審議民主的質疑和挑戰。社會運動者可能認為類似公民會議這種審議模式在實際運作中，將排除弱勢者的參與、發言和他們倡議的價值；公共審議對理性的偏好，可能壓抑情感的感受，使不善理性修辭的弱勢者的意見被消音。有的社會團體甚至認為，眾聲喧嘩的抗爭行動才能暴露真實情境，產生力量，「溫良恭儉讓」的審議民主是「紳士俱樂部」，可能被國家收編。韓綴克（Carolyn Hendriks）則根據澳洲的經驗指出，公民社會中的抗爭政治，經常是倡導特定主張，而且是反對國家的，而試圖創造理想對話情境的「微觀的審議民主」，如公民會議，則經常鼓勵公民社會群體與國家採取合作的態度，透過對話來形成影響國家政策的集體意見。這兩者可能存在者緊張關係。反對國家政策的社會團體，可能固執己見，不願改變想法，因而對強調對話和共識的公民會議高度質疑；有的則採取策略性，而非真誠溝通的態度，企圖藉由公民會議塑造有利於己的公共輿論。

　　公民社會團體和審議民主實踐可能存在的緊張也在台灣出現。例如，有些強調邊緣力量的聲音，質疑公民會議的程序規則壓抑表達的空間，是另種「形式民主」；有的社會團體確實對公民會議採取策略性的態度，他們支持或反對，不是因為對溝通行動本身的愛惡，而是因為公民會議的結論（可能或實際）符合或違反他們的主張。

　　我以為，「微觀的審議民主」和公民社會團體的關係，是公共領域如何開展的關鍵課題。「微觀的審議民主」希望透過公民的積極參與，撐開藍綠對抗所壓縮的理性討論空間，並且建構一個公開的論壇，讓不同主張的社會團體，面對公民的質問，彼此進行對話。

對抗爭性格強烈的社會團體來說,「微觀的審議民主」的參與經驗,可能有助於「鉅觀公共領域」的主角們形成尊重、寬容的態度,願意與不同主張進行溝通行動,而促進「鉅觀公共領域」的良好運作。弔詭的是,希望改變公民社會團體敵我對抗性格的「微觀的審議民主」,需要公民社會團體的支持,但有些公民社會團體對策略行動的偏好,和對審議民主的質疑,卻可能阻礙「微觀的審議民主」的發展。

讓我提出一些對於社會團體與公民會議的關係的觀察,幫助我們進一步思索公共領域的開展問題。

四、公民社會組織與公民會議的關係

2002年一群學者透過參與二代健保規劃的機會,引進審議民主的公民參與模式,如公民會議、審議式民調和願景工作坊。他們並且經由各種溝通的網絡和媒介,向政府部門、學術社群、公民社會團體和廣大公眾,推廣審議民主的理念和操作實務。溝通行動的擴散效應產生了兩類的公民審議活動,一類靠近國家權力,一類接近生活世界。兩類的公民審議活動都需要藉助社會團體的參與。

現有代議民主體制的弊病所滋生的公眾不滿,使得公民會議所訴求的公民參與、理性討論的理念,有一定程度的公共接受度,也對一些懷抱不同動機、處於不同位置的政治社會行動者,具有吸引力。當時的民進黨政府,在立法院面臨反對黨強力杯葛,另一方面又面對社會團體的抗爭或意見衝突。敵對式政治的現狀,使某些民進黨執政菁英對審議民主的理念具有共鳴,而試圖在執政困局中,利用公民會議來尋找「替代性的民意基礎」,以協助解決因爲立法院和社會團體的反對所造成的政策僵局。因此,從2004年開始,政

府部門開始利用公民會議這種審議民主公民參與模式來討論政策議題。光是2004年到2006年兩年之間，中央政府部門就發動了十次以上公民會議，討論議題非常廣泛，包括：代理孕母、全民健保財務、稅制改革、勞動派遣、環保、能源運用、訂定合理水價、水資源管理、動物放生、護理倫理規範等等。

　　除了政府所贊助的公民會議之外，另一種類型的公民審議活動，是由民間社會團體自主發動，以社區區民，或相關政策領域的特定團體為參與主體。透過學者、社區大學網絡和地方性民間團體的合作，從北到南，基隆、北投、內湖、淡水、板橋、三重、宜蘭、苗栗、台南、屏東等地，紛紛就各種議題舉辦公民會議，使得公民的對話，擴展到生活的社區。這類公民審議活動所討論的議題，雖然不乏諸如稅制改革、教育改革和農業發展之類的國家政策，但整體而言，大多是都市更新或開發計畫、生活圈發展、地方文化資產保存、環境生態與生活空間等和民眾日常生活世界比較接近的問題。社區性公民審議活動的主要目的在過程，而不在結果；在養成公民德行，不在影響政策。但這類由社會團體自主發動的公民審議活動，它的持續推展，遇到一些障礙。

　　第一是資源匱乏。公共討論需要資源，一場公民會議所要耗費的經費，和地方團體平常舉辦的活動比起來，顯得相對龐大。因此，社區性公民審議活動需要公共資源的挹注，但來源並不穩定，也不充裕。民間團體普遍經費不足，難以獨立、持續地舉辦公民審議活動。經費之外，人力也是沈重的負擔。辦一場公民會議，可能需要民間團體挪出一個專職人力來負責3個月到半年的籌備工作。辦過一次之後就覺得吃不消。第二，地方知識不足，難以提供充分的資訊和多元的觀點。第三是，倡議與審議的掙扎。許多地方團體對社區事務倡議特定的主張。他們有時會自我懷疑，如果辦理公民審議活

動的主要目的，是在提升公民參與公共事務的意願和能力，為什麼不利用動員網絡將民眾捲進來為他們所倡議的主張行動？為什麼要建立對話與溝通的平台？不過，也有社會團體認為審議與倡議的目標並不矛盾。例如「台灣少年權益與福利聯盟」舉辦一系列與家長、教師、少年和相關團體的審議論壇，從多元意見的對話中調整他們所倡議的主張。

　　社區型的的公民審議活動之外，政府贊助的公民會議運作，也需要公民社會團體的支持。事實上，社會團體對政府所發動的公民會議，扮演多重的促進角色。

　　有些認同公民會議理念的社會團體，透過參與政府委員會的機會，要求政府舉辦公民會議，讓民眾能夠知情理性地討論政策議題。代理孕母、二氧化碳減量、制訂合理水價和水資源管理，這些議題的公民會議都是社會團體要求政府舉辦的。

　　為了促進多元觀點的對話，公民會議的運作設有不同立場的代表所組成的「執行委員會」，來決定會議的重大事務。政府委辦的公民會議的執行委員會，通常都會包括不同立場的社會團體，共同討論「誰來審議，審議哪些問題，以及審議過程應該提供哪些資訊」等決定，並監督公民會議的進行。有的社會團體，則在公民會議中擔任「專家證人」，提出觀點和主張，讓參與審議的公民獲得多元的資訊來形成集體判斷。有的社會團體，則督促政府回應公民會議的共識。

　　有些社會團體領導人，或者經由連結學界和政府的溝通網絡，或者因為受邀參與公民審議活動的運作，認識到公民會議這類「微觀的審議民主」的操作形式，對它所體現的理念深表贊同。例如，有環保團體領導人這麼說：「台灣的公共議題很少像這樣被拿來討論的。大部分的情況就是政府提出案子、民間團體就反對，輿論上

有一些交鋒，但民眾似乎都是隔岸觀火。所謂支持或反對的意見都是預設好的立場。真正的公眾，其實是沒有發揮他的功能，根據各種資訊做判斷，來表達立場。」認同這套理念的社會團體認為，公民會議讓公眾判斷與公共意見能夠呈現，深具價值，因此，除了要求政府針對各項議題舉辦公民會議之外，也希望在他們的溝通行動領域中引進公共審議的模式。例如，我曾經參與一項計畫，在2003年對參加審議民主會議的53個社會團體（包含醫事、勞工、社會福利和病友）做過調查，超過七成的團體對公民會議的理念抱持正向的態度，表示未來可能利用這種參與模式來形成團體成員的政策共識。

但社會團體對公民會議和審議民主的態度並不一致。有些社會團體對政府贊助的公民審議活動抱持著質疑和保留的態度。他們反對的原因之一，是抗爭政治所形成的對政府的不信任。前面談到，有些政府機關，因為社會團體的抗議壓力，或因為立法部門的反對，希望藉由公民會議來援引民意支持。這種工具性的意圖，引起一些社會團體質疑政府發動公民會議的動機，甚至認為，政府已經預設立場，將會介入公民審議活動的運作，來得到它想要的結論。雖然公民會議這類的審議活動，都有一套規則程序來保障過程的獨立性，不受贊助單位所干涉；例如，由不同立場的代表組成的「執行委員會」來共同決定重大會議事務。不過，目前政府贊助的公民審議活動，缺乏制度化的規範和監督機制。筆者曾研究過2004年到2006年中央政府機構贊助的公民會議，發現有些政府機構的確介入運作的過程。民間團體對政府的不信任，也不是全無根據。

有些社會團體不僅是對政府不信任，也對一般民眾不信任。有些社運界領袖指出，部分社會團體之所以質疑政府贊助的公民會議，是因為「政府開發了一個新的民意表達的管道，這個管道可能會中和掉、稀釋掉社會團體的意見，挑戰社會團體過去代表民意發

言的正當性。」有些社團菁英就會很擔心說,「這些民眾到底有沒
有能力去判斷資訊,會不會被操縱。」我曾訪問一些社團領導人,
有的社團菁英的確對一般公民的能力感到懷疑。他們說,公民會議
的理想很好,但它在西方國家操作有一定的社會條件,台灣一般民
眾的知識水平還沒成熟到可以操作這種形式的公民參與。這些社團
領導人指出,公民社會團體長期經營議題,了解問題,深入思考議
題背後的價值爭議。政府卻爲了應付社會團體的壓力召開公民會
議,聽取「沒有獨立判斷能力,無法思考深層價值」的零散的、個
別的公民的意見,來做決策,是不實際的、危險的。社團菁英對一
般公民能力的詮釋,未必有經驗的效力。有些媒體評論、學術研究、
以及實際參與公民會議運作的社團領袖對公民討論能力的觀察,與
上述社團菁英的觀點並不一致。但爲什麼有些表現民意的公民社會
團體對一般民眾的能力會抱持懷疑態度,這是值得省思的。根據一
些社會團體的自我詮釋,這與公民社會的組織文化有關。「有的團
體,本身的決策就不民主,也沒有草根基礎,就一兩個人決定,所
以容易形成這種菁英心態」。

　　有些抗爭性格強烈的社會團體則質疑,公民會議所強調的「理
性」的特質,缺乏衝突的激素,壓抑情緒的感受,可能掩蓋、淡化
關鍵的議題和爭議點。他們認爲,影響決策的關鍵在政治實力。衝
突、抗爭才能創造力量,公民審議產生不了實際作用。這種態度,
可能與長期威權統治所塑造的公民社會的抗爭性格有關。托克威爾
比較法國和美國的社會團體,指出美國的社會團體強調以理服人,
因爲民主體制使他們相信可以透過說服的過程來影響民意,形成多
數意見;法國的社會團體強調以力制人,因爲中央集權的專制國家
不跟你講道理。李丁讚也觀察到,台灣一些社會團體在與威權體制
的對抗養成善惡分明、你死我活的政治性格,故傾向於訴諸力量而

非理性溝通。

　　這些初步的觀察，顯示公民社會團體在「微觀的審議民主」發展中的矛盾角色。公民社會團體對審議民主理念與實務的認可、支持與參與，是公民會議能夠擴散、發展的重大因素。但某些社會團體的抗爭性格與組織文化所形成的行動習性，可能造成與審議民主的緊張，而有礙公共領域的進一步開展。

五、結論與展望

　　讓我作個簡單的結論，並提出對公共領域如何開展的展望。因為政治決策體制政黨惡鬥嚴重，鉅觀的公共領域運作不完善，所以近年來興起一股公民審議的努力。這些審議模式的擴散，尤其是透過對公民社會團體的影響，或許可以為鉅觀公共領域的運作創造更加良好的溝通行動的質素。但它的發展，也受到一些限制。公共領域的運作，必須以公民社會為基礎。摒除別的因素不談，公民社會的體質、資源、組織文化、以及和國家互動所養成的政治性格，影響良好的公共領域的開展。

　　公民社會的體質與組織文化的變遷，是長遠的歷程。如何使公民社會團體成為推動審議民主，開展公共領的助力而非限制，在靠近國家權力這一端和靠近生活世界這一端，都有可以努力的方向。

　　由於公共領域是以公民社會為基礎來形成公共輿論的運作場域，我們可能認為，公共領域應該是從公民社會中自發形成的，而忽略了，某種特定形式的公共領域可能是由國家所贊助形成的。政府所發動的公民會議，就是一種「國家贊助的公共領域」的形式。這種以全社會為範圍，以影響政策為導向的公民審議，對促進政策決定的公共說理和不同立場的廣泛對話，有所助益。但這類型的公

民審議活動，也最容易和社會團體造成緊張。有些社會團體反對和質疑的，不是公民會議本身，而是懷疑贊助公民會議的政府是否「動機不良」或介入審議過程來「製造民意」。過去，少數執政的民進黨政府，有部分首長試圖工具性地利用公民會議來協助解決民主治理的問題，以致引起部分社會團體的質疑。而缺乏制度化的規約，可能使官僚體系不適當地介入某些公民會議的執行過程，更加深社會團體對政府權力操控的憂慮。政府也可能不去回應公民審議的結論，而引起支持公民會議的社會團體的反彈，耗損公民會議的社會公信力和支持度。國民黨再度執政之後，政府是否會繼續發動公民會議來討論全國性政策議題，還有待觀察。但「國家贊助的公共領域」如果要持續開展，就必須進行制度化的工作。政府對於公民會議，或其他審議民主公民參與模式的發動、辦理程序和回應方式，都應該建立法規和標準作業流程。制度化可以減少公民社會團體對政府發動的公民會議的疑慮，降低兩者的緊張，也可以使公民對話所產生的「知情的公共意見」，整合到既有的政策決策結構中。

從國家權力這一端移到生活世界這邊來，這裡的公民審議活動直接聯繫民眾的生活經驗。透過生活社區的公共討論，讓民眾參與討論地方公共事務，這對民主社會的公民德性與能力的養成，非常重要。如托克威爾的經典著作《民主在美國》所指出的，「在(生活社區的)小事上都不曾用慣民主的平民百姓，怎能學會在大事上穩健地使用它？」社區性的公民審議活動，都由公民社會團體所發動，但因資源匱乏而陷於難以持續開展的困局。公民審議具有公共性，應該用公共資源來支持，政府必須制度性提供經費來協助各個層次的生活社區進行公民審議活動，讓根著於生活世界的對話與溝通，能夠漸次開展。

「微觀審議民主」的制度化和資源支持，將可以強化公民社會

團體參與開展公共領域的角色。讓公民透過對話的過程，養成積極參與公共事務，能夠結合個人關切與公共利益的公民德行，使政策決定具有公共理性，能夠提出公眾能夠信服的理由，而具有正當性。如此開展的公共領域，使民主社會成為可能。

　　林國明，台灣大學社會系副教授，研究當代民主理論、政治社會學、醫療社會學與社會政策。目前寫作計畫，是以台灣近年來的公民參與經驗和審議民主理論對話。

民主社會的結構可能性條件

湯志傑

　　「民主社會如何可能」是個康德式提問，一般而言，當人們提出這種對可能性條件的追問與反省時，人們所欲探究、令其感到困惑的對象已然實現。以目前討論的課題來說，台灣已經具備了以選舉爲代表的民主政治形式，是不容爭辯的事實。在有了民主的形式之後，還要苦苦追問民主如何可能，正表示了人們對現況有所不滿，乃至像錢永祥要進一步追問民主何以必要？是要解決什麼問題？

　　雖然我同意錢先生「什麼是非民主不足以解決」這樣的問題意識，但回到歷史上來看，我有個不太一樣的觀察。在現代以前，在西方被奉爲典範的，其實是共和，而不是民主。換句話說，西方人對民主可能的弊害早有所認識。有趣的是，向現代社會轉型以後，民主變成了任何黨派——至少口頭上——都不敢違逆的觀念，而頂多是在民主的前面加上如自由、社會、人民等詞彙來進一步限定它的意涵。換句話說，人們普遍認爲，民主對現代社會來說是必要的。

　　這帶出的一個問題與觀察的面向是，民主是在歷史演進中沈澱出來的概念，是對極其複雜的發展過程的概括，因此是眾多複雜意涵的濃縮，它本身其實隱涵了許多的結構可能性條件。以最簡單的化約方式來說，民主政治的良好運作，預設了現代社會功能分化的結構與組織形式作爲可能性條件，而不能狹隘地理解爲只與政治的

領域或層面有關。然而，人們同樣可以對民主一詞做最簡單、表面的解讀，例如理解為定期改選這種政治形式。這樣一個意涵與理解上的落差，正是促使我們追問「民主社會如何可能」的動力之一。

這裡，我想可以銜接上顏厥安關於民主政治與民主社會的區分的討論。如他所說，民主社會不是民主制度出現的必要條件，但民主制度唯有透過民主的社會才得以深化與鞏固。呼應這樣的看法，我認為必須揚棄現代社會科學常奉為圭臬的國家／社會的二分，改從國家在社會之內的觀點，改從社會本身才是改革與民主實踐的根本戰場這個角度來思考。唯有當我們創造並確保有助於民主的結構可能性條件，我們才能落實及深化民主，讓它真正變成一種生活方式，而不只是一套形式的程序。

以最近野草莓運動觸及的人權議題為例，相信大家都會同意，任何民主憲政國家都必須致力於保障基本人權。更深一層來看，這套制度所欲保障的其實不只是個人而已，而是試圖藉著保障個人基本權利的不可侵犯，在制度上保障各個社會不同領域的自主性，創造出一套多元的秩序。如此一來，我們才可以隨著當下討論的議題或要解決的問題之不同，在各種不同領域的優先性宣稱及觀點間進行切換，當遇到經濟的事務時優先從經濟的觀點來考量，當事涉法律時便依法律的觀點來處理，當談的是科學時就把最終的發言權歸給科學等等。

民主之所以能在歷史實踐中變成人們偏好的制度而被篩選出來，正在於在前述結構的基礎上，它可以運作為一套解決紛爭的有效工具，讓每一次的政治紛爭涉及不同的結盟組合與敵友關係，讓政治的運作充滿了不確定性與可變動性，以致暫時居於劣勢的一方願意等待，同時居於優勢的一方也無法趕盡殺絕，而不會僵化為只有一條敵我戰線，導致全面對立的、只能拼個你死我活、別無其他

選項的戰爭狀態。

　　然而，解嚴以來日益浮現的問題正在於，我們不但沒有好好利用民主這個新獲得的有力工具來化解社會上的分歧，改變既有政治優先的社會結構，以民主來創造及厚實其可能性條件，反而是加深常伴隨民主而來的分贓政治最壞的一面，並不斷訴諸族群政治的動員，使得政治上的分歧蔓延到各個不同領域去，讓原本在各個領域間沒有必然對應關係的分歧或區分，不斷地被想像、建構為一一對應的關係，從而固化為全面且互斥的藍綠簡化二分，導致幾位作者所稱的民主內戰。

　　要解決這個日益惡化的問題，我認為不能只從李丁讚歸納的微觀的民主社會生活這一點著手，而是同時也需要在制度的面向努力創造有助於民主的可能性條件。舉例來說，我們現在主要都是透過媒體來認識世界、認識現實，但在我們有了民主的形式後，我們可曾依「民主的原則」來規範媒體的經營與組織，要求它具備相應於公器名分的公共性，例如嚴格區別所有權與經營權並嚴格限制個人及法人的持股比例呢？沒有，政黨輪替並沒有解決既有的威權結構，而只是按各分一杯羹的邏輯複製了既有的分歧，這就難怪儘管表面上我們有許多立場互異、各擁其主的媒體，但整個言論市場卻日益為藍、綠的代言人所壟斷，再難聽到其他的聲音。當媒體个斷地建構藍綠的二分，以這樣的再現遮掩及取代現實，如何能期待民主能有助於化解紛爭，而不是走向各擁民意的民主內戰呢？

　　同樣地，當我們的司法日益獨立，是否反而變成一頭沒有外部力量可加以節制，同時又缺欠內部自律的怪獸？當司法獨立意謂著一切都取決於檢察官與法官的心證，也就是他們個人的好惡與政治觀點時，我們面對的毋寧是比威權時代還要嚴厲的局面。因為即便有了民主的選舉，即便有了執政權的輪替，但原有司法系統的人並

不會因此而遭到更換。在舊有的威權控制瓦解，同時卻沒有建立起新的、合理的自律機制的情況下，這些散布在各處的國家機器的代理人搖身一變，成為手握人民生殺大權的太上皇——只要他們想這麼做的話。

就是台灣一向引以為傲的經濟，也沒有發展成一個自認足以與政治抗衡的力量，而是一樣遵循舊有的紅頂商人的邏輯，透過政治，透過官場的人脈，而非以經濟的方式來謀求利益與利潤，無怪乎解嚴反而是促成了封建的山頭割據。

所以，我們才爭取到不久的民主不但沒有發揮它變革的力量，充做化解紛爭的機制，反而日漸為既有政治優位的社會結構所吞噬，並因此賦予這套新的封建分贓秩序形式上的民主正當性，而使得問題更為惡化難解。我認為，這才是我們今天面對的最大難題，而這恐怕不是光靠微觀層面的努力便足以解決的。——雖然我相信，這對鬆動族群政治、鬆動不同領域的分歧間有著對應關係此一不當想像是有貢獻的，但身為社會學家，我更想強調在其他幾篇討論中比較被忽略的結構可能性條件的重要。換句話說，雖然我認為民主社會才是民主國家、民主政治的真正基礎，但我也要呼應黃長玲的看法，要建立民主的社會，我們不能迴避國家的問題。

湯志傑，中央研究院社會學研究所助研究員。研究興趣為系統理論、歷史社會學。近著有〈本土社會學傳統的建構與重構〉、〈本土觀念史研究芻議〉、〈體育與運動之間〉等論文。

民主社會是一種共治：
代結論

李丁讚

　　從以上大家的討論裡，我們析離出兩個核心概念，也就是**民主社會與民主政治**。民主政治指涉一套民主運作的機制與程序，包括兩黨政治、主權在民、選舉制度、多數決、三權分立等。而民主社會則指涉一種社會關係，包括父母與子女、丈夫與妻子、上司與屬下、雇主與雇員、社團幹部與社員、領導者與被領導者、公民與公民、公民與非公民（如新移民、移工、流浪在台的圖博人、停靠在台灣漁港的漁工等）乃至陌生人之間的相互對待等，當這些社會關係的雙（多）方都能夠以相互尊重、平等協商、溝通對話的方式來處理彼此之間所共同面對的問題時，這就是一個民主的社會。民主政治有了這個社會關係的基礎之後，民主才能真正鞏固、深化。但是，這種民主的社會關係是一種規範性的理想，我們要如何才能達到這種理想呢？也就是「民主社會如何可能」呢？大家的說法似乎都把希望指向一種民主政治與民主社會彼此鑲嵌、相互建構的狀態。這樣，民主政治與民主社會就能彼此強化，相互構成。民主的理想才能真正實現。

　　從西方民主的發展脈絡來看，在民主政治出現之前，民主社會已經有了初步的發展，也正是這種民主的社會關係提供西方民主政治發展所必需的養分。但在台灣，正如顏厥安所說的，台灣的民主

制度並不是誕生在民主社會當中，甚至還反過來「統治」民主社會，「壓制」民主社會的正常發展。民主政治不只沒有促成民主社會的發展，甚至還削弱民主社會發展的可能性。錢永祥也指出，台灣的民主化進程，從最先「人民對抗統治者」，慢慢轉變成「本土對抗外來」、「國民對抗外敵」、最後演變成「人民內部的相互對抗」，而進入所謂的「民主內戰」。換句話說，隨著民主政治的開展，社會關係越發變成你死我活、相互對抗。這與民主社會所強調的平等協商、溝通對話是背道而馳的。我在自己的文章中也指出，因為台灣的民主化進程，一開始就和建國運動糾纏在一起的，這種糾纏又和族群與兩岸關係共構，使得政治上的分裂與對立，延伸擴散到社會、經濟、文化、乃至生活的各個面向，或所謂的「多重鑲嵌」。民主政治的發展，不只沒有促成民主社會，反而讓民主社會發展的可能性受到限制。這是我們今天談「民主社會如何可能？」所必須首先面對的事實。

一、民主社會的倫理內涵

正是在這個基礎上，永祥問了一個很根本的問題——為什麼民主是必要的？這是因為我們目前是處於「民主內戰」的狀況下，我們更需要一種協商合作的民主來超越困境。永祥認為，我們當前所面對的民主課題，已經不是人民對抗統治者或外來者，而是如何緩和和調節人們內部的敵意與對抗。因此，我們應該在民主的「多數決」之外，發展出其他鬆緩爭議、調和利益的管道。讓公民之間的分歧不至於惡化成輸贏的決戰，也讓多數決的運作，如選民、投票、政黨、選舉等，不能壟斷民主的現實運作。雖然，在價值多元的社會裡，「多數決」因為具有形式上的公平性，也因此變成民主政治

不得不依據的基本原則。但是，正如永祥所指出的，每個人的價值
判斷與政治認同即使再「見仁見智」，在最低度的標準上，一個民
主社會不能不承認所有成員都有平等和參與的權利。民主政治如果
被簡化成投票與多數決，而忽略背後更根本的平等參與原則，則這
種多數決會變成一種多數暴力。甚至，數量上的多寡會變成道德上
的善惡。只要贏得政權，就贏得一切，包括一切合理性。台灣民主
政治的運作，幾乎完全以投票與多數決爲依歸。藍綠雙方所盤算的，
其實是把對方排除在政治決策之外，進而達到「壟斷」決策過程之
目的。

　　「壟斷」，以及其所帶來的「排除」，是「對抗」所必然帶來
的後果。但每一次的壟斷與排除，卻也因此更加強化兩造之間的「對
抗」，以致於進入惡性循環之中，甚至蔓延到社會生活的各個領域，
而變成「民主內戰」。正是爲了跳脫這種「民主內戰」的夢魘，永
祥才指出另一種民主——平等參與、協商合作的必要性。這種形式
的民主，很像我在另一個場合所講的，民主乃是一種「共治」，一
種由當事人透過平等協商的過程，共同來解決大家所面對的問題。
只是，不管平等參與或共治，都只是一種倫理上的宣稱與期望，我
們如何才能讓倫理變成一種力量，讓理想成爲真實呢？從大家的發
言中，我看到各式各樣的解決方案，都嘗試爲台灣當前的民主困境
提出藥方，也都點出了重要的面向。只是，問題好像更複雜。在多
重鑲嵌、惡性循環所蔓延交織而成社會積澱中，任何單一處方好像
都無法獨立面對問題。「民主社會如何可能」的問題，從最基礎的
社會關係，到最複雜的社會結構與分化，從個體到國家制度、從公
民社會到政治社會等，每個關節都需要鬆綁，都需要永祥所強調的
那種「必要的」民主的灌注與調節，才能真正邁開步伐，邁向「共
治」。這注定是一個耗時的碩大工程，需要一點一滴的努力，才可

望慢慢匯整成可以看得到的效果。任何局部的努力都不能成功。但
一點都不努力的話，則永遠處在輪迴之中。讓我從最微觀的層面說
起。

二、民主社會的微觀基礎

民主的最基本意義其實是很微觀的，指的是一種人與人相互對
待的方式。當我們嘗試用平等協商、溝通對話的方式來相互對待時，
我們就已經開始在實踐民主了。尤其，當我們用這種平等協商的方
式來解決彼此之間所共同面對的問題，進而達成共識或決議，也就
是「共治」，這就是一個很完整的民主的定義了。這種人際之間的
關係，不管是親子之間、夫婦之間、師生之間、上司與屬下之間、
或領導者與被領導者之間，乃至於朋友伙伴之間，如果有一種權威
關係在，決策就通常由「上位者」或有權者來決定。但是在民主的
社會關係中，這些原有的位階關係開始平等化，從「領導者」到「被
領導者」，每一個當事人都可以透由平等協商的過程，參與到彼此
所共同面對的問題當中，一起解決問題。這種方式可以出現在政治
領域，也可以出現在家庭、學校、公司、工廠、社區、社團、社會
運動、公共領域等各個社會領域。其實，政治並不為國家或政治社
會所專有。日常生活中，如家庭、學校也有公共事務要處理。父母
親或老師們願意和孩子們共同協商來處理家裡或學校的公共事務，
就是民主。民主社會中的「政治」元素，是民主社會如何可能的核
心關鍵。而這些社會關係中的「上位者」願意放下身段，「傾聽」
「下位者」的心聲，進行溝通與協商，就是民主共治的開始。

但是，社會關係如何民主化？這裡首先要強調的是，民主不只
是一種價值或行動方案，而更是一種「能力」。民主過程中所必須

具備的德行，如尊重、溝通、對話、協商、達成共識等，都是一種技術和能力。因此，當我們談社會關係如何民主化時，其實也就是在談社會關係中的行動者如何才能夠具備尊重別人，與別人溝通、對話、協商、進而達成共識的能力。跟所有其他能力一樣，這些能力都不是天生的，也不是知識的灌輸、傳授就可以獲得的，而必須當事人親身經歷後才可望學習得到的。游泳不能只唸書，而必需要不斷的游泳，才能學會。開車也需要不斷地開車，才能學會。要學會辯論，就必須不斷地辯論。要學會寫作，就必須不斷地寫作。同樣地，要學會溝通、對話，也必須有機會跟人不斷地溝通、對話，而協商和達成共識的技術，更需要不斷地練習與琢磨，能力才能精進。要尊重人，更必須有被尊重的經驗，才能慢慢體會尊重的意義和形式。所有民主所必須具備的技術，都必須經歷身體的不斷演練，才能純熟自如。因此，只有經過民主的實際經驗與練習，民主的能力才能慢慢具備。只有透過民主的實踐，才能達到民主的目標。而且，這必然是一個漸進的過程。從民主的價值、知識，到民主的能力，中間橫著一段很長的路必須慢走，民主才能真正落實到最微觀的日常生活裡，體現在最具體的人際互動中。

　　如果民主是一個學習過程，而且，只有民主能生產民主，那麼，誰來啟動民主呢？誰是第一批的行動者呢？誰是第一批的民主家長、老師、公司老闆、社區領導人、社團幹部呢？沒有這批先行者分別在家庭、學校、公司、工廠、社區、社團、社會運動、公共領域等各種不同的社會場域，進行民主的尊重、溝通、對話、協商等，我們的小孩、學生、公司員工、社區居民、社團成員、乃至一般的公民大眾等，又如何能學會民主所需要的各種技巧與能力呢？如果從西方發展的經驗來看，我們會發現，這些第一批的行動者也不是突然冒出地表、來到人間，而是經過相關的結構變遷，再加上相關

社會運動的催化，才逐漸被生產出來的。個人的來源總是社會，但社會也是個人互動的加乘結果，兩者相互循環共構，民主社會才逐漸地、慢慢地、一點一滴地形成。以親子關係爲例，歐洲的大家庭制度到17世紀時開始解體，核心家庭也慢慢誕生。是這個結構變遷，讓夫妻關係、親子關係得以從過去的家父長的威權中開始親密化、平等化。但是結構變遷仍然不夠，其他各種公共性的集體行動或社會運動，乃至意識型態的宣揚灌輸、國家體制的介入等，都是第一批行動者得以出現的關鍵因素。這些集體行動或意識型態，包括憲政體制的誕生、個人主義的浮現、對威權的反抗、乃至工人運動、教育改革、女性運動等，都是第一批民主人得以誕生的關鍵因素。

三、民主人誕生的組織條件

從這個角度來看台灣民主社會的可能性，我們就可以有一個既微觀、又宏觀的視野。一方面，台灣的社會結構正緩慢變遷中。從1970年代開始，第一批(微量的)中產階級誕生，核心家庭出現。這個結構變遷，似乎象徵台灣的民主社會就要誕生了。但其實不然，這些第一代中產階級，雖然受到良好教育，對「人」開始有些許基本的尊重，但基本上，這些第一代中產階級是在威權體制下長大的。從家庭、學校、到整個大環境，都處在一個極度威權的社會關係中，他/她們的身體幾乎沒有真正接受過任何民主的洗禮與歷練，其本身的民主能力是極度缺乏的。他/她們或許有隱微的民主價值或意識型態，但很少真正有民主的能力與實踐。因此，在他/她們跟自己的小孩或學生的互動中，還是很難帶領出民主的人際關係與互動模式。在這種情況下，民主社會當然遙不可期。進入1980年代後，中產階級快速增加，但幾乎都還是第一代，民主的社會實踐還是很遙遠。

到了1990年代中期之後，第二代中產階級誕生，這些小孩開始受到第一代中產階級的家長或老師的照護。雖然在身體實踐上仍然嚴重不足，但至少在理念上，這些第一代中產階級開始認真的想要用民主的方式來與自己的小孩與學生互動，也在這個意義上，台灣的民主社會開始有了結構性的基礎。但這仍然很不穩定，師長們的權威性格仍然濃厚。至少要到2020年，等第三代中產階級誕生，台灣的民主社會才會有結構性的基礎。

　　結構，只是條件之一，同樣重要的還有國家法制與集體行動。關於國家法制的問題，我後面會有比較詳細的討論，這裡則先談集體行動。台灣大約從1980年代後期開始，社會運動風起雲湧，包括農民運動、工人運動、原住民運動、教育改革、社區總體營造、社區大學運動、各種公民會議的舉辦等等。這些集體行動中，像農民運動，主要是體制上的訴求，會改善農民的生活條件，但與民主社會的建立並沒有直接關係。有些運動，如工人運動，雖有物質上的訴求，但對工人與雇主之間的談判也有幫助，因此是有助於民主社會的建立。另一些集體行動，如社區總體營造、社區大學、公民會議等，這些運動基本上就是為建立公民社會所舉辦的，與民主社會的奠立自然息息相關。社區總體營造是台灣社會第一次草根民主運動，嘗試藉由對公共事務的參與來訓練社區居民的民主能力。社區大學的社團課程，也透過很多小型公共計畫的參與，提升學員公共參與的技術與能力。公民會議則是透過更結構化的程序規則來訓練公民審議、溝通、協商、達成共識的能力。所有這些集體行動，或由民間社團主動發起，或由社團與國家合作。以個別公民的訓練為主要目的者，林國明稱之為「微觀的公共領域」，而把那些以社會團體為主要行動者，在公共領域發聲倡議特定議題或價值者，稱之為「鉅觀的公共領域」。國明的問題是「鉅觀的公共領域」和「微

觀的公共領域」兩者之間如何相互影響？這些公共領域的實踐真的促進台灣人的民主能力嗎？

「鉅觀的公共領域」是民主社會的再現機制。一個社會的鉅觀公共領域如果很發達的話，各個民間社團可以相互溝通、連結、乃至達成共識。這個共識就是社會的集體再現，是社會很多團體的共同聲音或願望。正因為它的「集體性格」，所以，它對政治社會的訴求會有一種「合理性」。如果政治社會/國家不聽從公共領域的聲音，這個政黨或政府就會逐漸失去合理性。因此，公共領域是民主政治的重要機制或場域，是連結民主政治與民主社會的樞紐。好的民主政治是以好的公共領域為前提的。民主社會而缺乏（鉅觀的）公共領域，只剩下「微觀的公共領域」，那麼，公民之間就很難連結，當然也不可能有很好的溝通、協商，更無法達成任何有意義的共識。換句話說，民主無法運作。民主變成只是家人之間、社團成員之間、或師生之間的事務。這種民主很難產生公共性，更不能影響政治。當然，如果只有鉅觀的公共領域，而沒有微觀的公共領域做基礎，一般人的民主能力薄弱，則空有公共空間（如媒體），但沒有人有能力在公共空間發言倡議，這也不構成真正的公共領域。哲學家泰勒對公共領域的定義是「一個由議題所串連而成的形上空間」。沒有微觀的公共領域，公民的民主能力沒有獲得訓練和培養，就不會有足夠的能力在公共領域上發聲倡議。沒有議題的串連，就沒有（鉅觀的）公共領域。微觀與鉅觀之間是密切互動、缺一不可的。

社會場域，包括家庭、學校、社區、社團等，以及在這些場域運作的「微觀公共領域」是民主社會的基礎。所有民主所必須具備的民主能力，都必須在此練就培養。而且，民主只能在民主的過程中產生，任何非民主的方法與手段，都無法生產民主能力。我們前面討論過，台灣第一批的民主家長、民主老師其實都還很少量。在

我們討論過社區與社團這些「微型的公共領域」後，我們仍然是同
樣的擔心。不管是社團幹部或社會運動的領導者，因為都是在威權
體制下長大的，也都帶有相當濃厚的威權性格。這種威權性格表現
在兩方面，其一是對內的領導，也就是國明所謂的「公民社會的組
織文化」，很多社團或社運團體，都缺乏組織民主的概念與運作，
社團或社運成員的民主學習不夠豐富，民主能力很難成長。其二是
對外，包括對國家與一般民眾。一方面，社團幹部對民眾沒信心，
不相信民眾可以有進步性，也因此失去與民眾溝通對話的興趣，這
是導致很多集體行動無法成功的重要因素，而民眾也無法在這個過
程中成長。民主社會的基礎無法建立。另一方面，社團或社運幹部
對國家也沒信心，一直都在「對抗」國家，而沒有跟國家溝通對話
的興趣或能力，以致於失去藉由國家法制的建立來促成民主社會的
發展。這些在在都與社團幹部的威權性格有關。

　　總之，由於民主的能力只能在民主的互動過程中慢慢養成，社
會關係中的「上位者」如果不願或不能放下身段，用民主的方式來
與「下位者」互動，對話與溝通的機制無法啟動，民主的能力無由
萌生，民主的社會關係也無法建立。台灣因為剛從政治和社會的威
權體制中轉型，目前活躍在公共領域中的人物，從家庭、學校、社
區、社團、到社運等，都還遺留著濃厚的威權性格，無法真正去傾
聽、去凝視、去對話、去溝通等，各種民主的機制無法啟動，民主
的學習也就無法開展。整體來說，社會的溝通狀態是不良的，人民
不善於表達，更不願意對話，以致於人際間的連帶與信任相當薄弱，
社會資本無由累積。這主要的原因是社會的威權結構尚未完全瓦
解，人民的威權性格仍然濃厚。但隨著威權結構的轉型，新的民主
型行動者以微量漸增的方式，正慢慢地進駐各個社會生活場域之
中，民主的機制也逐漸啟動。這些變遷都是一點一滴的擴增加大，

而且是有人真正去行動以後才會真正發生。這裡沒有魔術，也不可能有突變發生。但可以欣慰的是，民主的實踐本身就是一個魔術。只要有人啓動民主，只要有人肯傾聽「下位者」，下位者很快就學會講話、發聲，進而對話、溝通等民主能力。民主的對話機制一旦啓動，各種學習與成長都會接踵而至，這是民主的內涵力量。但問題是，我們要怎樣才能讓人啓動民主的機制呢？

四、民主社會的結構條件

以上我們從微觀的人際互動或人群組織的層面討論「民主社會如何可能？」緊接著，我們要從宏觀層面來探討這個議題。我在導言中強調，我們社會是一個多層鑲嵌的社會，政治、經濟、文化、乃至於個人生活的各個層面，都被統獨的意識型態宰制支配，以致於我們社會生活的各個面向，都用統獨的框架的解讀。統獨變成是我們的總框架，也就是我們分析事務的基本範疇。透過這個基本範疇，我們帶者一個或藍或綠的眼鏡來看待周圍事務，必然會看不清楚事務的原委，甚至把所有事務扭曲成一團，以致於無法適切的處理事務。這正是我們社會的當前寫照。面對這種困境，正如湯志傑所指出的，如果純粹從微觀的人際互動或人群組織層面入手，癥結還是很難解開。因爲，當我們已經有一個固定的框架或基本範疇時，「他者」就已經不是中性的，而必然染有或多或少的惡意或敵意在。這時，期待這些人進行民主式的溝通、對話，其實是不可能的。因此，志傑才會提出「結構」的概念，認爲只有當我們創造或確保民主結構的條件時，我們才能落實、深化民主，進而建立民主的社會。而這個民主的社會結構就是社會分化，也就是確保社會不同領域的自主性，建立一套多元的秩序，這樣，「我們才可以隨著當下討論

的議題或要解決的問題之不同，在各種不同領域的優先性宣稱及觀點進行切換」。換句話說，我們就不會像現在一樣，用政治的觀點來解決經濟、社會、文化問題。社會確實分化後，我們就能夠用經濟的框架來看經濟，用文化的框架來看文化。這樣，我們才能看清事實，適切地與人互動，真正的民主才有可能。

　　但是，我們如何來確保民主的結構條件呢？或是說，如何確保社會不同單元、不同領域的自主性呢？社會領域自主性的誕生，最主要的因素當然是社會的整體發展，以及因此發展而產生的結構功能的變遷。但除了這種結構性變遷之外，國家行動、乃至於組織、個人層次的行動，也都是重要因素。以醫療專業為例，醫療專業的自主性，除了國家明文訂定，確保專業運作不受政治干擾外，醫療當成一個組織，其在（宏觀的）公共領域的行動，也是醫療專業能夠創造自己的運作邏輯的關鍵因素。而個別醫生在（微觀的）公共領域的互動，更是醫療專業能否生產自己的自律規範和價值的關鍵。個人層次的互動固然需要組織、國家、乃至整個環境的協調與統整，宏觀結構功能的改變，也是奠基在微觀互動所慢慢碰撞、堆疊而構成。這是一個相互循環的體系，從個人、組織、國家、到社會結構，都是鑲嵌在一起的。但在「多層鑲嵌」的狀況下，當個別的民主行動者仍然缺乏的情況下，國家應該更積極介入，除了透過重分配的政策，讓各個領域能獲得更平等的發展，蓄積自主的能量之外，也要創造讓組織或專業能夠自主運作的各種條件和保障，以及各種實質運作所需的組織、平台或機制等，讓個別零星的努力更能彙整或碰撞，進而構成自主的運作場域。這個社會有了更多的自主場域，個人就有更多不同的框架來看待事務，也就越能夠超越藍綠或統獨的大框架，民主的溝通行動就越有條件發生。

五、公民社會與政治社會

　　先暫時回到永祥的「平等參與」，或是我所說的「共治」的倫
理原則。在目前「多數決」的情況下，每個組織、地域、社區、到
政府部門的行政權，基本上都由藍或是綠分別掌控，而另一方則被
排除在外。如果說，平等參與是一個基本人權，那麼，國家應該確
實保障這個人權的施行，讓每各單位的當事人都能參與在該單位的
運作過程之中。透過平等協商、共同參與的過程，藍綠兩造彼此之
間的信任與連帶就會慢慢建立，單位內部的倫理規範也能夠逐漸訂
立，共同體的想像甚至也會慢慢編織成型。楊弘任在《社區如何動
起來》一書中就指出，屏東某村落，本來派系對立相當嚴重，但在
社區工作者的努力多年之後，最後透過「河堤花園」的實作過程，
幾乎把全村不分派系的所有人都邀納進來，村民也在這平等協作的
過程中，突破過去對立的格局，建立村落共同體的想像和認同。這
個案例顯示，派系或藍綠僵局的突破，不能只靠論述或倫理，而必
須加進實實在在的身體實作才能完成。組織或國家各部門，應該多
創造這種實作的機制或平台，讓平等參與或共治成為一種物質安
排，倫理才能發揮社會轉化的功能。志傑所謂的領域自主，可能不
包括這種社區，但正如我一再強調的，宏觀與微觀其實是連在一起
的。大框架或基本範疇的超越，除了應該積極創造功能領域的自主
之外，小組織、小社群等微觀公共領域的經營，乃至鉅觀公共領域
的對話與連結，都是結構自主不能忽略的一環。在「多層鑲嵌」的
狀態下，我們必須多管道一起著力。大處著眼、小處著手、一點一
滴地累積突圍，舊結構才能慢慢鬆解，新結構才逐漸浮現。
　　從個人到結構、從社會到國家，都是一個大循環體系中的一個

環結。可能因爲過去的歷史經驗，台灣的社會運動者喜歡以「對抗」
的角度來看待國家，認爲自主性就是與國家對抗，不受國家影響。
但是，黃長玲卻從鑲嵌的角度，有力地把國家又帶進社會改革的陣
營當中。她指出，民主固然要靠社會推動，但是社會中處處可見的
不民主和不平等現象，只靠社會本身的努力是不夠的。她以婦女運
動爲例，說明婦運者如何利用國家體制內釋放出來的空間和管道，
援引國家的力量來改變性別不平等的現象。公民社會的自主，並不
是與國家隔離或對抗，而是鑲嵌在與國家的互動之中。這裡，長玲
提出了一個很有意義的觀察：社會改革者能在利用國家力量時，又
不爲國家所收編，市民社會本身必須有一種「紀律」或「自我規範」
在，否則就很難保有社會本身的自主性。長玲這裡所謂的「紀律」
或「規範」，其實是公民社會自我組織與運作的結果。公民社會內
部沒有民主、沒有溝通討論或共治，就不可能產生自己的紀律和規
範，也就沒有能力、甚至沒有信心面對政治社會。在這種情況下，
就只能用「對抗」的方式來面對國家了。國明前面也提過，民間團
體內部沒有民主，對民眾、對政治社會都會沒有信心。因此，在民
主的運作過程中，公民社會與政治社會其實是鑲嵌共構的，與政治
社會分離的社會改革，效果有限。

　　截至目前爲止，我們對政治社會或國家的討論，雖然承認其對
民主社會的重要性與必要性，但往往只限於因爲政治能提供社會自
己所無法提供的制度性保障。其實，這是不足的。厥安的討論，是
一個重要的補充和提醒。他指出，台灣在政治與社會關係上，忽略
了「民主的權力」這個重要面向。他認爲，民主的政治社會並不是
「統治」，而是「中介」公民社會；民主的政治權力主要是展現在
「促進與完成溝通的能力」上。很明顯地，厥安這裡的「中介」，
賦予國家或政治社會一個更積極的角色：國家不只是消極地提供公

民社會所需要的法制基礎，而更要主動地介入公民社會內部的溝通
與連結。一般來說，社會中的個人或團體都處於一種孤立零散的狀
態，又都有屬於自己或團體的利益考量，彼此很難建立共識，對社
會的公共面向也缺乏認識。因此，上個世紀的德國法學家施密特才
會提出「決斷論」，認為沒有政治的決斷，社會本身無法達成合一。
但是，與施密特的威權主義邏輯相反，「決斷」不應該是「專斷」，
而是立基在社會的基礎上，積極去協調各種公、私利益，創造社會
力的平等狀態後所達成的「共識」。這才是具有民主基礎的「決斷」，
是一種積極的、有創造力的溝通，所謂領導能力（leadership）就是這
個東西，是每個好的政治領袖所必須具備的特質。當然，這種決斷
不必然由政治領袖來完成，上述楊弘任的《社區如何動起來？》，
就是在很多社區領袖積極溝通介入後才創造出來的連結與整合，也
顯示民主的社會中仍然必須有「政治」的中介，才能有效運作。但
大範圍公民社會的運作，可能就需要政治領袖的中介了。

　　政治社會對公民社會，雖然具有溝通、中介、整合的作用，也
說明「政治」的必要性和優位性。但是，社會對政治也具有另一種
必要性和優位性。厥安指出，透過憲政過程所制訂出來的法令規章，
雖具有「合法性」，但這種合法性屬「一次性」、「批發性」的性
質。對一般民眾來說，這些法令是抽象的、陌生的、遙遠的，法律
的神聖性也因此大打折扣。為了讓法律的合法性落實，這些法律必
須經過社會「再創生」的過程。人民在面對抽象的法律時，必須根
據自己所處的狀況和情境，對法律進行反思、批判、或詮釋等「再
確認」的過程，這樣，外在客觀的法律與個人主觀的意義才能合一，
這時法律才擁有真正的合法性與神聖性，才能變成人民行動的準繩
或依據。換句話說，政治層面的合理性必須經過社會合理性的再認
證，才能有效。在這個意義上，社會對政治具有必要性和優位性。

其實，兩者相互循環共構，缺一不可。

六、民主的國家條件

吳介民指出，統獨認同之爭，固然因為藍綠競爭、兩個民間社會對立而激化，但最重要的結構性因素則是：台灣的國家地位受制於國際強權政治格局，使得「國家定位爭議」，在民主化的過程催化激盪。介民指出，民主政治預設了國家條件，沒有主權國家就沒有安穩的民主政治。因此，藍綠的爭議，其實是「主權爭議國家民主化」的一個副作用，其本質是地緣政治的、結構制度的動能。在這個認識下，解決台灣藍綠的問題，兩岸關係變成是一個核心關鍵的面向。介民認為，在適當的條件下，兩岸的國家和解，有助於台灣內部分歧認同的和解。而其中一個必要的條件是「民主程序的正當性」。因此，在具體作法上，除了在國內展開「兩岸關係和解方案」的公民對話之外，也要舉辦跨海峽的公民社會對話，讓兩岸交流不再由代表雙方的財團與官僚利益所壟斷。

介民的分析，最大的意義是把台灣的內部紛爭拉高到國際政治的格局，也為藍綠與統獨之爭指出了新的方向。主副之論不必太認真，重要的是藍綠問題與兩岸問題，的確是糾葛鑲嵌在一起的，是一組共構的孿生子，必須一起解套才能竟其功。但是，當前國民黨的兩岸政策，以「國共平台」的方式在進行，不只迴避反對黨，也繞過國會監督，整個公民社會當然也都被排除在外。這是非常短視的兩岸政策，也許方便執行，但卻讓藍綠問題惡化，非長遠之計。因此，除了(兩岸)「公民對話平台」的設置與執行之外，也可以在具體的實作過程中，進行兩岸政策的實際規劃，讓各行各業各領域的公民，都可以在自己的領域裡參與規劃、提出建議。兩岸的和解

方案和原則固然重要，但只有在具體的實作中，才能對抽象原則做適切的分寸拿捏，進而確立兩岸交流的原則。從原則本身有時無法切入，而必須與實作同時辯證。尤其重要的是，透過這種更廣大、更全面的公民參與，每個領域的不同顏色的人，可以在具體的行動方案中平等協商、溝通對話，進而慢慢建立信任與連帶，真正的合作與共治的基礎就可以逐漸奠立，（兩岸）「公民對話平台」才可望發揮作用。高階段的民主要有低階段的民主作基礎。

我在自己的文章中指出，台灣的民主化運動和建國運動幾乎是同時開展的，也正是這個「民主/建國」的爭議，讓台灣的民主進程倍增紛擾，目前我們都還陷在這個困境而無法自拔。長玲指出，民主化必然會走向本土化，但本土化不必然會民主化。民主與建國的優先順序不言可喻。介民也指出，只有透過民主程序的正當性，才能解決兩岸問題，進而解決藍綠問題，也算是間接回應民主與建國的順序問題。在這裡我也要指出，在面對中國的情境下，如果我們的兩岸政策能夠讓廣大的公民參與制訂，那麼，在民主協商的參與過程中，公民們就會慢慢體現台灣共同體的想像。在現代社會裡，共同體的想像是在民主的參與過程中逐漸浮現的。不管是社區、學校、家庭、公司、社團等任何單位，只要是民主開放，其公共事務是透過平等協商、溝通對話中來完成的，那麼，社群的想像就會逐漸成形。社群的實體與想像，是成員在分工共治中編織而成的。民主與建國的順序，應該是很清楚的。

七、民主社會，是一種共治

民主政治的根本原則是「多數決」，但在「多數決」的背後，其實隱含著「壟斷」與「排除」，進而產生「對抗」。台灣社會在

既有的認同分裂、民主內戰處境下，民主多數決的原則，不但無法解決對立與分裂的問題，反而讓這個問題更加嚴重，乃至演變成「多層鑲嵌」的困境，這是民主政治在非民主社會運作的必然結果。因此，為了超克這種困局，另一種與多數決不一樣的民主，永祥所謂的「平等參與」，德沃金的「伙伴式民主」（partnership democracy），或我所謂的「共治」就變成一種必要，一種面對「多重鑲嵌」的解決方案。共治與「多數決」不同，是由相關當事人透過平等協商、溝通對話所達成的共識，有點接近一般白話所謂的「共識決」。從我們日常生活經驗裡就可以知道，「多數決」往往是懶人的方法，因為簡單、方便、具程序性正義。但是，經驗也告訴我們，多數決往往掩蓋很多實質的問題，是不敢面對真相的投機取巧。目前的兩岸政策，就是嘗試用這樣的方便之門，乃至於把反對黨與整個公民社會完全排除在外。也在這種排除下，社會更加對立。於是介民提出「公民社會」的解決方案。這種解決方案當然遠比多數決麻煩、花時間，更需要很多的協商、溝通、中介等，但是，這不正是「政治」應該做的事嗎？好的「領導」本來就不能只是靠多數決來領導的，而必須積極與社會各種力量協商，進而創造一種立基在平等基礎上的共識。社會普遍參與，並與政治一齊努力，這就是共治。因此，民主社會就是一種共治。

　　在共治的格局中，「領導者」首先要把自己從「政治社會」降回到「公民社會」之中，謙卑地但積極地面對社會各種力量。「謙卑」的意思是，先放下自己的顏色，「傾聽」各種不同聲音，尤其是敵對陣營和邊緣的聲音。這是一個很難的動作，但卻是所有民主行動的啟動式。只要這一個行動啟動了，它就有一種「感染性」，讓各種聲音都會開始降半音，場合會靜下來，這時，他/她才可望執行積極的溝通與中介，進而達成共治。這就是我所謂的「民主的魔

術」，或「民主的力量」。我們前面已經討論過，民主人的誕生，
本身也是一個互動、組織、結構、乃至國家的產物。國家必須積極
介入，建立各種平台、組織、機制、法規等，來確保催化這些民主
互動的誕生。各種民主互動發生了，有越來越多的單位以「共治」
的方式在處理公共事務，這些單位的共同體想像就會逐漸浮現，進
而會創造自己的規範與運作原則，領域的自主性就會提升，間接促
成社會與結構的分化，這些分化又會形構自主性，進而促成民主互
動。微觀與宏觀、個人與結構、社會與政治，其實都是一個整體。
民主社會如何可能，是一個從整體著想，從每一個環節分別切入、
進入每一個具體的人際互動之中，轉化的點線才有可能從各個角落
產生，透過這些不同點線的碰撞與連結，民主社會才有可能慢慢浮
現。這必然是一個緩慢的過程，但卻是超克民主政治困境的必經旅
程。我們可以稍微休息，但必須踩穩步伐、慢步前進。

政治與
道德

台灣哲學學會與《思想》季刊聯合有獎徵文，迄今已經舉辦三次。2008年度主題為「政治與道德」，獲得各方相當熱烈的回應。收到的多篇佳作，經台哲會與本刊邀聘七位學者組成評選委員會匿名評選，最後決定由馬華靈先生的〈政治道德與日常道德：一種解救政治與道德悖論的嘗試〉與祖旭華先生的〈政治人物與道德：論政治黑手的兩難〉兩篇入選，並在本期《思想》刊登。本刊與台哲會感謝所有參與徵文活動的作者，也感謝七位評選委員的熱心與認真。

《思想》編輯委員會

政治道德與日常道德：
一種解救政治與道德悖論的嘗試

馬華靈

　　自馬基雅維利時代以降，政治與道德的關係便始終是政治思想史上聚訟紛紜的懸疑之案，歷經數個世紀的爭論，大致形成了兩個針鋒相對的陣營。非道德主義者主張政治與道德分家，「把政治的歸政治，道德的歸道德」。政治不要問應當怎樣，而是要問實際怎樣，政治的正當性不應該仰起頭來訴諸道德，而應該俯下身去倚靠政治本身。20世紀的極權主義究其根底，或許可以說是政治以道德的名義犯下的罪孽，一旦混淆了政治與道德的界線，把政治與道德結合在一起，妄圖建立道德理想國，等待我們的不是共產的天堂，而是人間的地獄。另一方面，道德主義者則主張政治與道德的結合，因為沒有道德的政治是不正當的政治，沒有政治的道德是無保障的道德。如果沒有道德看守著政治，那麼政治不是可以為所欲為了嗎？如果政治與道德分家，那麼沒有道德的政治本身不就是惡魔的代名詞嗎？沒有道德的政治何來正當性？馬基雅維利主義者攫取權力的速度有多快，那麼喪失權力的速度就有多快。

　　這兩個陣營各執一端，自成其理，因此，政治與道德的關係似乎成了一個難以舒解的兩歧性悖論：一方面，為了防止政治以道德的名義為所欲為，必須讓政治與道德分家；另一方面，為了防止政治拋棄道德而為所欲為，必須讓政治與道德結合。但是同時，反過

來說，如果把政治與道德分開，那麼，如何保證政治的正當性？而
如果把政治與道德結合，那麼，如何保證極權主義與烏托邦政治不
再重演？不論從哪方的論點入手，似乎都言之成理，這樣，政治與
道德的關係似乎就陷入了困境：到底是把政治與道德分開，還是把
政治與道德結合呢？

　　本文的要旨，是嘗試以重新概念化與重新問題化的方式來解決
這個困境，從而爲政治與道德的關係問題提供一個學理上的出口。
所以，此處的分析僅限於在學術上澄清兩者的關係，而不是要指導
政治實踐。本文的框架由三部分構成，第一部分，梳理第一種流行
觀點，即政治與道德分家。這種觀點過分地誇大了政治與道德的對
立關係，籠統地把道德視爲一個整體，而未進一步分梳道德的內部
複雜性。筆者認爲，政治與道德應該分家，但不是與籠統的道德整
體分家，而是與道德範疇之下的某種道德分家，我稱這種道德爲「日
常道德」。第二部分，梳理第二種流行觀點，即政治與道德聯姻。
這種觀點儘管與第一種觀點南轅北轍，但卻與之共享著一個基本的
價值預設，即把道德視爲一個整體，我把這種範疇謬誤稱爲「道德
整體化」，而把上述悖論稱爲「道德整體化悖論」。第二種觀點同
樣通過把道德簡單化來整體化道德，而未對道德本身進行細緻的類
型學劃分。筆者認爲，政治與道德應該聯姻，但不是與整體化的道
德聯姻，而是與道德範疇之下的某種道德聯姻，我稱這種道德爲「政
治道德」。第三部分爲結論。本文的主要意圖是嘗試把整體化的道
德區分爲「政治道德」與「日常道德」，同時把政治正當性區分爲
三重意義，即「起源正當性」、「目的正當性」與「結果正當性」，
通過重新概念化來重新問題化，以此解救「道德整體化悖論」，從
而探索一種政治與道德關係的嶄新思路：讓政治與日常道德分家，
以此舒解極權主義與烏托邦政治恐慌；讓政治與政治道德聯姻，以

此消弭流氓政治恐懼。

一、政治與道德分家：哪種道德？如何分家？

　　非道德主義者主張政治與道德分家，政治不應該專注於應當怎樣，而應該關切於實際怎樣；政治正當性不是來源於道德，而是來源於政治本身，政治可以依其自身的邏輯為自身正當化。這種觀點也被稱為「政治現實主義」，政治思想史家通常會把它追溯到馬基雅維利的《君主論》，爾後，馬基雅維利的信徒追隨著先師的步伐，把這種觀點發展到極致──目的證明手段合理。

　　但是，非道德主義者的最大挑戰是，如何在拋棄道德之後重建政治正當性？沒有道德的政治不是流氓政治嗎？政治與道德分家後，政治的正當性由政治本身賦予了，但是，如果目的證明手段合理，那麼，政治不是可以為所欲為了嗎？哪裡還有什麼正當性可言。如果非道德主義者要為自己的論點辯護，必須尋找新的政治正當性的依據。

　　馬基雅維利之後，政治理論家開始持續不斷地嘗試重建政治正當性，他們試圖把目光從天上投回人間，社會契約論與同意理論開始盛行。同意理論有兩種版本，第一種是強勢版本，認為只要人民集體同意把權力交給一個政府，那麼這個政府的統治就是正當的，並不過問這個政府獲取權力後是如何行使權力的，例如霍布斯（或許還可以算上盧梭）；第二種是弱勢版本，這種版本認為，只有人民集體同意把權力交給一個政府，並且這個政府獲取權力後，其權力只用來保護人民的生命、自由與財產時，這個政府的統治才是正當的，例如洛克。前者為政治奠定了起源正當性，後者為政治奠定了起源正當性與目的正當性。這兩種版本的同意理論（尤其是後者）似乎為

非道德主義填補了理論缺口，政治似乎真的不再需要道德了。然而，即便如此，政治與道德分家的論述，依舊未能在政治正當性問題上自圓其說。同意理論能夠解決政府的起源正當性，甚至是目的正當性，但卻無法解決政府的結果正當性。強勢版本的問題是，一個政府可能是民選的，但這個政府獲取權力後仍舊可能以權謀私，抑或以多數人的名義壓迫少數人，因此在一定程度上，起源的正當性或許會用來爲暴政正當化。弱勢版本的問題是，一個政府既可能是民選的，同時也可能竭盡全力去保護人民的生命、自由與財產，但是依舊無法排除一種可能性，即這個政府在主觀上出於美好的意願想要保護人民的生命、自由與財產，但在客觀上卻事與願違，反而處處侵犯了人民的生命、自由與財產，因善反而行惡，因此，一個政府即便滿足了起源正當性與目的正當性，這個政府依舊可能在結果上無法獲得公眾的認同。如果可以漠視結果上的正當性，我們擔憂的是，政府以善的名義大肆行惡。19世紀的功利主義亦曾盛極一時，它試圖以效益來代替道德，但是，功利主義表面上爲政治確立了結果正當性，而實質上只是以多數人的利益犧牲少數人的利益，從而變相地掩蓋了結果上的不正當。功利主義的這個致命缺陷已在政治思想史上受到廣泛的批判，此處不再贅述。

而事實上，同意理論的弱勢版本一旦要求更多，就又重新退回到道德的轄區，它已經不是純粹的政治賦予自身正當性的理論了。當它要求政府保護人民的生命、自由與財產時，不啻就是向政治提出道德要求，因而也就爲政治添加了道德涵義。從這個意義上來說，同意理論無法充分地重建政治正當性，它只能提供政治權力起源上的正當性。因此，政治從政治本身出發爲自身奠定正當性基礎的嘗試是不成功的，它不可能與道德完全脫離。但是，如果政治與道德依舊結合在一起，那麼，烏托邦政治依舊可能發生，如此說來，政

治與道德還是要分家。自馬基雅維利時代起，政治確實與「道德」
分家了，但是，要問的是，與政治分家的道德是哪種道德？政治又
是如何與這種道德分家的呢？如果把道德作為一個整體來考察，那
麼我們無法解釋，同意理論的弱勢版本在事實上確實與「道德」分
家了，但是同時，「道德」依舊如影隨形。但是，如果對整體的道
德進行類型學劃分，把道德區分為政治道德與日常道德，問題似乎
就豁然開朗了。在以往意義上所使用的「慷慨」、「仁慈」、「善
良」、「誠實」、「樂於助人」等詞彙，實質上是道德範疇之下的
日常道德，這種道德與我們日常生活息息相關，它規範的是社會倫
理秩序。而上述所說的「政府保護人民的生命、自由與財產」，實
質上是為政治奠定了新的道德基礎，它不再專注於「慷慨」、「仁
慈」等傳統的日常道德語彙，而是重新從政治實踐中發掘出全新的
道德意義，從而用一系列嶄新的詞彙來規範政治權力。烏托邦政治
之所以發生，不是簡單地由於政治與整體化的道德聯姻，更根本地
是因為政治與日常道德的聯姻，所以，讓政治與日常道德分開，就
澄清了烏托邦政治的問題。

　　以往所謂的政治與道德分家，儘管在理論上讓政治與整體化的
道德分開了，但實際上只不過是讓政治與日常道德分開了，政治表
面上看來與道德脫離干係了，但實際上卻始終與道德形影相伴。政
治與政治道德始終伴隨在一起，而之所以發生政治與道德分家的歷
史性誤會，是因為馬基雅維利的追隨者們犯了道德整體化的謬誤。

　　那麼，難道馬基雅維利不是在宣揚政治與道德分家嗎？他不是
在公開宣稱目的證明手段合理嗎？在筆者看來，把馬基雅維利視為
政治與道德分家論者的始作俑者，乃是歷史性誤讀，馬基雅維利的
信徒片面地理解了他們的導師，從而讓馬基雅維利背上馬基雅維利
主義的惡名。與洛克一樣，馬基雅維利不是把政治與道德分家，而

是把政治與日常道德(古典時代的倫理與基督教時代的倫理)分家,
他第一個公開爲政治賦予了全新的政治道德。我們可能無法認同他
的政治道德,正是這點,使後來的追隨者誤以爲他徹底與傳統道德
決裂了,但是,我們不要忘記,馬基雅維利不斷地從古羅馬的歷史
中讀解出一系列全新的道德品質(勇敢等),而且他也宣稱,君主只
是在必要時才使用邪惡的手段,君主如果有道德依舊是值得讚頌
的。如果我們主張馬基雅維利把政治與道德徹底分開了,那麼他毫
無必要依舊爲政治預留一定的道德空間。事實上,他並未否棄道德,
也並非拋棄日常道德,而是反對用日常道德牽絆政治的韁繩,讓政
治在日常道德的藩籬中畫地爲牢,甚至最終自取滅亡。因此,他在
《君主論》的最終一章中以祖國在危難中的呼籲,建議政治家與傳
統的日常道德分家,以嶄新的政治道德爲利劍,披荆斬棘重建義大
利的統一。馬基雅維利的確認爲,君主在某些時候應該毫不猶豫地
「爲惡」,使用傳統的日常道德來看,確實可以稱之爲「爲惡」,
但是,如果換用嶄新的政治道德的目光,那麼,是否真是「爲惡」
呢?一個政府在生死存亡的關鍵時刻,是否應該對少數敵人心慈手
軟,而讓祖國的千萬子民慘遭敵軍之蹂躪呢?這到底是道德,還是
不道德?在馬基雅維利的政治道德中,答案斬釘截鐵,儘管這在日
常生活中是不道德的,但在政治上毫無疑問是道德的。

　　因此,只要深入政治與道德分家的歷史脈絡,我們便可以發現:
馬基雅維利的《君主論》作爲政治與道德分家論者的始作俑者,實
在是歷史的誤會。一旦我們區分了政治道德與日常道德,潛藏在《君
主論》中的含糊不清之處就得到了澄清。所以,我們不是讓政治與
整體化的道德分家,而是讓政治與日常道德分家。

二、政治與道德聯姻：哪種道德？如何聯姻？

　　道德主義者則主張，政治與道德必須聯姻，才能爲政治建立充分的正當性。馬基雅維利之前的政治哲學通常都把道德作爲政治的根基。柏拉圖區分六種政體的標準有二：其一是統治者人數，其二是統治者善惡，由此區分君主制、貴族制、平民制與僭主制、寡頭制、暴民制，前三類政體是正當的，而後三類則是不正當的。政治正當性未嘗與道德須臾有所分離，離開了道德，政治的根基也就搖搖欲墜了。即便刀劍能夠爲御座保駕護航，然而御座同樣掀翻於刀劍之下。

　　道德主義者受到的最大質疑是，如何在政治與道德的糾葛中預防烏托邦政治與極權主義暴政？如果說每一個時代都有充分的例證反駁政治與道德分家論，那麼同樣，每一個時代亦有充分的例證來推翻政治與道德聯姻論。從18世紀的法國大革命到20世紀的共產主義，每一次都以道德理想國的名義出場，但是每一次都以政治大災禍的結局謝幕，這始終無法令世人釋懷：我們是用道德來規範政治，還是用政治來實現道德？

　　政治與道德聯姻的初衷是用道德來規範政治，從而爲政治奠定正當性基礎。讓一個沒有德性的市井流氓來充任政治家，政治將變成流氓政治，因此，必須由有德性的人來擔任政治家，最好是道德完善的聖人。然而，本來是消極的防惡卻演變成積極的爲善了，聖人治國或哲人王治國，自然會將國家引向美滿的彼岸。但是，聖人通常只懂得紙堆中的政治，而不熟曉刀劍中的政治，他們只有政治理想，但卻沒有政治經驗。走上神壇的聖人同時走上政壇，開始用一套天堂般的政治藍圖來改造不盡如人意的現實政治，他們因爲道

德而走向政治，爾後，因爲政治而走向道德，最終，不是道德完善了政治，而是政治吞沒了道德。柏拉圖三赴敘拉古，最終悻悻而歸；羅伯斯庇爾妄想實現盧梭的理論，最終以斷頭臺代替了《聖經》；斯大林在共產主義的樂園中流連忘返，手中槍桿子卻從不曾止歇……人類不自量力地夢想建造一座直通天堂的巴別塔，上帝卻讓人間一片混亂！用道德來規範政治逐漸變質爲用政治來實現道德，道德與政治聯姻遭遇了滑鐵盧。

　　如此，就可以區分出兩種版本的政治與道德聯姻論，消極版本的用道德來規範政治與積極版本的用政治來實現道德。烏托邦政治就是積極版本的典型，但是，實質上，它所借助的不是整體化的道德，而是日常道德。政治領袖的人格魅力充分符合日常生活中人們評價一個人是否道德的標準，政治實踐所依靠的政治藍圖也充分符合人民的道德理想。烏托邦政治之所以能夠發酵，是因爲它的催化劑深深地紮根於人心之中。政治家的政治藍圖與人民的道德理想水乳交融，人民的渴望與政治家的許諾充分融合，兩者之間的水乳交融正是烏托邦政治的催化劑。因此，從根本意義上來追溯烏托邦政治的淵源，烏托邦政治不能簡單地歸結爲政治與整體化的道德聯姻的結果，而應該說是政治與日常道德聯姻的結果；日常道德使得烏托邦政治的發酵成爲可能，而烏托邦政治則使得日常道德在政治上的實現成爲可能，兩者之間構成了一個難捨難分的聯盟。而正因爲這個問題，我們必須把政治與日常道德分開，讓政治與政治道德結合，而不是讓政治與整體化的道德結合，如此，道德主義者的烏托邦政治難題便可望解決。

　　那麼，如果把政治與道德聯姻的觀點限制於消極版本之內，是否便可以走出困境呢？我們不要忘記馬基雅維利的告誡，用仁慈、善良、誠實等傳統的日常道德來規範政治，那是以道德的邏輯來取

代政治的邏輯,並且,混淆了政治秩序與倫理秩序的運行規則。在倫理秩序裏有效的日常道德,在政治秩序中並不一定有效。倘若政治家具備這些日常道德固然值得讚賞,但是如果政治家因爲恪守日常道德而眼睜睜讓敵軍攻入國家的疆域,我們是否應當質疑把日常道德錯置於政治領域的觀點呢?儘管我們並不一定認同馬基雅維利具體的政治道德內容,但是我們可以接納他的政治道德觀念,重新爲政治尋找一套適於自身的政治道德。這套政治道德在消極意義上用來規範政治,國難當頭時刻,政治家需要具備什麼樣的政治道德素質;承平盛世之時,政治家又需要具備什麼樣的政治道德素質;對外需要具備什麼樣的政治道德素質,對內又需要具備什麼樣的政治道德素質。因此,即便是把政治與道德聯姻的觀點限於消極版本之內,我們依舊不能把道德作爲一個整體而簡單化地加以處置,必須充分展開道德內部的複雜性,對整體化的道德進行類型化。政治與道德可以聯姻,但不是與整體化的道德聯姻,而是與類型化的政治道德聯姻。

在西方思想語境中,這種政治道德並非沒有成型,法律面前人人平等、權力僅限於保護人民的自然權利、尊重少數人的利益、分配正義、司法公正等觀念,即是從政治本身的邏輯出發尋找政治道德的嘗試,儘管這種政治道德依舊有待完善,但是它在歷史上所產生的效果有目共睹。馬基雅維利時代之後,政治與道德在理論上分家了,但是在具體的歷史實踐中,人們始終未嘗完全漠視道德,人們不再從日常道德上規範政治,而是從制度上規範政治,爾後,這種政治制度本身逐漸自生自發形成了一套規範政治的政治道德,而之所以未能充分認識到這套初具雛形的政治道德觀念,是因爲,不管是馬基雅維利的信徒,還是柏拉圖的信徒,均深深地感染了道德整體化的歷史病症。

奇怪的是，鮮有論者質疑道德主義的政治正當性問題，似乎道德真的為政治確立了正當性基礎了。而事實上，以往的政治與道德聯姻論者和政治與道德分家論者一樣，依舊無法解決政治正當性問題，單純整體化的道德只能為政治提供兩重正當性。他們能夠解決目的正當性與起源正當性問題，但卻無法解決結果正當性問題。在筆者看來，結果正當性首先強調的是意願與結果之間的鴻溝，或者套用韋伯的話說，強調意圖倫理與責任倫理之間的鴻溝。傳統的政治與道德聯姻論者過分地注重於意圖倫理，並沒有充分關注責任倫理問題，所以，他們依舊無法充分地建立政治的正當性。一個政府可能因為道德而獲取權力，並且道德地行使權力而滿足目的正當性，但仍舊可能不正當，因為我們無法排除這個政府主觀上道德地行使權力而客觀上造成屍橫遍野的結果，而這或許就是烏托邦政治長期為世人詬病的理論根源。烏托邦政治在起源上是正當的，在目的上也可能是正當的，但在結果上卻不一定正當。所以，政治道德必須跳出傳統的道德主義者與非道德主義的誤區，不能再僅僅專注於起源正當性與目的正當性，必須同時要目光轉向結果正當性。

因此，通過區分政治道德與日常道德，區分政治正當性的三重意義，我們可以大致做出如下判斷：政治不是與整體化的道德聯姻，而是與政治道德聯姻，而這種政治道德必須充分關注政治的三重正當性。

三、結論

通過以上的分析，再回過頭來審視本身開篇提出的「道德整體化悖論」：如果讓政治與道德分家，那麼政治缺乏正當性；而如果讓政治與道德聯姻，政治又潛藏著烏托邦政治與極權主義暴政危

機。於是，我們就陷入了既要讓政治與道德分家，又要讓政治與道德聯姻的兩歧性悖論。

　　然而，儘管道德主義者與非道德主義者的觀點截然相反，但雙方卻共享著一個基本的價值預設，即道德整體化，正是因爲把道德整體化了，才產生了以上的兩歧性悖論。政治與道德分家論的謬誤是，把政治與日常道德聯姻而產生的烏托邦政治歸結爲政治與整體化的道德聯姻所產生的後果，從而主張政治與整體化的道德分家，而不是政治與日常倫理的分家，從而爲流氓政治打開了一個缺口。政治與道德聯姻論的謬誤是，把政治正當性歸結爲整體化的道德，從而主張政治與整體化的道德聯姻，而不是政治與政治道德的聯姻，但卻爲烏托邦政治打開了一個缺口。

　　所以，筆者嘗試把整體化的道德區分爲「政治道德」與「日常道德」，從而試圖解開這個悖論：讓政治與日常道德分家，從而避免烏托邦政治；讓政治與政治道德聯姻，從而避免流氓政治並且確立政治正當性，但是，從政治道德出發的政治正當性不再是傳統意義上的正當性了，它必須同時關注三重意義上的政治正當性，即起源正當性、目的正當性與結果正當性。

　　馬華靈，上海華東師範大學碩士研究生，主要學術興趣是西方思想史、知識社會學與鄉村社會學。

政治人物與道德：
論政治黑手的兩難*

祖旭華

導論

　　華澤(Michael Walzer)在一篇有名的文章〈政治作爲：論黑手問題〉中指出，政治人物遇到某些情境時，必須在個人道德信念與公眾利益之間做一個選擇。想像以下的情境：

　　恐怖分子在熙往攘來的台北車站某處安裝了炸彈，在還來不及疏散人群之前就會引爆，如果不即時拆除，則會傷害許多無辜的生命。這時國安局已逮捕了恐怖分子的首領，然而他卻不肯透露任何關於炸彈位置的情報，施以刑求是唯一可以迫使他招供的方式。但秘密進行刑求審問，需要馬英九總統的特准。可是馬總統一向強調

---

　*　拙作能夠獲獎，倍感殊榮。筆者要感謝台大哲學所邱振訓同學，告知本次的徵文活動，並在寫作過程中多所鼓勵。台大哲學所趙東明學長，則在筆者搜尋相關文獻時提供協助。劉夏泱學長在行政聯繫上，也給與許多協助。筆者還要感謝台大哲學所朴榮兩同學，林嘉財同學，以及台大哲學所畢業的詹偉倫同學，在筆者寫作過程中提供了許多寶貴的修改意見以及精神上的鼓勵。最後，筆者要感謝目前在澳洲國立大學的論文指導老師Jeanette Kennett，是她開闊了筆者的哲學視野，激發出了本文寫作時的許多靈感。

依法辦案，也相信刑求是違反人權的作法。如果你是馬總統，你是否願意扮演起黑手（dirty hand）的角色同意刑求？

相信對許多人而言，這是一個兩難的情境。一方面刑求顯然違背你的道德信念，但另一方面，刑求是在此情境下唯一可能避免緊急危難的手段，我們要如何在這兩者間做出取捨呢？本文擬探討此一黑手兩難情境，來闡明政治人物與道德之間的關係。第一節討論黑手兩難與一般道德兩難的關係。第二節討論政治人物的職業倫理及其要如何處理黑手兩難。第三節則探討政治人物的責任歸屬。

一、黑手兩難

許多人認為黑手兩難並不真正存在，即便存在，它也可以化約成一般的道德兩難，黑手兩難的討論因此可以歸類於道德兩難的討論。持這種看法的學者有史塔克（Michael Stocker）與尼爾森（Kai Nielson）。以下，我提出論據來駁斥這種看法。

首先，黑手兩難不同於一般的道德兩難。在一般道德兩難的情境中，道德主體不管如何做選擇，都不可避免地犯下道德錯誤。最有名的例子莫過於蘇菲所面臨的抉擇（Sophie's Choice）。蘇菲是二次大戰時關在納粹集中營的猶太人，她有一對未成年的兄妹孩子，納粹軍官命令她只能在兩個孩子中選擇一個存活，另一個則會被處決；如果她不做任何選擇的話，兩個孩子都會被處決。在此情境中，許多人認為蘇菲處於一種悲劇性的道德兩難之中，因為不管她如何抉擇，她都會違反了對其中一個孩子的道德義務。

但是黑手兩難的情境並不同於此。華澤認為在黑手兩難的情境中，我們有機會實現道德上正確的行為。只不過要實現正確的行為，必須先採行道德上不正當的行為。以導論中的例子來看的話，我們

大概都會認為正確的行為就是避免災難的發生，只不過這必須透過對嫌疑犯進行刑求才得以達成，而進行刑求本身則是道德上不正當的行為。

但是著名的效益主義者黑爾（Richard Hare）認為，根據效益主義，唯有促進最大效益實現的行為，才是道德上正確的行為，而在所謂的黑手兩難情境中，維護公共利益很明顯地才是促進最大效益實現的行為，因此，那就是道德上唯一正確的行為，根本沒有兩難存在。黑爾認為我們之所以會有兩難的感覺的出現，完全是因為之前所受的道德教育的影響。我們的道德教育隱含了不可傷害他人的戒條，另一方面也隱含了要避免緊急危難發生的要求，因此我們才會有左右為難的感覺。但這種衝突僅僅是道德直覺上的衝突。黑爾認為，只要我們運用批判性思考，思辨何者才是在此情境中，促進最大效益的行為，那麼兩難自然會消失。

然而，筆者認為效益主義不能解消黑手兩難的問題。畢竟，如果效益主義者基於效益最大化的理由，認為刑求在此案例中不是錯誤的行為，那麼效益主義很難解釋，為何我們仍會對同意刑求感到不安。的確，效益主義者可將此不安歸咎於我們所被灌輸的道德教育。只要運用批判性的思考，相信我們所做的是道德上正確的事，這種不安的感覺就會減少。然而，在黑手兩難的情境中，即便我們知道所做的是道德上正確的事情，大概也很難平息心中的不安。我們仍會深深覺得，批准刑求是道德上錯誤的事。刑求是不道德的，原因似乎並不是道德教育使得我們相信它是不道德的。我們之所以相信這類行為是不道德的，乃是因為行為本身的一些本有特徵（如電擊生殖器或拔除指甲等等）；道德教育不過是說明了這類行為的不道德性。而我們會持續地感到不安，也是因為深深地覺得自己做了一個道德上錯誤的行為，手上留下了道德的汙點（dirt）。

　　效益主義本身原就具有爭議，因而許多人認為不應該訴諸效益
主義來說明黑手兩難實際上並不存在。有人可能認為，我們可以訴
諸洛斯（W. D. Ross）的初步確定的義務（prima facie duty）的概念來解
釋黑手兩難。根據洛斯，我們有促進善的初步確定的義務，也有不
傷害的初步確定的義務（以下簡稱為初確義務）；初確義務的意涵在
於：在一般的情況下，它們是無庸置疑的義務，但當兩個初確義務
衝突時，則有賴於道德主體的道德判斷來釐清何者是正確的行為。
一旦經過全盤考量，義務之間其實並沒有衝突。就黑手兩難的例子
來看，所謂的兩難，也只不過是初確義務上的衝突。雖然在一般情
境下，我們有不可傷害他人的初確義務，但在黑手兩難的情境中，
其重要性被其它更重要的初確義務（如避免緊急危難）所凌越了。

　　但筆者認為，這仍無法完全表達黑手兩難的特殊之處。黑手兩
難的特殊之處在於：即便我們做了道德上正確的行為，我們仍然感
覺我們同時也做了一件道德上不正當的事情，這與一般初確義務的
衝突不盡相同。例如一般人因為幫助車禍傷患而無法準時赴約時，
大多數人應該會認為自己做了道德上正確的行為，鮮少有人會認為
自己同時也做了一件道德上不正當的行為。在此情境下，守約的初
確義務的重要性被助人的初確義務所凌越了。我們似乎會為未能準
時赴約感到遺憾，但不至於感到悔恨，如果時光倒流，我們大概還
是會做同樣的選擇。換句話說，我們大概不會認為自己做了不道德
的事。但在黑手兩難的例子中，如果我們有起碼的道德良知，批准
刑求的陰影卻是會深深地烙印在自己的心中，即便再怎麼相信刑求
是避免緊急危難的唯一方式，我們還是多多少少會有種幽微的感覺
在心中，相信自己做了一件不道德的事。

　　追隨康德思想的義務論者，或許會採取另外一種反對黑手兩難
存在的方式。他們根本不認為批准刑求是道德上正確的抉擇，即便

不這麼做會帶來災難性的後果。康德在《道德形上學》一書中提到的一句名言就是:「即便世界毀滅,也要堅守正義」,這意味著正義具有絕對的價值,不能屈就於其它價值。另外,羅爾斯也相信,某些權利是整個社會的福祉加總起來都不能凌越的。換句話說,相對於某些權利,我們會有一些相對應的行為限制(agent-relative constraint)存在,而這類行為限制是絕對不容許違背的。舉例來說,禁止殺人就是相對應於生命權的保障所產生的一種行為限制。這種想法或許可以追溯到自然法的傳統,在自然法傳統裡,殺人是絕對被禁止的,因為它違反了理性所認可的客觀律則。聖多馬斯的《神學大全》提到:當女孩子面對意圖強姦她的歹徒時,即便唯一保住貞節的方式是殺了該惡人,她也不可以殺他以求自保,因為如果她被惡人強姦了,她自身並未犯下任何罪(sin),道德責任完全要由歹徒承擔。但如果她殺了強姦者,那她自己則犯了殺人的戒律而變成了罪人(sinner)。義務論者將類似的思維模式應用在黑手兩難的情境中。他們認為無論結果是多麼地壞,如刑求這類的行為在客觀上是絕對被禁止的。因此,並沒有兩難的情境產生,因為正確的行為就是拒絕批准刑求。

然而,這種主張大概有違一般人的道德情感,因為這種主張似乎完全無視即將引爆的炸彈所造成的無辜死傷。如果人權應受到尊重,那麼當炸彈引爆時,更多人的人權將受到侵害。即便當代抨擊效益主義不遺餘力的威廉士(Bernard Williams)也不否認,在重大公共利益與個人正直有所衝突時,行為者可以為了維護公共利益而犧牲個人的正直。

總結來說,一切說明黑手兩難不存在的理論都很難提出令人信服的理據。因此,筆者認為,除非有更合理的理據出現,否則我們應該嚴肅看待黑手兩難的存在。面對黑手兩難時,政治人物應該如

何處理呢?釐清政治人物的職業倫理,有助於回答這個問題,以下第
二節將予以闡述。

二、政治人物的職業倫理

職業倫理是隨著一個人所從事的職業而來的規範,與日常倫理
有別。舉例來說,就日常倫理而言,一般人是不能撒謊的,但律師
卻因爲他的職務,即便他知道他的當事人是兇手,他爲了保護其當
事人的權益而不吐露實情,這在律師倫理中是可以允許的。另外,
一般人不能用刀劃開人的胸膛,但醫生因其職業卻可以這麼做。以
上所舉的兩個案例中,職業倫理似乎都提供了如洛茲(Joseph Raz)
所說的排除性的理由(exclusionary reason),本來其它日常倫理所具
有的拘束力,因爲排除性理由的出現而消失。(但不是任何職業倫理
都可以被視爲提供了排除性的理由,只有在其職業目的促進了正當
的價值時,才能夠獲得證成。否則,俗云盜亦有道,小偷也有小偷
的職業倫理,若因此主張小偷不受日常倫理規範,豈不是荒謬?)

值得思考的是,政治人物因爲其職業所受的規範是否跟一般人
有所不同呢? 首先,就其職業而言,政治人物存在的主要目的,乃
是爲了促進與維護公共利益(至少在當代自由民主國家是如此的),
其職業本身是正當的。然而,在政治這一行中,爲了促進或維護公
共利益的黑手行爲似乎難以避免。就實際面來看,不管一個從政之
人多有抱負理想,如果不能贏得選舉,一切也是枉然。在選舉的過
程中,他往往必須與地方派系結合,這也是爲什麼大選過後往往政
治酬庸不遑少見,用人唯才通常也只流於口號。將國家名器做爲酬
庸私相授受當然是不正當的,但是這似乎也是一個難以否認的醜陋
的政治現實。

　　沙特透過其小說人物羅特(Hroeter)之口很明白地指出:「沒有一個政治人物可以清白地統治,純潔這個概念只適合出家人或苦修者做為圭臬,至於知識分子與普羅無產階級者,只不過把它拿來當做不幹事的藉口。」就經驗事實來看,此語雖然未必適用每個政治人物,但亦不遠矣。謝長廷先生競選總統時說過:「如果政治只是要乾淨的話,那選桌子就好,桌子可以不做事就很乾淨。」前總統李登輝先生不也曾說:「水清則無魚」。這在在都顯示了政治不是一個乾淨的職業,對於任何想要從事政治的人,都必須先做好要與牛鬼蛇神打交道的準備(這也難怪一個社會形象良好的人,若涉入政治,常常被形容為誤闖陰暗叢林的小白兔。)。

　　就學理的探討而言,馬基維里認為為了因應險惡的政治現實,政治人物不該受到一般道德規範的束縛。仁慈、慷慨、正義等德性也並不適用於政治領域,要搞政治就必須先學會政治裡的巧智詭詐。類似的想法在韓非〈難勢篇〉的思想中也看得到。韓非認為政治與道德無涉,儒家講的仁義不適合做為君王統治的圭臬。他明白指出:「賢智未足以服眾,而勢位足以詘賢者也。」然而,筆者認為馬基維里與韓非的想法,雖然有助於統治者鞏固權力,卻罔顧了政治人物所應該具有的基本操守。如果統治者為了自身權力的鞏固而草菅人命、鏟除異己,這是難以為一般人所接受的。再者,馬基維里與韓非的倫理學是為專制政體的君主所服務的,並非為一般老百姓而設。在他們的學說中,政治人物(特別是領導者)存在的目的,並不是為了人民基本自由權利的保障或是福祉的促進,而是為了自身權力的鞏固。這在當代自由民主國家,並不能獲得合理的證成,因此,不能以此做為排除性的理由,排除一般道德規範的效力。

　　與馬基維里或韓非持相對反看法的哲學家則有伊瑞斯馬斯(Erasmus)、康德與儒家。伊瑞斯馬斯認為君王當做人民的表率,他

在《論基督教君王的教育》一書中提到：「君無戲言，才能夠讓人
覺得他的諾言比一般人的誓言還要神聖。」其要旨與《論語‧顏淵》
所說之「君子之德，風，小人之德，草；草上之風，必偃」相差不
遠。康德則在〈論永久和平〉附錄中指出，有人認為當道德與政治
衝突時，道德必須退位，因為道德律則並不適用於政治領域。康德
認為這只不過是人們便宜行事的藉口。就客觀上來講，道德與政治
的衝突並不存在，政治人物仍然必須受到普遍的道德律則的約束。

　　然而，筆者認為伊瑞斯馬斯與儒家的立意雖好，但未免陳義過
高而不符政治現實。就實際政治的運作而言，諾言在許多時候只是
政治人物為了達成政治目的所使用的工具，如果要求政治人物嚴格
遵守其承諾，有時反而不符合公眾利益。由此觀之，前中研院院長
李遠哲先生曾主張，競選承諾不一定要全部兌現，其實不難理解。
因為就政治現實而言，許多競選承諾只是譁眾取寵，未經過仔細評
估，倘若政治人物果真忠於承諾，反而只是浪費公帑，並不見得符
合百姓的利益。再者，康德的說法似乎也太過於理想化。如果政治
人物真的嚴格遵守所有日常道德規範，顯然無法應付許多突如其來
的緊急狀況；在面臨如筆者於導論中所描述的抉擇時，可能會因為
個人道德信念而使公眾利益蒙受重大損失。

　　筆者認為不管是韓非與馬基維里的看法，或者是伊瑞斯馬斯、
康德或儒家的學說，都過於極端。華澤曾很恰當地指出，我們不希
望政治人物是個小白兔，但也不希望他變成了毫無操守的政客。根
據韋伯在〈政治做為一種志業〉裡的論述，我們可以區分兩種不同
的倫理規範：其一是信念倫理，另一是責任倫理；前者強調個人行
為的純正，後者則著重於行為後果的考量。韋伯認為必須兩者兼具
的人，才真正具有從政的條件。

　　筆者同意韋伯的看法，但在信念倫理與責任倫理相衝突時要如

何解決，韋伯並未有清楚的論述。就筆者的看法而言，有別於片面強調責任倫理的效益主義或片面強調信念倫理的義務論，道德個別主義（moral particularism）提供了正確的方向（之後簡稱爲個別主義），以下加以闡述。

當代最著名的個別主義者莫過於丹席（Jonathan Dancy）。丹席認爲，行爲的是非對錯乃是由個別情境中的道德相關因素所決定，道德原則在我們的道德判斷中並不能扮演任何關鍵性的角色。相較於效益主義，個別主義不認爲效益原則可以涵蓋道德的全貌；在許多情境下，正義與公平也需要納入考量，否則納粹優生學的主張——將殘障嬰兒在出生時就殺害，也可以在節省社會成本的效益觀點下獲得證成。就強調個人行爲必須符合正義公平這點而言，道德個別主義似乎與強調信念倫理的義務論相去不遠。但個別主義也不認爲有絕對的原則是所有人都必須遵守的，「寧可世界毀滅，也不願違反正義原則」，與一般的人的道德情感有所扞格。此外，凱根（Shelly Kagan）在《規範倫理學》一書中提到一種溫和的義務論立場：只有當行爲可以促成夠好的結果實現時，不傷害的原則或正義原則才可以被違背。個別主義仍有別於此，因爲對於溫和義務論者而言，什麼叫做夠好的結果，必須設定一個門檻，只有滿足了此門檻才算得上是夠好，但個別主義者並不認爲有一個固定的門檻可以適用於所有情境。如果行爲只是造成輕微的傷害或不正義時，對於什麼叫做夠好的結果，我們所設立的門檻比較低；然而，在行爲造成重大傷害或不正義的情境中，我們會提高門檻。簡言之，門檻會因情境不同而有所波動。

相較於前述三種以道德原則爲核心的道德理論，個別主義是個具有彈性的立場，它注重個別情境的特殊性，可以根據實際的情況，因時因地制宜。它不認爲透過效益原則或絕對的義務論原則可以合

理地解決衝突，也不認爲有絕對的門檻存在。做爲政治人物，筆者
認爲他應該學習一種從亞理斯多德以來爲個別主義者所強調的實踐
智慧（phronesis）。根據麥克道爾（John McDowell）的分析，實踐智慧
本質上是一種道德敏感性，可以讓我們正確地感知情境中的道德相
關因素，此將有助於判斷何時應該堅守信念倫理，何時應該實踐責
任倫理，以及在不同情境中如何決定門檻的高低。的確，許多人對
於這種道德敏感性是否可以傳授感到懷疑，畢竟沒有原則式的命題
可以完全窮盡表述這種道德敏感性在實際情境中的道德要求，但筆
者認爲這只不過說明了道德敏感性無法化約成原則來傳授，而不代
表道德敏感性本身是不能傳授的。娜思邦（Martha Nussbaum）就認
爲，道德敏感性可透過小說的分析與探討來傳授和培養。小說細膩
的描述，爲我們道德敏感性的培養提供了的良好素材，小說人物一
個不經意的笑容或眼神，往往就能扭轉我們的道德評價與判斷。筆
者認爲，面對如黑手兩難這類的難題時，政治人物特別需要這種道
德敏感性，因爲任何訴諸於原則的解決方式，在某些情境底下都會
扭曲了道德真相，只有當我們個別仔細地考察黑手兩難情境中的道
德相關因素時，黑手兩難才有可能比較完滿地解決。

三、政治人物的責任歸屬

　　政治人物是否需要爲其黑手行爲負道德責任? 我們可借用華澤
所舉的三個英雄人物來探討，這三個英雄人物分別代表三位思想家
筆下的政治人物類型。
　　(一)馬基維里英雄：在馬基維里的筆下，基於政治現實的險惡，
政治人物本來就不應該受一般道德的束縛，所以政治人物即便從事
黑手行爲，也無須負擔任何道德責任。對馬基維里而言，政治的領

域可說是名聲權位的競技場,學習機智詭詐是贏得競賽的必要條件。馬基維里在《君王論》一書中指出:「政客必須要有獅子般的兇狠,要有狐狸一樣的狡滑。」對於馬基維里的看法,筆者有兩點評論:首先,馬基維里英雄的內心似乎缺乏了從事黑手行為時應有的道德掙扎;他似乎只以個人權力的鞏固為唯一的考量點,若有任何其它因素與之相衝突,都必須要退位。然而,黑手行為的典型特徵,在於政治人物內心中公共善與個人純潔之間的拉扯。如果政治人物從事不正當行為時心中毫無愧咎,這只是顯示了他隨時可以犧牲一切個人的道德信念,但這並不符合黑手行為的要件。因此,從馬基維里英雄的身上,我們看不到政治人物從事黑手行為時,所應該負的道德責任。再者,如果只是因為一個人從事了政治,他就可以免除一切的道德責任,那麼他不僅可以為了公益從事黑手行為而無須負責,他甚至可以從事任何道德上不正當的行為,依然不用負責,但這顯然是說不通的。就算黑手行為可以被證成,其理由也絕對不是因為政治人物不用負任何道德責任。

(二)韋伯英雄:韋伯認為做了黑手行為的政治人物,乃是悲劇英雄;他既然選擇了政治做為志業,就不可避免黑手兩難出現的可能性,這是他的宿命,也是悲劇性的根源。正如伊底帕斯雖盡了人事,仍逃不過弒父娶母的亂倫命運,政治人物只要入了政治這一行,他就無法規避從事黑手行為,也因此逃不過從事黑手行為後道德良心的咎責,而韋伯認為這就是政治人物所受的懲罰與責任。然而,這種看法卻有一個缺點,那就是政治人物的道德責任,似乎完全由其良心的多少來決定:越有良心的政治人物承受的道德責任越大,而越無良心的政治人物反倒可以恣意而為卻心無愧疚,這顯然是不公平的。此外,雖然政治人物或許很難避免黑手行為,但做為政治人物並不是一個人無可避免的宿命;一個人可以選擇其它行業,但

既然選擇了政治，他就必須爲自己的決定與行爲負責。負責的表現不僅在於承擔良心上的咎責，還應該包括接受法律的制裁。

（三）卡謬英雄：根據華澤的分析，從事黑手行爲的政治人物，就如同卡謬筆下爲了推翻不正義政權而從事暗殺的仗義刺客（王幸男先生或許差可比擬，他曾於國民黨獨裁時期郵寄炸彈包裹給當時國民黨的高官謝東閔與李煥），兩者都是爲了實踐更遠大的夢想，而犯下道德敗壞的惡行。卡謬認爲不管其夢想如何正當，只要犯下了惡行就必須受到懲罰。華澤基本上同意這個看法，但是，他認爲實踐上是有困難的。最大的困難之處在於，沒有一個恰當的機關可以實施懲處；比較公民不服從的案例與黑手政客，就可以看出這一點。

在公民不服從的案例裡，個人爲了道德信念而違反國家法令，國家會依法予以處罰；這就是所謂的良心犯。在我國兵役法修正前，不少人也因宗教道德理由拒服兵役而遭到監禁。然而，就黑手行爲而言，政治人物是爲了國家而放棄了個人道德信念，國家似乎沒有理由懲罰他。舉例而言，假設陳水扁總統果真是爲了國家安全或機密外交而非個人私利使用假發票核銷國務機要費，國家似乎沒有理由懲罰他。但如果政治人物可以從事黑手行爲而完全不用負責的話，華澤又擔心他會濫用權力。因此，華澤認爲唯一可以讓政治人物不輕易嘗試黑手行爲的方式，就是讓他承受很高的道德風險與政治風險；一旦他判斷錯誤，我們要透過輿論與政治活動讓他負起應付的責任。如此，政治人物從事黑手行爲時才會保有戒愼恐懼之心。

但筆者認爲，華澤一方面太過於悲觀，另一方面又太過於理想化。太過於悲觀，是因爲華澤認爲國家不具有任何理由懲處黑手行爲，然而，事實並非如此。假設政治人物的確透過不道德的方式促進公共利益，國家仍然有理由依法予以懲處。舉實例而言，馬英九在當選總統前，曾被懷疑貪汙了行政首長特別費，當然就目前判決

結果而言，並無貪汚之實，但若有的話，即便他是貪汚去做慈善，也必須受到國家法律的制裁。當然，當其情可憫之時，法官也可予以考量，減輕刑責或甚至免除其刑，但是這不代表國家沒有立場懲罰黑手行爲。

就另一方面而言，華澤又太過於理想化，這是因爲他認爲政治人物會害怕輿論的壓力，要從事黑手行爲前會戒愼恐懼，仔細評估。不可否認，公共輿論對於政治人物多多少少會有一些影響力，但其效果不應該被誇大。就紅衫軍反貪腐事件來看，如果百萬人民放下手邊工作，聚集上街頭仍不足以使政治人物感到壓力而下台的話，那輿論又能造成多大的影響呢？因此，筆者認爲，我們不應該僅僅透過輿論或政治活動追究政治人物的責任。

綜合以上三種對於政治人物的責任之分析，馬基維里英雄太過於縱容，無法規範黑手行爲。而韋伯英雄則太過強調良心，無法形成公平有效的規範。相對而言，筆者較贊同卡繆英雄的模式，要求透過法律責任來追究政治人物的道德責任。

法政學者德秀維茲（Alan Dershowitz）擔心，如果以法律追究政治人物，有多少人會願意在緊急危難時刻，承擔法律責任風險，擔任政治上的黑手？畢竟，法律上的懲罰會對政治人物產生某種程度的阻卻效果。澳洲哲學家米勒（Seumas Miller）認爲，一個解決之道就是減輕黑手行爲的罪責。但筆者認爲這是一把雙刃刀，罪責的減輕雖然可以提高政治人物從事黑手行爲的動機，但也有可能使得政治人物缺乏戒愼恐懼之心，假借維護公共利益之名，去從事不正當的勾當。舉例來說，以色列經常遭到恐怖攻擊，爲了防止重大災害，曾有一段時間將刑求這類的黑手行爲合法化，但許多時候，不僅沒有達到其意欲維護公共利益的效果，反而造成一些無辜者受到刑求審問。筆者認爲一個較佳的解決方式，是如後來以色列憲法法庭所

裁示，宣告那些允許黑手行為的法律實乃違憲，以保障人權。對於緊急情況的處理，則事後訴諸於黑手行為的迫切必要性，以求豁免或減輕罪責。

當然，這不代表政治人物一定可以免除其責。筆者認為下列幾個原則有助於我們決定政治人物是否應該負法律責任:(1)合目的性原則:黑手行為是否真的可以有效地達成避免緊急危難的目的?如果黑手行為沒有達成其意圖的效果，那我們要追究政治人物是否誤判了情報，造成了無謂的傷害。(2)最小傷害原則:其選擇的黑手行為，是否是在所有可能手段中，造成最小的傷害?如果利用威脅利誘就可以使得恐怖分子供出情報，那麼政治人物就不應該批准刑求，否則就有濫權之嫌。(3)損益相當原則:黑手行為所產生之公益是否足夠凌越對個人所造成的傷害?刑求對個人的身心傷害是極大的，要產生怎麼樣的公益才能豁免這種行為的責任，可以尋求社會共識來決定，本文並無預設立場。但在此至少可以說，如果黑手行為所產生的公益不及於它所造成的傷害，那就必須追究政治人物的責任。

最後，讓我們重新檢視德秀維茲的擔憂，追究政治人物的法律責任是否會讓其在緊急時刻，不敢從事黑手行為? 筆者認為就經驗證據來看，並沒有很好的理由讓我們相信追究政治人物的法律責任會造成這種效果。事實上，近來遭媒體披露的美軍關塔那墨灣基地虐囚事件，說明了罪責風險不足以嚇阻政治人物從事黑手行為。畢竟在此事件中，小布希總統秘密地批准了刑求恐怖分子的要求。值得注意的是，此事件並非發生於緊急危難之時，政治人物所承擔的罪責風險，要遠遠大於在緊急危難之時。如果較大的罪責風險尚不足以阻卻政治人物從事黑手行為，更遑論在罪責風險較小的緊急危難之時，政治人物會因為害怕懲罰而收手。我們該憂慮的似乎不是政治人物不願擔任政治上的黑手，而是應該擔心政治人物太過樂意

於這麼做，因爲這說明他已經失去了個人應有的基本操守。

四、結論

　　在民主政治中，選賢與能是理想，但是在實際的政治世界裡，往往賢者不能，能者不賢，賢能兼備的人少之又少。之所以會有這種現象，並非毫無原因，而是與政治圈的本質有關。政治圈本質上就是藏汙納垢的地方，如果政治人物怕手弄髒，自然就無法成事，曲高和寡就是這類政治人物最好的寫照。而政治上能幹之人，通常手上也必定沾染了許多污垢，期待政治人物既賢又能，無異於緣木求魚。值得思考的是：在既賢又能之人不可得時，我們要如何在沈富雄先生說的「不能幹的好人」與「能幹的壞蛋」中做選擇?這是一個難題，如果選擇了不能幹的好人，我們的手是乾淨的，但間接犧牲了公共的利益。如果選擇了能幹的壞蛋，我們自己也成了黑手。黑手的兩難不只是政治人物要面對的問題，它同時也考驗著我們自己，值得深思。

　　祖旭華，目前為澳洲國家大學哲學博士候選人。研究興趣包括倫理學、政治哲學、語言哲學、科學哲學等。

《思想》求稿啓事

1. 《思想》旨在透過論述與對話，呈現、梳理與檢討這個時代的思想狀況，針對廣義的文化創造、學術生產、社會動向以及其他各類精神活動，建立自我認識，開拓前瞻的視野。
2. 《思想》的園地開放，面對各地以中文閱讀與寫作的知識分子，並盼望在各個華人社群之間建立交往，因此議題和稿源並無地區的限制。
3. 《思想》歡迎各類主題與文體，專論、評論、報導、書評、回應或者隨筆均可，但請言之有物，並於行文時盡量便利讀者的閱讀與理解。
4. 《思想》的文章以明曉精簡爲佳，以不超過1萬字爲宜，以1萬5千字爲極限。文章中請盡量減少外文、引註或其他妝點，但說明或討論性質的註釋不在此限。
5. 惠賜文章，由《思想》編委會決定是否刊登。一旦發表，敬致薄酬。
6. 來稿請寄：reflexion.linking@gmail.com，或郵遞110台北市忠孝東路四段561號4樓聯經出版公司《思想》編輯部收。

思想訪談

走過蝶道：
吳明益訪談錄

黃宗潔

　　吳明益，1971年生。現任國立東華大學中文系副教授。著有小說《本日公休》、《虎爺》、《睡眠的航線》；散文《迷蝶誌》、《蝶道》、《家離水邊這麼近》；學術論著《以書寫解放自然》；另編有《臺灣自然寫作選》一書。其作品曾獲得多種文學獎項[1]。

　　這些年來，吳明益的名字，似乎總和蝴蝶綁在一起。事實上，這位因《迷蝶誌》和《蝶道》而受到矚目的作家，在自然書寫所投注的心力，決不侷限在蝴蝶而已。去年，他離開蝶道，走向水邊，完成了廣受好評的《家離水邊那麼近》，充分體現了他對於生態議題的關懷與自然書寫的用心。以學術研究而論，他的博士論文《以書寫解放自然》至今仍可說是當代台灣自然書寫研究中最具規模的成果。身兼創作者與研究者，吳明益，可說是認識台灣自然書寫史的重要關鍵之一。

　　透過科學的嚴謹之筆，傳達文學的美與感動，這是吳明益作品的風格，「溫和的人類中心主義」則是他對待環境的信念與態度。為了更深入了解吳明益其人其文，筆者於2008年1月10日，在東華大

1　關於吳明益之得獎紀錄參見國家圖書館當代文學史料系統。

學文學院進行了以下的訪談。[2]

一、在文學與科學之間：從《蝶道》談起

黃宗潔（以下簡稱黃）：首先想請教的是，您曾提過：「《蝶道》出版之後，一再重複令人困窘的訪問，讓我變得在觀看生物時就立即性地思考怎麼寫成一篇文章，感到某種意念的純粹感消失了。」可否談談為何這些訪問會令您感到「純粹感消失」？

吳明益（以下簡稱吳）：應該說它會變成一種策略，比如訪問者會問我說：「你都是怎麼寫作的？」講得越多，你彷彿就真的變成這樣一個作者，就變得很規律。有人可能會問說：「你這篇文章是怎麼寫出來的？」我就會告訴他這篇的結構是怎樣的，後來就會變成一想到事情要怎麼寫呢？答案馬上就會跳出來，變得很規律，所以不能這樣。《蝶道》是有策略性的寫法，比方說裡面常見的一種寫作方法是「共感」，從視覺連結到聽覺，第二個手法可能是文學典故式的。要我再寫一本是可以的，因為有那麼多種蝴蝶，至少可以寫個四百篇。但是問題是這樣的寫作就很無聊，所以我不想再寫《蝶道》的續篇。科學家為了推廣知識，可以用同個模式一直寫，但文學家不行。但現在的問題是，我們根本沒時間觀察。我們的精神都分散了，如果我可以每天跑去一個地點做觀察，去記錄、思考問題，我才有可能提出一些真的從沒人聽過的想法。我們現在還是在撿人家的雜質，找出一些雜質裡面的精華。對我而言，我覺得我們的書應該在科學界被重視，這才算是及格。

2　感謝東華中文系碩士班研究生林沛儒，將此次訪談之錄音檔整理為
　　初步的逐字稿。

黃：不過自然書寫介於自然和文學類之間的特色，反倒使得作品在歸類時常出現尷尬的情形。

吳：以《蝶道》來說，它在誠品書店被歸為昆蟲類，放在蝴蝶類的書旁邊，但它不是啊！我個人認為它對科學是毫無貢獻的，對文學可能有些價值，對於某一些喜歡文學，但對自然科學非常恐慌的讀者則會有幫助。近幾年來我接到很多mail，因為看了我的書，而去參加蝶會、鳥會，我們影響那些可能原本根本不會去關心環境的人，這倒有一些貢獻。但有時候需要冒險，比如3月的時候，我去政大理學院演講，其實我在文學院是最安全的，因為自然寫作也是從文學院出發，比如我跟同學講蝴蝶的知識，台下的同學幾乎不可能比我更瞭解蝴蝶，但理學院不然，那是一群有專業的人士，所以我必須去冒險。我的書曾經在網路上一個網站被討論，把書裡面的錯誤都找出來，很感謝他們，所以在每一本新書出版時，我都會把那些錯誤提出來講，並且寄書謝謝那幾位舉證我錯誤的人，因為他們也花了很多時間去發現那些錯誤。這代表還是有一群喜歡科學的人，很認真的在看我的書，也享受了一些文學的樂趣，他們也都是因為對文學有興趣，所以才會去讀它，否則讀圖鑑就可以了。

黃：所以還是可以同時影響到喜歡文學與科學這兩類的人啊！不過剛才提到在創作上的困難點似乎是沒有時間觀察，所以目前還有持續性地在做自然觀察嗎？

吳：它已經變成了我的生活，但若說專業的觀察，那絕對沒有，絕對都不專業。我個人覺得，從一個比較軟調的自然書寫來說，不專業正好，但我不認為這樣的書寫，還能吸引這時代的讀者。就像現在的散文，寫寫爸爸媽媽、哥哥姐姊弟弟妹妹的時代已經過去了，我們這個世代或下一世代，有誰會靠這個東西出頭？也許前人可以這樣做，但我們卻不能這樣做。環顧世界各國的一流散文作品，我

們也好久沒看到寫哥哥媽媽、叔叔伯伯就可以成就什麼了不起的散文，沒有的！相對的，他們要自己去發現一些與眾不同的點，可能有專業的背景，又能用抒情式來表達的點，我覺得這樣的作品才會更有影響力。以自然書寫來說，不是說以前那樣軟調的寫法不好，而是他們那個時代只能那樣寫，因為他們是在那個困難的時代寫的，當時連圖鑑都沒有，真的很辛苦。但我們現在圖鑑那麼多，我們的要求應該要更高，我個人是這樣覺得。我們現在要去南極、北極、亞馬遜河，只要有錢就出發，他們那個時代是你連要去玉山都困難重重。所以我覺得一定要有專業的觀察，才能讓你的文章出現不同層次的思考。我們目前都變得只是走馬看花，就沒有意思了。比方說我如果要談綠建築，我不能只是在那邊講「大家要節約能源」，我必須要研究太陽能是怎麼回事？至少我要比一般人都懂，不能只是跟人家講節約能源，所以我才會去做這些功課。而且我並不專業，什麼都不懂，所以我就趕快讀書，讀了之後實地去看，才會發現原來還有這麼多問題存在。就像我們看 Wilson 的經典作品《螞蟻》，他是跑遍全世界去觀察螞蟻，可是我連我家旁邊的螞蟻窩都搞不清楚它在哪裡？內部結構是怎麼樣，它的社會情形是怎樣？那我怎麼可能寫得比 Wilson 好？絕對不可能，因為他光是腦袋裡的螞蟻知識，用講的就很迷人了。那我光是胡思亂想，也想不出什麼。像Wison也常講，現在的哲學家，也不可能只懂哲學，他要懂基因學，才可以跟你討論基因道德的問題。又比如說你們做動物保護的，你可能要更深入去了解背後動物權的問題，動物行為學等等。如果沒有更進一步的科學知識的話，就會變得太浮泛，跟人家談一談也會覺得無聊。自然科學是很迷人的，像我現在認識的還是很淺薄，但我只要講一些例子，大家就會興致勃勃，因為那些東西本質就很迷人，人都喜歡知道自己不懂的。

　　黃：我覺得我們對其他生物的了解很少，少到一種令人驚訝的地步。其實我過去對這些東西也是一片空白的，國高中生物課也沒有什麼令我特別驚訝、深刻的記憶，只是自己天生本來就有這方面的興趣，然後自己去看。講起來很可笑，我第一次在動物星球頻道上，看到一隻長頸鹿在跑的時候，那個瞬間真的驚訝到說不出話來。從小到大，看的都是在動物園站著的長頸鹿或照片，從來沒有看過實體，我們沒有機會去非洲看，所以在看到電視螢幕的瞬間，真的是被嚇到，那時才第一次發現，啊，原來長頸鹿跑那麼快！

　　吳：對，所以它就有效果，動物星球就很像一本一本的自然寫作，也都做得很有詩意，包括旁白啊、畫面。這也就是為什麼我們寫作要求編排要漂亮、攝影、手繪要有一定的水平，否則沒辦法打動人。如果我要打動人，這些手段是我應該去學習的。

　　黃：所以有時候我舉一些例子給學生聽，他們會非常驚奇，我覺得過去我們在這方面的教育真的是非常非常少。

　　吳：我覺得我們的科學教育應該改一下，先教小朋友變成一個人，再教小朋友變成一個科學家。我們現在剛好反過來，先鼓勵他成為一個小科學家，那他沒有良心了、沒有感性了、也沒有直覺了，就解剖青蛙了。但不應該是這樣的，應該要先有感性，你可能要掙扎很久，不是那種害怕牠會不會跳起來的掙扎，而是該不該解剖一隻青蛙的掙扎，掙扎很久再去解剖的話，他才有可能變成一個好的科學家。我們現在不是，小朋友互相推來推去，把它當成一個遊戲。

二、書寫是否是一種太軟弱的工具？

　　黃：有時候我看您的作品時，那種感動是它會敲到我心裡的一些質疑，或我原本就在思索的事。我覺得作家比我們這些人優勢的

是，有時候他寫出來的事情正好是你也在想的，但你寫不出來。您
說過：「有時坐在水邊，想到海水變熱，溪流枯竭，會懷疑書寫是
否是一種太軟弱的工具。」當然，這要看是用什麼標準來看，但我
有時也不免會懷疑：寫一篇文章，到底是能感動誰呢？我們打動的
那些人，會不會是本來就在同一圈子的人呢？就像朱天心寫的《獵
人們》，說是要寫給不喜歡貓的人看，但不喜歡貓的人，是否根本
不會來看這本書呢？這是非常無奈的事情。我在想，是否因為這樣，
所以有那麼多自然書寫的作者，他同時也會是保育者。所以我想問
的是，您現在還會有這樣的質疑嗎？還是說您會用其他方式去回應
環境議題？就像我看廖鴻基的書，我覺得他一開始是比較混亂的，
對於自己要堅持的東西，當時似乎還沒找到那個詮釋。可是到後來，
我覺得他建立了一套可以說服自己，也可以說服別人的原則。這麼
多年來，我也很想找到這種東西，可是我覺得我還沒辦法真的找到。
另外一方面是，我自己接觸了一些團體之後，這些年來，對於一些
價值會開始產生混亂，尤其是碰到一些事物的核心時，真的會非常
驚訝，跟當初所想像的是很不一樣的。

　　吳：我覺得環境保護這個東西，有時已經變成一個標籤了，大
家都想拿它來加值。像你剛講說寫作這種東西，前幾天《誠品好讀》
因為選年度矚目作家而來訪問我。他們就問：為什麼要用寫作來表
達？簡單來講，因為我不會唱歌，也不會跳舞，只有寫作好像比較
可以上手，所以我就只好寫作。那跟實際的運動之間，是一定會有
落差的。所以我們要做些自己想做的事，而這些事一樣可以打動別
人，你要真的去步行、去山上、去觀察，把自己放到那個區域裡面，
而不是穿得很豪華的樣子，這些行為的本身就可以打動人。我也希
望我的書出來之後，會有大的影響，台灣的河川管理局可以重新思
考，引進一些最新的工法，但顯然是暫時沒辦法。寫作變成一個堡

疊，但你又要同時定期去做些你自己也喜歡做的事，這樣的行動本身，就可以打動人。像我演講時放這幾年在東華照的雲的照片給大家看，大概在東華工作的人都會知道，你拍了那麼久，他們一定會被打動，改變對你的態度，對你講的話更信任，因為你不是胡扯，是真的去做。這兩者一定要能持續，但常不能兼顧。我就覺得自己不是一個很好的解說員。我帶學生出去時，常不知道該怎麼跟他們解說，要怎樣冷靜的分析，把所有的知識都帶給他們。我有時會被自己的情緒帶走，解說員的工作要更複雜一點，所以我只能寫作。

三、理想與現實的界線

　　黃：《蝶道》中提到了理想和現實的差距，我會覺得如何拿捏其中的界線，也是每個從事生態或保育工作者的議題。對您來說，您有這樣的一條界線嗎？若有的話那條界線在那裡？如果設一個極高的標準，你會覺得不可能有人做得到，可是這理論上的東西，它又必須存在，如果沒有那個原則，沒有那個最高的點在那裡的話，你怎麼去講退一步、退兩步和退三步？那個東西必須存在。可是這條線要怎麼去畫，怎麼去定位，它是非常困難的，因此想聽聽您的意見。

　　吳：我覺得人類這個問題是不可能解決的，更長遠的想像是不可能的。人類不可能有一個美麗新世界，只是說要朝那個方向努力而已，這是第一點。第二是每件事情要看它跟環境的關係。比如說像垃圾掩埋場的問題，學生來問要怎麼去抗議，我就跟他們說：你要去想你能抗議到什麼程度，才能阻止他們施工？你有沒有可能跟綠色組織一樣死在裡面？你們那樣的抗議不可能有效，與其花費力氣在那樣的抗議上，不如去找一批學者或其他老師，提供他們一套

監督的機制，變成我們對志學村能做到的最大的善意，因爲你不可能阻止它成立，但至少你要去監督它。你們有沒有可能每個禮拜去看一次？如果你們都不可能做到的話，說真的，到時候就是政府怎麼做你們就怎麼接受，你們現在講的就都是空話。第一你要有一群人去堅持，應該每個月或半個月去看一次，第二你要找到一些理論，找到一些設計者，可以告訴你要怎麼樣改善這些問題。以我來說，我不可能爲了這些垃圾，用生命去做交換；我能做的就是寫文章，去演講的時候宣揚，然後支持成立一個監督團體，這就是一個暫時的妥協點。那最終我希望是沒有垃圾的，所以我們就反過來要求自己：社團的人有沒有去辦這些活動？我們學的資源回收能不能做得更徹底？如果這點都做不好，我們怎麼去跟人家抗議說不要垃圾場？另外，教育是很重要的，就像台灣現在還沒有一個工廠可以真正回收保麗龍，但要先做，先教育大家分類，雖然實際上是不能回收的，但我們要做回收、要受教育，才能變成一個習慣。像德國家家戶戶門口都有一個回生桶，半夜回收車就通通把它清走了，但台灣可能還要很漫長的時間才能變成那樣。有環境團體就提到國內的例子是說，第一有人員、資源的問題，一定要垃圾車早午晚都開，我們現在垃圾不落地就是這樣，德國是每天半夜收，默默的一趟就收完，減少資源的浪費、油錢的浪費，這都可以模仿，台北市不可能做到，花蓮總可以做到吧！花蓮家家戶戶門口設個回收桶總可以做到，但地方政府沒有這樣的設計。類似這種，我不知道五十年後能不能做到，我都很懷疑。（黃：我比較懷疑50年後，地球還在嗎？你看這麼熱。）應該還在，只是變得比較可怕而已。

四、溫和的人類中心主義

黃：在論文中，您介紹並整理了東西方的環境倫理觀，包括了土地倫理、深層生態學、生態中心主義等等，也對台灣的自然書寫者作品中的環境倫理做了一些論述。就如同您在論文中提到的，自然書寫中隱涵的環境倫理意識其實是非常核心的議題，作品中是否有一套自成體系的概念或原則，我認為是非常重要的。您身兼研究者與創作者，我關心的正是您的環境倫理觀最接近那一類的看法？或者說那一種理論或觀點最能說服您？

吳：我在寫《迷蝶誌》的後記時提過，我比較相信 Norton 所提出的溫和人類中心主義。他的想法不見得比較正確，但是我比較能做得到。他的第一個思維的先決條件就是，在邏輯上是不可能「反人類中心主義」的，因為我們就是人類，到最後生死交關的時候，一定以人類的利害為最優先，所以說自己是反人類中心主義的人，只是沒看到問題所在。何況反人類中心主義，並沒有道德問題，因為蜘蛛也有「蜘蛛中心主義」，狗也有「狗中心主義」，我們不可能看到一隻兔子或狗為你犧牲生命。狗有可能會，但他不是為了你，而是把你想成族群裡面最重要的領袖。如果從動物心理學來看的話，這就很難做到。所以人類中心主義在基本道德上並沒有什麼該去批判的地方。所以說來說去，我們只能說自己是溫和的人類中心主義。那溫和人類中心主義跟一般人類中心主義差別在哪兒？溫和人類中心最大的特色，就在於它強調「省察」：一件事情來了，他會從頭到尾思考、觀察一遍，了解前因後果，再來判斷決定怎麼做，這就是溫和的人類中心主義。比如我說學校不應該這樣子建，我就去查學校當初設計的方式、去拍照，再告訴你這教室可以做怎麼樣

的設計；我省察過，而不是直覺告訴你我討厭這樣的設計。這樣的
方式多多少少可以說服人，一方面也可以說服自己去了解這個議
題。又或者如果我覺得國家公園的設計有問題，會侵犯到傳統原住
民的領域，我就要去認識一些原住民的獵人朋友，我要了解他們現
在打獵的方式跟以前是不是一樣？當他們告訴我獵山豬是原住民的
成人禮之後，我就問他：那你爸爸以前是用什麼獵山豬？用槍，哪
一種槍呢？那爺爺呢？爺爺就射弓箭。所以換句話說，你現在的槍
比父親的時代厲害太多了，設的陷阱也厲害太多了，以前你爸爸應
該沒有這種陷阱可以用，所以你現在技術進步了，那獵人的價值觀
是不是要改變？因爲工具不同了。但你不能一直告訴我說因爲是原
住民，就有完整的狩獵權。你如果用弓箭射，那是一回事，用連發
的獵槍射，是另外一回事，用單發的獵槍射，又是另外一回事。總
而言之我要問他們，請問你們的傳統是設在哪一個位置？最後我就
比較有立場去說服他：因爲你比你爸爸厲害太多了，你爸爸可以打
到50隻山豬，你現在卻可以打到200隻了，條件不同了，你自然要節
制。大部分的朋友都變得比較能認同這樣的觀點，因爲你既不是盲
目的站在他的立場，光是替原住民說話，也不是只站在漢人的立場
說話。但這個角色和方式當然就比較辛苦，比如我跟大家講風力發
電，他會質疑你：台灣可以風力發電嗎？夠嗎？技術上有沒有什麼
困難呢？所以我去買那些太陽能光板，就是實際告訴大家可以用
啊！明智的消費是這時代最難的議題，比起前階段鼓勵大家去野外
看鳥、看蝴蝶還要困難許多。我覺得這是未來10年內的重要議題，
作爲一個自然寫作者，我們不能再寫說我看一個動物是怎麼樣的，
我還要帶進這些新的觀念，告訴我的讀者說，你們應該開始明智的
消費，只有做了這些改變，才能同時享用這些物質文明。我也不希
望沒有科技設備；這已經是一個不能回頭的路了。我蠻信服講蓋婭

假說的 Lovelock，他說科技製造出來的問題，科技要自己想辦法來解決它。他還說過一個我常常跟學生講的名言：「只有心放對位置是不夠的，還要有正確的思考方法」，我想學文學的人，心比較容易放對位置，但接下來還會有一連串的困難。

　　黃：在您最近的作品和演講中，似乎特別凸顯了步行的意義。與定點觀察相較，對您來說兩者有何不同呢？

　　吳：定點觀察重要的是耐心，步行則是考驗對環境敏銳的程度。徒步旅行與步行移動對我而言有幾個層次的意義：身體必然痛苦、疲勞；消耗減低；對觀察與生態攝影而言，偶遇的機會增加許多；能夠發現許多陌生的地方。

五、關於《睡眠的航線》

　　黃：最後，想聊聊新書《睡眠的航線》，當初為何會想要將生態和家族史這兩個概念，結合在這本小說中？

　　吳：生態的部分本就是我這些年來的觀察跟經驗，我發現很多的自然科學家，「勢必」要碰觸到人類歷史、自我意識、藝術、宗教等人文疑問，因此我認為或許可以從自然、或「神」的觀點來超越人解釋歷史時的種種困境。

　　黃：邱貴芬說本書「既悲觀又樂觀」，但我卻覺得讀完很是惆悵，尤其是其中的一段話：「以前的生活枯萎了，想擁抱的都已經消失了，所以也許人注定只能得到自己不想要的。」讀到時感觸特別深。而書中引我注意的，還有關於菩薩的刻畫與描述，我很喜歡這幾段：「在天界的菩薩，收藏了世間的各種祈求，因為凡人的願望多半互相干擾、矛盾且隱含著傷害，而菩薩如此慈悲，無法珍視一個而傷害另一個願望，因此祂珍藏著所有以祂為名或不以祂為名

的祈求。但偶爾，菩薩的心底也會有一道極微小的裂縫，讓某個被
收藏的祈求因此洩漏出來，那祈求引起的回音，觸動了菩薩無邊無
際的寬大慈悲，菩薩因此忘了自己不能掉眼淚。坐在蓮花座上的菩
薩，遂掉下了一滴眼淚來。」這世上有太多的事情超出我的智慧所
能理解，但我總覺得，這無邊無際的、沒有道理可言的苦難，或許
真的只有菩薩的眼淚，才能說明其中的沉重與無奈。可否談談寫作
此書的心情，還有關於宗教的段落，在書中是一種解決人生困惑的
答案嗎？還是宗教反而可能會帶來更多的困惑呢？

　　吳：妳提到的這段話，其實是我自己的某個感慨，加上轉化自
某部作品的語彙。有個題外話，這本小說裡有一個人物三島由紀夫，
我也刻意在一些地方模仿了他的筆法。如果三島寫這個段落會怎麼
想呢？我在寫的時候常常這麼思考。其實我也不覺得這本小說「樂
觀」。當然，如果把活得充滿苦痛卻還要盡力讓自己生存下去視為
一種「樂觀心態」，那或許就算樂觀吧。我自己也很喜歡菩薩的部
分，寫的時候數度激動不已。我一直認為神一定很痛苦吧，尤其是
掌管心靈或祈願的神，一定痛苦得不得了。(如果菩薩知道痛苦是什
麼的話。)我認為宗教是人類創造出來的心靈產物，用來面對無法解
決的困境時，還有一個可能的仲裁或寄託的世界。在很多人的心靈
裡，那個世界是最後的、不可崩潰的部分。戰爭中如果沒有那些「最
後的信仰」，人類敏感的靈魂一定撐不下去吧。

　　黃宗潔，東華大學中文系助理教授。研究方向為當代台灣自然書
寫、動物書寫、家族書寫、現代小說，近三年之主要研究，集中在
當代台灣自然書寫中環境倫理觀之建構，以及當代台灣動物書寫。

思想鉤沉

後革命時期的革命書寫

陶東風

引言

　　本文所謂「革命」特指中國共產黨領導的、以馬克思—列寧主義、毛澤東思想爲指導、以徹底變革社會、改變歷史乃至再造人性爲目的的激進社會運動。這一意義上的革命發軔於20世紀的初期，成熟於40年代，繁榮於解放後，極盛於「文革」時期。改革開放以後至今開始轉型，進入所謂「後革命」時期。稱之爲「後革命」，是因爲從70年代末開始，「文化大革命」結束，中共作出「大規模的疾風暴雨式的群眾性階級鬥爭基本結束」，「全黨工作的著重點應該從1979年轉移到社會主義現代化建設上來」的重大決策[1]。同時，中共也逐步放鬆了對私人領域的控制，不再進行大規模的社會動員，在進行市場化改革的同時，嘗試有限度的靈活的政體改革，並在文化上積極弘揚傳統文化，扶持、鼓勵大眾文化。後革命也表現在精英知識分子和一般大眾不再心儀於曾經讓他們如癡如狂的革

1　參見〈中國共產黨第十一屆中央委員會第三次全體會議公報〉，載
　　《三中全會以來重要文獻選編》（人民出版社，1982），頁1。

命，轉而關心自己的日常生活和物質享受。

因此，「後革命」除了分期的含義之外還有反思、告別乃至不同程度、不同方式地否定、解構、消費「革命」的含義。「後革命」不僅是指我所考察的關於革命的書寫在時間上發生在「後革命」時代，而且也意在突出這種書寫在價值取向或敍述方式上具有質疑、反思、修正否定或消費革命的傾向。

關於「革命敍事」這個詞也需要進行簡單的界定。首先，「革命敍事」有兩個基本的含義，一是革命化的書寫（revolutionary writings），或站在革命立場上的書寫，二是對革命（包括革命史、革命英雄、革命文化、革命文學，等等）的書寫（writings about revolution）。這兩個含義並不總是重合的，因爲對於革命的敍事可能是革命化的或站在革命立場上的，也可能是非革命化的、甚至是反革命的。傳統的革命敍事既是關於革命的敍事，也是革命化的敍事，也就是爲革命提供合法性、正當性的敍事，而後革命時期的革命敍事則不同，無論在價值立場還是敍事方式上，它都不同程度地具有反思革命、修正革命、重新定義革命甚或否定革命、消費革命、戲說革命的特點。因此，後革命時期的革命敍事的特點正好在於，它是一種修正或解構傳統革命敍事的敍事；其次，需要指出的是：本文的「革命敍事」既包含那些關於重大革命事件的敍事，也包含以革命事件爲背景重在表現人、特別是普通人的人生境遇的敍事。大量新歷史小說實際上就是屬於後者。這些小說雖然不是重在再現革命歷史事件，但是卻從另一個側面揭示了革命作爲激進社會變革給個體帶來的影響。只要他們的人生境遇發生在革命的大背景下，那就屬於本文分析的革命敍事的範疇之內。

「後革命」時代的「革命書寫」大致經歷了三個階段，同時分別產生了三種基本的書寫類型。第一種出現在1970年代末、1980年

代初新啟蒙時期，也可以稱之爲「歷史修復主義（historical rehabilitation）時期」，屬於對革命的人性化書寫，其核心是賦予革命以人性和人道主義的內涵以便修復傳統的革命敍事，而不是徹底否定革命；第二種出現在1980年代後期，可以稱爲對革命的幻滅期或覺醒期，其特點是把人的原始欲望和本能當作革命的動力，以輪回、迴圈的觀念代替進步、進化的概念，屬於對革命的倒退式書寫；第三個階段是犬儒主義或歷史虛無主義階段，戲說革命是其基本特徵。

一、新啓蒙語境中的革命書寫

後革命時代的革命書寫第一種類型是1980年代初中期新啟蒙思潮下對革命的人性化書寫，對革命境遇中「人」的豐富性和複雜性的挖掘。這一書寫和當時的思想解放運動緊密相關，特別是受到人道主義思潮的深刻影響。在新啟蒙的社會思想背景下，人道主義、人性論等命題在文學界獲得空前強烈的共鳴，而它所挑戰的是革命時期那種被不斷激進化的「鬥爭」哲學。

在馬克思、列寧和毛澤東的經典敍事中，革命是無產階級對資產階級的暴力鬥爭。毛澤東說過，「革命不是請客吃飯，不是做文章，……革命是暴動，是一個階級推翻另一個階級的暴力的行動。」這種階級之間的血腥暴力革命當然不能講普世的人道主義。受此規約，文學領域的革命敍事總是在階級鬥爭的框架中理解和闡釋革命，革命和人性、社會主義與人道主義變得勢不兩立。革命者身上不能有常人的那種人性和人情，以及由此帶來的複雜性和豐富性[2]。

2　當然，即使是在革命時期，革命書寫也並不總是那麼純粹，總有一

縱觀革命時期的革命書寫史，可以清晰地發現一條與社會主義革命進程相伴隨的「革命」概念越來越窄化、「革命者」形象越來越「純化」的演進軌跡，許多原來的革命「同盟者」，逐漸變成了革命物件。中國共產黨領導的革命集合了三種性質不同但又相互聯繫的「革命」於一身：民族革命(反帝)、民主革命(反封建)、社會主義革命(反資產階級和資本主義)。在民族革命階段，革命的目標是建立獨立的民族國家，這時小資產階級甚至資產階級中的「進步分子」都是革命的「同路人」、「同盟者」，但是，隨著民族革命目標的實現，革命的目標就一步步地跨越建立獨立的民族－國家，而轉向沒完沒了地「清理階級隊伍」，革命的「同路人」「同盟者」隨之變成了革命物件。所以，這個「清理」、「純化」的過程，是通過一系列越來越嚴格的區分進行的。在舊革命敘事中被包含的人性元素，越來越成為新革命敘事精心剔除的對象。《青春之歌》的改寫很典型地說明了這種「排除」、「純化」的壓力之下的敘事困境。極度純粹的「革命敘事」所要排除的主要「雜音」就是革命者身上的所謂「人性」，因為人性因素的摻入總是使得「革命敘事」複雜化甚至「混亂」不堪，最終發展到「文化大革命」時期的「過度純化」和「過度區分」，導致徹底非人化的「高大全」革命英雄，獨自在革命的舞臺上演戲。

(續)

些作品會溢出規範的革命敘事所劃定的邊界，比如路翎的《窪地上的戰役》、茹志鵑的《百合花》以及宗璞的《紅豆》等，它們試圖表現英雄人物性格中的「複雜性」因素的努力，在所謂人性論的視野裏是難能可貴的，然而在革命語法裏卻可能模糊了革命與反革命之間黑白分明的界限。只有到了文革時期的樣板戲和《金光大道》、《豔陽天》等革命小說，與革命不和諧的人性「雜音」才被徹底壓抑下去。

　　在我看來，新啓蒙語境中的革命書寫就是對原先革命書寫中過分純化的「革命敍事」的修正，把原先被驅逐出「革命者」隊伍的革命「同路人」重新「拉回來」，並從人性和人道主義的角度重寫革命。

　　方之的〈內奸〉(《北京文學》1979第3期)之所以在新時期文學中受到肯定，很大程度上是因爲它對解放後歷次政治運動打壓革命「同路人」做法進行了反思，這種反思把此前不斷強調激進化的革命敍事定性爲極「左」話語，借此不僅爲自己的反思提供了合法性，而且也順應了新的官方意識型態要求而成爲「撥亂反正」的一部分。小說按時間順序分上、下兩部分，分別講述了解放前後兩個階段的故事。解放前，小說主人公田玉堂作爲一個榆面商人，在看到家有萬貫的大地主少爺嚴赤(原名「嚴家駒」，爲了表示自己的革命立場而改爲「嚴赤」)變賣家產、積極抗日、加入共產黨後，感受到了共產黨的巨大魔力，不再像躲避土匪和日軍那樣躲避新四軍了。共產黨的代表、老紅軍黃司令也把他當作革命的同路人，爲了打消他的畏懼心理，黃司令說：「當前，打鬼子要緊，我們要聯合一切民主力量共同抗日。」而且還希望他繼續作他的商人，做買賣和搞革命並不矛盾。後來田玉堂不僅爲新四軍提供了許多藥品，而且在日軍圍剿時冒險掩護了即將臨產的嚴赤的妻子楊曙——也是一個背叛了自己的大資本家家庭出身、參加革命的「千金小姐」，並通過自己的關係找到了大夫順利生下了孩子。解放後，嚴赤在某地任裝甲兵司令員，楊曙在當地的輕工業局當局長。他們的女兒小仙成了一個著名歌舞團的演員，黃司令升任一個省的軍區司令員，田玉堂也作爲對革命有功的「民主人士」而成了政協委員，當上了一個縣蚊香廠的廠長。但「文革」開始後，田玉堂從愛國民主人士變成了「牛鬼蛇神」，嚴赤、楊曙、黃司令也都成了「走資派」並被懷疑是日

本人的「內奸」，希望田玉堂出來作僞證。田玉堂本著「良心」不
肯冤枉好人而招來一頓毒打，他的所謂「良心」被斥爲資產階級「人
性論」。憤慨之下田玉堂對拷打他的造反派說：「冤死我一個不要
緊，今後打起仗來，還有誰會掩護你們工作同志呢？」

　　這就是曾爲革命同路人的小資產階級向執政黨提出的尖銳的發
問。在田玉堂看來，對待革命「同路人」的這種做法傷害了他與革
命的合作關係。他作爲一個商人，儘管不曾出於信仰而加入共產黨，
但的確因爲對這個組織的好感而參與了共產黨人的事業。他覺得自
己有理由分享革命成功的果實。然而隨著革命區分的進一步純化，
他以及那個曾變賣家產參加共產黨的地主少爺，卻被劃分到革命陣
營之外。所以，他感到自己冤，在夢中發出「毛主席哎──，我冤
啊──！」的呼喊。小說的結尾安排了意料之中的「撥亂反正」、
「平反昭雪」等情節，使小說對革命的反思和重寫最終沒有走向對
於革命的徹底否定，而是停留在對革命敘事的修復：激進時期被排
除出「革命陣營」的小資產階級，重新成爲革命者的同路人和合作
者。更值得注意的是，〈內奸〉中那個修復革命話語的主體仍然是
黨（具體通過作品中曾經蒙冤後來得到平反和提升的黃司令來象
徵）。這篇小說在1979年獲得全國優秀短篇小說獎，表明其對革命話
語修復得到了官方的充分肯定。

　　相比於方之的〈內奸〉，張笑天的〈離離原上草〉（《新苑》1982
年第2期)和江雷的〈女俘〉（《江南》1982第4期)的命運要差得多，
它們曾經受到程度不同的批判。這兩部小說努力顛覆建國後特別是
「文革」時期確立的對於革命和人性關係的理解模式，其偏離正統
革命敘事的程度要超過〈內奸〉。〈離離原上草〉和〈女俘〉的作
者都聲稱要爲「革命」輸入「人道主義」內容，證明革命也應該講
良心、道德、人性。但他們同樣沒有否定革命本身，也不是直接顛

覆革命的權威,而是要否定原先的革命敍事模式。他們強調自己的人道主義是「革命」的人道主義。如果說傳統的革命敍事是通過「無產階級/資產階級」、「共產黨/國民黨」、「社會主義/資本主義」等二元對立的概念,把社會生活的方方面面整合進簡單化的革命文本中,那麼,這兩部作品似乎就是要打破這種簡單機械的革命話語模式,增加革命話語的人性維度以便突出其「複雜性」。〈離離原上草〉中以杜玉鳳爲代表的近乎宗教式的普遍之愛,充分顯示出自己超階級、超黨派的力量,它是可以化解一切仇恨的「世界上最熾熱的力量」。

說啓蒙主義和人道主義對於革命的重新書寫並不是要徹底否定革命,是因爲啓蒙主義和人道主義本身並不是革命的絕對他者。的確,新啓蒙的革命敍事雖然不同於「文革」版本的革命敍事,但是兩者卻分享著諸多現代性的預設(比如線性進化的時間觀和目的論的歷史觀)。新啓蒙話語規約下的「革命書寫」並沒有否定革命的現代性訴求(自由、民主、平等、正義等),只是把那些執著於激進的階級劃分和階級「純化」的所謂的「革命」打入「左」傾主義、極權主義或封建主義名下。事實上,1980年代初、中期的中國新啓蒙知識分子沉浸在現代性的理想光環中,充滿信心地投身思想解放和現代化事業,而在他們看來,思想解放的重要組成部分就是清算「文革」的反人性傾向。「文革」式的「階級鬥爭」在他們看來已經不是真正的現代革命,而是前現代的封建專制了。在某種程度上可以說,這個時期小說中對「革命」的書寫與當時的「傷痕文學」「反思文學」等一樣,是精英知識分子在新的主流話語的支持和領導下,對現代性話語、包括革命話語的一次修復,而不是從根本上質疑現代性及其內在蘊含的革命意味。革命敍事作爲一種現代性敍事,必然遵循現代性的線性進化邏輯和歷史發展的必然性神話,把革命的

起源、性質和目的納入到一個宏大、連貫的歷史理性之中。這是革命敍事的基本邏輯。這個進化論和必然性的思維方式和敍事框架，本身在新啓蒙的革命敍事中並沒有被拋棄，只是注入了不同的內涵而已。因為新啓蒙本身就是典型的現代性話語。〈離離原上草〉的情節雖然淒慘，但結局卻一片光明，申公秋、蘇岩和杜玉鳳等人全部借助改革開放的春風得到了平反昭雪。改革開放開啓了一個真正的「新時期」，歷史繞了一點彎路又開始高歌猛進。

　　正是這一點，使得新啓蒙的革命書寫和1980-90年代之交「新歷史小說」的解構革命模式迥然有別。要到1980年代後期出現的新歷史主義小說的革命敍事中，作為現代性標誌的進化的時間觀和目的論的歷史觀才被徹底解構，這是因為新歷史主義不但是反「文革」的，也是反啓蒙的，它整個就是反現代的。

二、新歷史小說中解構式的革命書寫

　　關於「新歷史小說」，大陸學術界並沒有非常清晰的理論界定，但是對其出現的時間和內涵有大體一致的看法。比如，浙江文藝出版社1993年出版的「當代中國最新小說文庫」就包括《新歷史小說選》，選評者王彪這樣界定了「新歷史小說」：「1986年前後，中國文壇上出現了一批寫往昔年代的、以家族頹敗的故事為主要內容的小說，表現了強烈的追尋歷史的意識。但是這些小說與傳統的歷史小說不同，它往往不是以還原歷史的本來面目為目的，歷史背景與歷史時間完全虛化了，也很難找出某位歷史人物的真實蹤跡。事實上，它以敍說歷史的方式分割著與歷史本相的真切聯繫，歷史純

粹成了一道布景。」[3] 這個界定突出了敍事物件(家族頹敗故事)與
敍事方式(虛化歷史事件,使之成爲「虛化的背景」),但卻沒有深
層次挖掘出新歷史小說對歷史理性的激進解構姿態。也有人使用進
口的「新歷史主義小說」這樣的命名,並認爲最早出現的新歷史主
義小說是莫言發表於1985年的《紅高粱》。這樣的界定同樣有自己
的困難,因爲我們很難想像也無法證實,中國大陸的新歷史小說是
西方新歷史主義影響的產物。

　　但是,新歷史小說對歷史的態度的確與西方的新歷史主義有類
似之處。作爲一種歷史觀或看待歷史的視角,新歷史主義具有明顯
的後現代色彩,它懷疑單一、大寫的「歷史」,尋求歷史敍述的多
種可能性,質疑歷史發展的「必然性」和「規律性」,抹殺文學和
歷史的差異,認爲歷史敍事也是一種虛構,本質上和文學虛構沒有
差別。很明顯,中國大陸的新歷史小說受到了西方引入的後現代思
潮的深刻影響,其對歷史的書寫——包括其革命史書寫——同樣明
顯地體現出後現代的特徵,它所消解的正是現代性的核心——歷史
必然性的邏輯,不但是經典革命文學中的必然性邏輯,也包括新啓
蒙文學中的必然性邏輯[4]。在新歷史小說中,歷史的過程和結局充滿

3　參見《新歷史小說選》(浙江文藝出版社,1993),頁1。
4　這種具有後現代色彩的新歷史意識最先出現在1980年代中後期的
　　「先鋒小說」中。實際上,「新歷史小說」和「先鋒小說」(或「實
　　驗小說」)很難區分清楚的概念,它們常常交叉。比如王彪選評的
　　《新歷史小說選》就選了著名先鋒小說家蘇童的〈迷舟〉、〈妻妾
　　成群〉,余華的〈鮮血梅花〉等作品,這些小說在其他的選本中常
　　常被納入「先鋒小說」或「實驗小說」的名下。大概「先鋒小說」
　　或「實驗小說」等概念的使用者主要著眼於敍事形式等層面,而「新
　　歷史小說」這個概念似乎更多地著眼於歷史意識和作者對於歷史的
　　態度。正因為這樣,本文所說的新歷史小說是一個很寬泛的概念,

了偶然和荒誕，歷史發展的動力不是人類的偉大理想，而是人性的卑瑣欲望或邪惡動機。於是，現代性話語中的解放、進步的動力學在新歷史小說中被改寫爲私欲的動力學，歷史發展的必然性被不可知的偶然性或神秘的宿命論取代。這樣，新歷史小說對「革命」的書寫，不僅旨在揭示高調革命話語遮掩下的卑下動機，同時也消解了具有「進步」意義的主流革命話語，建構起一套不但與官方而且與新啓蒙知識分子的革命敍事都迥異的革命書寫模式。不僅激蕩在樣板戲中的革命鬥爭的浩然正氣沒有了，而且閃耀在新啓蒙文學中的革命人道主義的光芒也消失了，取而代之的是卑瑣的私欲、仇恨，是圍繞權力展開的陰謀詭計、血腥殘殺，是孤獨、不幸、無助的個體在「革命」中的迷茫、顛沛、輾轉、無奈（參見余華的《活著》），是在種種神秘主義、宿命論、偶然性支配下歷史的迷失和人性的醜陋（比如劉震雲的《故鄉天下黃花》）。可以說，「革命」在新歷史小說中根本沒有正義性、合法性可言，也根本不是沿著進步、進化的軌跡展開，「革命」成爲一群瘋狂的農民在欲望的激蕩下從事的血腥暴動，國家－民族－階級解放的革命動力學被改寫爲個人的私欲動力學。與新啓蒙時期的修復式革命書寫不同，在新歷史小說中，革命被徹底解構了。

　　余華寫作於1986年年底的小說〈十八歲出門遠行〉，講述的是一個少年的一次神秘的出行經歷。父親準備了「紅色」背包（革命遺產或革命先輩的囑託？）讓他出門，但是這次目的地不明的遠行充滿了偶然、荒誕的邂逅。搭陌生人的車遠行的主人公自述道：「我不知道汽車要到什麼地方去，他（駕駛員，引按）也不知道。反正前面

（續）
　　　　舉凡體現了對歷史的後現代解構姿態的小說，都在本文「新歷史」
　　　　小說的範圍之內。

是什麼地方對我們來說無關緊要，那就駛過去看吧。」這是敘事者的姿態，也是敘述本身的特徵。這沒有目標、沒有終點、荒誕不經的「遠行」，無疑是一種隱喻，深刻地顛覆著我們熟悉的歷史目的論。在經典的革命敘事中，敘事過程與歷史過程總是沿著明確的道路共同指向一個明確的歸宿。但余華小說的敘事者從父親手中接過「紅色的背包」踏上「征途」後，卻哪裡都不曾到達，在經歷了荒誕的事件後，「我」再次坐上陌生人的汽車折了回來。神秘的迴圈取代了線性的進化。在喬良的《靈旗》（發表於1986年）中，經歷了半個世紀歷史滄桑、目睹紅軍長征途中湘江之戰的青果老爹發出這樣的感歎：「世道就是這麼回事，變過來，又變回去。只有人變不回去，人只朝一個方向變。變老。變醜。最後變鬼。」

新歷史主義小說雖然同樣拿所謂「人性」做文章，但是這裡的「人性」卻已經不是杜玉鳳身上體現的那種聖母般的、具有化解階級仇恨和政黨對立的神奇力量的偉大人道主義，而是卑屑低下的食色本能和貪婪無恥的權力欲望，正是這種本能和欲望成爲所謂「革命者」的革命動機。「革命」就是被無法遏制的欲望（比如占有地主的姨太太或小姐的肉體）鼓動的農民暴動。在北村的《長征》中，匪氣十足的陶將軍之所以向紅軍投誠，是想借助打土豪分田地的革命說教來報復與地主吳清風偷情的老婆吳清德。北村把長征這樣一個應該很「革命」的故事還原爲一個純粹的個人恩怨故事，揭示了私人性的欲望如何與革命這個公共事業交織在一起，從中看到推動人走向革命的不是民族解放、人類大同等偉大目標，而是一些近乎瑣細的恩怨情仇。在劉恒的《蒼河白日夢》中，二少爺曹光漢參加革命的動力是因爲自己的性無能。爲了緩解性無能造成的自卑和壓力，他開辦了火柴廠，通過折磨殘疾的個人實現自我心理安慰。得知妻子與大路通姦後，一方面性無能的生理現狀使他沒理由懲戒妻

子，但是內心的痛苦要求他必須確立一個替代性的宣洩目標。他所
選定的目標是整個社會，於是把火柴廠變成革命的炸彈廠。神聖的
革命願望竟源自難以言說的性無能，實在是絕大的反諷。該作品更
為普遍的意義，在於暗示革命者之所以選擇革命人生，未必都建立
在純粹、崇高革命信念之上。在格非的《大年》中，作為革命引路
人的唐濟饒為了滿足自己的性欲、得到鄉紳丁伯高的二姨太，設計
了一個「革命」的陰謀：先把仇視丁伯高的鄉村二流子豹子引進革
命隊伍，並誘使他用革命名義殺掉丁，然後再以二豹子殺死「開明
紳士」的罪名將其剷除掉，最終得到了玫的身體。

　　此外，新歷史主義框架中的後革命書寫還熱衷於用前現代性質
的非理性家族鬥爭，來改寫被原先的革命敘事賦予了進步色彩的階
級鬥爭。劉震雲的《故鄉天下黃花》用家族權力鬥爭的法則消解了
階級鬥爭的經典模式，並將階級鬥爭敘事中常見的未來指向和進步
主義，替換為中國傳統的迴圈史觀。這部小說可以說是新歷史小說
革命敘事的代表性文本。小說分為四部分，每部分都截取中國革命
史的一個時期——辛亥革命、抗日戰爭、土地改革和文化大革命——
作為小說的背景，來書寫馬村的歷史。馬村的所謂「革命」史，實
際上是圍繞著孫、李兩個大家族及其追隨者的私人恩怨而展開的一
系列廝殺，無論是推翻滿清政權的辛亥革命，還是國共分分合合的
抗日戰爭，及至後來的第二次國內革命戰爭、土地革命以及文化大
革命，似乎馬村的人都積極地參與了宏大歷史的書寫，但這些在官
方的教科書中被賦予了「進步」意義的歷史變遷，在馬村卻都成了
家族廝殺的緣由，革命的風雲變幻在馬村只不過表現為敵對家族之
間反反覆覆的權力轉移，沒有任何進步可言。無論是參加了國民黨、
共產黨還是做了土匪，無論是打日本、鬥地主還是批走資派，馬村
「革命者」的「革命」動力全部是一樣的：為了家族利益和本能欲

望的滿足[5]。顯然，小說中的馬村實際上被作者當作了中國近百年革
命史的縮影，它充滿了血腥、骯髒、愚昧、荒謬，沒有絲毫的人道、
人性、理性和進步。

新歷史主義小說家筆下的「家族鬥爭」和革命小說家筆下的「階
級鬥爭」的區別在於，後者被納入了進化論的框架，不同的階級代
表不同的歷史階段，而在不同的家族之間，卻不存在這樣的先進與
落後的等級劃分。這樣，與革命文學中的階級敘事相對應的現代的
歷史進步論，就被「後革命」家族敘事中的歷史循環論所取代。小
說對中國革命的幾個階段以及革命者的不同信念和目標沒有進行任
何區分，而是把它們全部納入了相同的本能欲望敘事和權力鬥爭敘
事。這也證明此類革命敘事已經不再是對革命話語的修復，而是對
革命話語的徹底顛覆。

如果說新啓蒙把人道主義引入革命敘事並不能從根本上動搖革
命的合法性的話，那麼，對於歷史發展的必然性和進步論的遺棄無
疑是對「革命」的致命打擊。如上所述，人道主義作為一種現代價
值並不與現代革命構成必然衝突。只要革命的性質是公平和正義的

5　比如小說第三部分這樣寫土改工作員老賈的革命動機：老賈原是馬
　　村大地主李文武家一個餵牲口的下人，因為他的老婆偷了李家少奶
　　奶的一件衣服而沒有臉面繼續在李家呆著，後來在共產黨幹部的教
　　育下認識到「自己虧了」，因為大家「都是一個人，為什麼李家就
　　該享福，他就應該到李家去餵馬？於是就同意參加革命」。後來終
　　於成為「職業革命家」。尤其值得注意的是，小說這樣描寫馬村中
　　級別最高的共產黨幹部孫屎根(原村長孫殿元之子，解放前是八路
　　軍的連長，解放後長期任縣長)參加共產黨的緣由：「本來孫屎根
　　在開封一高轉移時，並不想參加八路軍，他想入中央軍。中央軍軍
　　容整齊，官有個官的樣子，兵有個兵的樣子，像個正規部隊；只是
　　因為仇人的兒子李小武入了中央軍，他不願意和他在一起，才入了
　　八路軍。」

實現,那麼,革命敘事完全可以「笑納」人道主義。即使是在中國
革命的語境中,人道主義就曾經是現代中國革命的強大動力。「革
命」只是在被過度「純化」和「窄化」、變成狹隘的階級復仇之後
才變得和人道主義不能相容。但是對於歷史必然性、規律性和進步
性的懷疑卻不同。這是對革命的釜底抽薪之舉。任何一個版本的革
命敘事,不管是資產階級的還是無產階級的,資本主義的還是社會
主義的,都建立在現代性的基本假設,即歷史進步論之上,否定了
它,就是宣告了革命的死刑。

三、走向歷史虛無主義時代的戲謔式革命書寫

1990年代以降,作為市場經濟產物的大眾文化異軍突起,消費
主義意識型態極度高漲,文學藝術的消費性和商品性被極大激發,
無論是從西方引入的流行文化,還是大陸新生的大眾文化,似乎都
還無法滿足大眾文化消費的巨大胃口,於是,歷史遺產,包括當代
革命史的遺產,成為消費文化急於攫取和盜用的對象。文學經典,
包括革命的「紅色經典」,成為文化工業打造文化速食的新材料;
與此同時,後極權語境使得1980年代的新啓蒙話語受到限制,知識
分子無法再理性反思中國革命的失誤。就在這樣的後極權消費主義
語境中,出現了由大眾消費主義和後極權主義共同催生的**戲謔式革
命敘事**,這種革命敘事從形式上看採用了戲說、無厘頭的大話式話
語方式,但是其實質是瀰漫於全社會的犬儒主義和歷史虛無主義意
識的深刻體現。這是和官方主流革命敘事與新啓蒙知識革命敘事都
迥然有別的革命敘事模式,同時也因其突出的商品性、娛樂性而不
同於新歷史主義的革命敘事。這類敘事在文體上的最大特點是屬於
1990年代的所謂「大話體」,通過無厘頭方式戲仿原先的革命話語,

將之戲謔式地改寫爲消費主義快樂大本營中的搞笑故事或豔俗色語。盜用、改寫、戲仿革命符號（如綠軍裝、紅寶書、忠字舞）、革命經典（如樣板戲）的情況一時風起雲湧，成爲蔚爲大觀的「大話文藝」思潮中的一支主力軍。

比如《樣板戲之〈寶黛相會〉》、《新版白毛女》等網路文學直接拿曾經神聖不可一世的「樣板戲」開刀，前者對「文革」批鬥場景進行了滑稽模仿，把焦大當作地主批鬥，而賈母、王熙鳳等反而成爲造反派[6]；後者把階級復仇這個中國現代革命史的經典敍事改造爲當代商場的恩愛情仇[7]。而在轟動一時的所謂「紅色經典」影視劇改編中，則出現了楊子榮等英雄人物的「桃色」事件[8]。情色化書寫和大話式書寫的結合，正是極權式消費主義語境下革命敍事的突出特徵。

對革命文化的這種戲仿式改寫，最早大約見於王朔的所謂「痞子文學」。以下是我隨便在王朔小說中找到的一些西方毛澤東語錄的例子：

一個人做點好事並不難，難的是一輩子做好事——關鍵是夾起尾巴做人。

我是主張文學爲工農兵服務的，也就是說爲工農兵玩文學。

6　參見水杯子作〈樣板戲之《寶黛相會》〉，http://culture.163.com/edit/000825/000825_40899.html

7　參見culture.163.com/edit/001019/001019_42469.html。《慈禧同志先進事蹟》無疑是對「先進事蹟」這種官方活動與權威語體的徹底顛覆與極大諷刺。參見www.shuwu.com/ar/chinese/107981.shtml。

8　關於紅色經典的更詳細的討論請參見陶東風，〈紅色經典：在革命和商業的夾縫中求生存〉，《中國比較文學》2004年第4期。

敵進你退，敵退你進，敵住你擾，敵疲你打。《誘妞大全》上
就這麼寫著。
現在我已經成為毛主席所說的那三種人，一個高尚的人，一個
脫離了低級趣味的人，一個有益於人民的人，也就是一個沒有
正經的人。

在王朔的小說中甚至還有對於政府機構以及其他社會組織的滑
稽模仿，比如所謂「中麻委」（中國人民麻將委員會）、「捧人協會」、
「全國人民總動員委員會」等，藉以對於這些機構進行巧妙的冒犯。
　　如果說王朔的大話式革命書寫還帶有比較濃重的政治寓意，相
比之下其情色化程度卻大大不足，那麼，此後的紅色經典改變則大
大加重了情色成分（以至於變為所謂的「桃色經典」）而減少了政治
寓意。在根據1960年代紅遍一時的電影《紅色娘子軍》改編的小說
《紅色娘子軍》中，隨處可以發現類似豔情小說的色語：

阿牛抱住她〔紅蓮〕，不讓她走卻就勢拉下了她的褲子，阿牛
跪在地上，環手抱往紅蓮的腰身，把臉伏在她的腰間。紅蓮又
急又羞，連忙掙扎著推開阿牛。阿牛卻瘋了一般，把紅蓮撲倒
在地，他整個地圈住紅蓮、把嘴往紅蓮身上亂啃。紅蓮開始還
奮力掙扎，慢慢地她反緊緊抱住阿牛。她哭著，卻興奮得大叫，
她不顧一切地剝去阿牛的衣服，反轉身來，把阿牛壓在身下。
本來就瘋狂異常的阿牛，讓紅蓮突如其來的舉動給鎮住了，這
不是他認識的紅蓮。紅蓮騎在他身上，咬他、掐他，把阿牛弄
得異常興奮。[9]

9　郭曉冬、曉劍，《紅色娘子軍》（花城出版社，2004），頁17m

　　與1980年代啓蒙主義語境中的革命書寫不同，這種性描寫雖然
也打著恢復革命者「人性」的旗號，卻缺少精英式的新啓蒙文學的
那種嚴肅性，精英式的後革命書寫雖然也經常涉及革命者的性，但
是卻不是以色欲挑逗爲目的，而是要借此來反思革命的殘酷性和非
人道，性描寫因此被納入了啓蒙主義和人道主義的話語框架，肩負
起思想解放的使命。而在對於革命的消費式、大話式書寫中，性已
經不再載負這種沉重的使命，變成了赤裸裸輕飄飄的色語。同時，
這種色語也缺少新歷史小說中欲望話語的那種探索性和試驗性，如
果說它也在解構著歷史理性，那麼這也只不過是犬儒主義時代娛樂
文化的一種附帶效應而已。

　　有人說《紅色娘子軍》中的紅蓮這個革命者讓人想起潘金蓮，
其實更像潘金蓮的是薛榮依據革命經典《蘆蕩火種》、樣板戲《沙
家浜》創作的大話小說《沙家浜》中的阿慶嫂[10]。根據小說的交待，
阿慶嫂是一個「風流成性，可以使人喪失理智」的女人，她既是胡
傳魁的姘頭，又是郭建光的情婦。開始的時候，她因武大郎似的丈
夫阿慶無法滿足自己的性欲轉而投向僞軍司令胡傳魁的懷抱；而當
眉清目秀的新四軍指導員郭建光出現時，她又開始春心搖盪，情不
自禁。阿慶嫂最終被塑造成脫離時代文化背景的性欲符號。這樣，
小說通過阿慶嫂這種原始的性欲望，將神聖的革命話語改寫成以性
爲核心的情節衝突的感官性展示，以消費革命的方式，滿足了大眾
讀者的世俗性期待。共產黨員的光輝代表郭建光被描寫成膽小窩
囊，「有一種搖頭擺尾的哈巴狗的樣兒」，因阿慶嫂而與胡傳魁爭
風吃醋；而胡傳魁卻被敍述成民間英雄，不僅「有一股義氣在，還
有一股的豪氣在」。民眾集體記憶中的革命人物形象完全被顛覆。

10　薛榮的〈沙家浜〉載《江南》2003年第1期。

　　大話化、情色化的對「革命」的消費性書寫，在吸引了大批讀者的眼球，贏得可觀的市場份額的同時，也經常與主流意識型態發生矛盾、衝突，或激發起「革命者」的親屬、戰友或者老鄉的義憤[11]。小說〈沙家浜〉出版後，以「抗日英雄」的故鄉而驕傲的沙家浜鎮政府以「小說不僅嚴重侵犯了原劇作者的知識產權，同時也傷害了沙家浜人民的感情」的罪名向法院提起訴訟。在各方政治輿論的壓力下，《江南》雜誌社最後將出版發行的刊登有小說〈沙家浜〉的2003年第一期收回，未售出的也已全部封存，並發表公開道歉聲明，相關人員也受到了國家的相應處置。

　　小說〈沙家浜〉以及其他紅色經典改編電視劇的命運表明，即使在大眾消費時代，大話式的革命敍事雖然大行其道，但還是要受到官方主流話語的管制，而不能為所欲為。但是平心而論，主流意識型態似乎並沒有急於封殺的意思。個中意味值得玩味。一方面，由於後革命時期的重要特點是市場經濟的出現、社會生活的世俗化、娛樂文化與文化產業的興起，從而傳統的革命文化與當今的主流意識型態的關係、與政權合法性的關係在一定程度上有所鬆動，更不用說它們已經不再被用來進行大規模的社會動員，其神聖性也在不同程度上被消解。正如趙牧指出的：「革命之所以能被當作調侃的物件，是因為它不再占據國家權威意識型態的主導而成為了充分歷史化或者說資源化的事件。就是說，它已不再處於國家輿論機器嚴格規約的核心，但同時還沒有退出民間的集體記憶。只有排除了前者，才有調侃的自由，只有具備了後者，才有調侃的市場。」[12]

11　除了〈沙家浜〉以外，雷鋒、潘冬子等被惡搞的革命英雄的老鄉或
　　戰友也紛紛抗議。但是在今天這個媒體時代，通過媒體進行的這種
　　「抗議」多少給人以炒作、作秀的感覺。
12　參見中山大學研究生趙牧的碩士論文〈後革命時代的革命書寫〉。

後革命時期的執政黨政府不再主要依靠原先的革命意識型態來作爲自己的統治合法性的基礎，反由發展經濟和提高人民的物質生活取代。新一代領導集體大多不是所謂「無產階級革命家」，也不是革命歷史神話的締造者。對他們來說，傳到他們手中的「革命江山」不過是一個既成事實而已，即使需要不斷進行新的正當性論證，這種論證依靠的也不是歷史意義日漸曖昧的革命神話，而是改革開放以來的經濟成就。由於這種種原因，官方意識型態對於包括戲說革命在內的各種大話文藝採取了睜一隻眼閉一隻眼的態度；但另一方面，革命文化的商業化、娛樂化、消費化、大話化之所以同時又受到主流意識型態程度不同的限制[13]，原因是傳統的「革命文化」並沒有完全脫離與當前主流意識型態以及當前的執政黨的合法性之間的聯繫，特別是執政黨的政治體制，基本上還是社會主義革命所創立的那個體制的延續。新的領導集體上任伊始就趕赴西柏坡等「革命聖地」進行朝拜，這表明肯定新老政體和新老意識型態的歷史延續性是必要的。因爲無論執政黨自己在多大程度上修改了原先的革命意識型態，其正當性與「革命文化」之間仍然存在不可斷裂的聯繫。

　　事實上，「紅色經典」被官方指認的那些所謂「問題」（歪曲歷史、誤導觀眾等）等等，在程度上並沒有超出新歷史小說的革命敘事。比如，中國文聯組織的紀念〈在延安文藝座談會上的講話〉發表62周年大會的主題之一就是批評紅色經典的改變，批評者開列的

13　限制的程度常常取決於革命文化的具體內容、其與今天的政權合法
　　性的關係之緊密程度、其所依賴的傳播媒介的類型，比如越是像中
　　央電視臺這樣的主流媒體，控制就越嚴格，網路是控制最不嚴格的
　　媒體，因此，那些特別出格的戲說文本常常見諸網路，特別是主要
　　媒體播出的電視劇。乃至還有不可預測的天時地利的因素。

罪狀是：

> 改編者要麼將將抽象化人性淩駕於一切之上，與愛國主義、理
> 想主義、集體主義、奉獻精神等對立起來；要麼將人性卑微化、
> 卑俗化，將人性等同放縱，等同人格缺陷。在他們眼裏，經典
> 成了教條。由於價值觀的變異，他們在改編時去紅色、去革命
> 化、去積極健康、去愛國主義、去英雄主義，使原作的基本精
> 神變質。這樣做的結果，就會毀了我們的精神長城。

但實際上，引入普世人道主義以便糾正傳統革命話語的狹隘性
是新啓蒙已經完成的使命，而把革命者的人性卑俗化則是新歷史小
說的拿手好戲。因此，在通過所謂人性改寫革命方面，紅色經典改
變實在沒有提出更多的東西，它們毋寧是在消費新啓蒙和新歷史的
革命敘事的現成「成果」而已。它們遭遇到來自官方的批評之所以
遠遠超出了對新啓蒙和新歷史的革命敘事的批評，根本的原因是它
直接挑戰了既成的革命話語，而不是把革命當成模糊的背景，是仍
然活在官方檔和「人民」（比如老幹部）記憶中的革命英雄（虛構的或
真實的），而不是面目不清的「我奶奶」「我爺爺」。事實上，官方
根本就沒有批評過新歷史小說中的革命敘事，雖然在某種意義上說
它對革命的解構更為徹底。實際上，作為大眾消費文化特定類型的
大話式戲謔式革命敘事並沒有自己的對於革命的特定信念或態度
（不管是支持的反思的還是否定的）。大眾文化遵循的是「有奶便是
娘」的實用主義邏輯。如果完全本真地翻錄和複製17年時期的革命
經典不但能夠得到官方的嘉獎而且能夠贏得利潤，那麼，大眾文化
的製作者仍然會不顧一切地擁抱這個原汁原味的革命敘事。所有問
題的本質再簡單不過：時代不同了，不經過戲說、性說的革命不賣

錢了。

　　上述對於三種後革命敘事模式的梳理是極爲粗淺的，讓它變得豐滿細膩至少還需要一倍以上的篇幅（前提是本文的基本框架可以成立）。最後我要說明的是，本文的梳理採取了歷史和邏輯結合的方式，即三個歷史階段代表了三種敘事模式。但是歷史和邏輯的吻合從來不是天衣無縫的，我還不至於幼稚到認爲1980年代初期和中期所有關於革命的書寫全部是新啓蒙式的，或者1990年代以後新啓蒙和新歷史主義的革命書寫模式就齊刷刷地銷聲匿跡了。但是歷史的變化，包括文學史的變化以及革命的敘事模式的變化，總還是可以概括出主導範式的演變軌跡，哪怕這種概括是非常粗糙的。

　　陶東風，北京首都師範大學中文系教授。主要從事文藝學、當代中國文藝思潮與當代中國文化研究。已經出版的專著包括《中國古代心理美學六論》、《文學史哲學》、《後殖民主義》、《文化研究：西方與中國》等多種。

阿摩司・奧茲的夢想

雲也退

　　阿摩司・奧茲（Amos Oz），1939年生於耶路撒冷，係以色列當代著名作家，世界文壇最重要的希伯來語作家之一。他的小說作品，多以以色列建國前後猶太社區日常生活、及建國後成長起來的年輕一代的困惑與抉擇為主題，寓深刻的政治、道德、家庭倫理張力於質樸的情節之中，文風恬靜而富有詩意，尤以細膩刻畫女性、兒童心理和家庭生活的內在矛盾著稱。他的代表作包括《我的米海爾》、《了解女人》、《沙海無瀾》、《鬼使山莊》、《莫稱之爲夜晚》等，2000年出版回憶錄《愛與黑暗的故事》，再次引起巨大反響。

　　奧茲在政治上屬溫和左派，號召尊重巴勒斯坦人的生存權，反對狂熱，倡導以巴和平，常通過小說作品反映對和平的美好期許。奧茲曾獲包括西班牙阿斯圖裡亞斯親王獎、德國歌德文化獎、法國費米娜獎等諸多文學大獎，近年多次獲諾貝爾文學獎提名。

　　《愛與黑暗的故事》2007年由南京譯林出版社出版中譯本（鍾志清譯），中國社會科學院等機構聯合邀請奧茲於8月下旬訪問中國，在北京、上海等地舉行演講及座談。筆者應上海萬語文化和《外灘畫報》之約，在上海與奧茲進行了專訪。專訪的感想，即為下文。

一

　　阿摩司‧奧茲來了，舉手投足沉穩得有如一座浮雕，身邊是他
40餘年的結髮夫人妮麗，如影隨形，顰笑之間默契有如一體。見到
妮麗，你便不難想像出奧茲為何會在《我的米海爾》中，給米海爾
與漢娜安排了一個平淡無奇的初遇：漢娜稱米海爾為「地地道道的
君子」，說「我為今晚感激你，為今天整個晚上感激你。」隨後，
一個愛的故事就發生了。

　　「感激」二字，蘊藉著猶太式對待道德的嚴肅性，它甚至已內
化入奧茲的創作自覺之中，他筆下的人物不論男女老少，遲早會對
自己腳下的國土、對自己的親人萌生感激。初識妮麗時的感受，在
數年前出版的回憶錄《愛與黑暗的陰影》中是這樣表達的：

> 有時我在飽經磨難的16歲少年的心靈深處問自己：她為什麼總
> 是歌唱？這世界究竟好在哪裡？

　　對人的感激被用來填補失落——失落，感激，在這本回憶錄中
處處可見。奧茲的祖父輩生於立陶宛維爾紐斯，長於烏克蘭奧德薩，
他的伯伯約瑟夫深受歐洲文明熏陶，卻當了20世紀第一批希伯來文
化學者[1]，為猶太復國主義提供文化資源。世紀之初，大批歐洲猶太
人像鐵屑一樣回歸耶路撒冷這塊磁石，著手建立自己的國家時，他
們經歷的是又一次背井離鄉——離開棲居地的語言、文化、熟悉的

1　上海三聯書店1991年出版的《近代希伯來文學簡史》，作者正是這
　　位約瑟夫‧克勞斯納，當時的譯者和編者也許想不到，他的侄孫已
　　成世界級作家。

人民和生長的家園。因此不難理解，為什麼來自德國的漢娜一旦遭遇現實的困境，就會夢見雲淡風清的但澤港；為什麼奧茲的祖父並不情願跟隨回到猶太人真正的家園，而寧可找一個適合猶太人生活的歐洲城市；為什麼以色列建國前後的很長一段時間內，她的許多人民仍以擁有歐洲血統而自豪。

這空洞的內心需要填進希伯來文化信仰，填進族裔認同，約瑟夫伯伯們擔當起了文化精英的任務，而普通猶太定居者則開始了患難中的互助，用白手起家、共同勞作中積累的感情，慢慢彌補失落感。奧茲深知從勞動中學會感激的意義，所以自己也加入了一個名叫「胡爾達」的囤墾公社（基布茲）接受歷練。他把勞動和創作產生的財富都交還給了這種集體農莊組織，以至於到45歲還沒有私產；他自己組建的家庭一無所有，但安居樂業，衣食無憂。

奧茲的基布茲題材小說有好幾本，給我印象最深的人物之一是《沙海無瀾》裡的叛逆者約拿單。在那本書裡，作家花了將近四分之三的篇幅描寫如何下定決心要離開農莊，而當他真的出走之後，沒多久又悄悄潛了回來。出走艱難，而回歸容易。我問奧茲：「您在這裡是不是想暗示：不管這些年輕人如何叛逆，他們註定是要獻身祖國的，他們永遠無法把自己同家園完全割裂開來？」

奧茲的回答出乎意料地謹慎。他的力量來自平和、包容，從不把話說死，小心地區分現實與希望—我後來領悟到了這一點：

「這只是約拿單一個人的故事，不代表所有猶太青年。我不是個社會學家，我不考慮作為整體的一代人。有些以色列人走了，再也沒有回來，他們去了西方，去了東方，一去不回頭。而約拿單，他與他的村子，與他的基布茲，甚至和他的父母妻子之間都有如此強烈的依附關係，所以最終他回家了。……」

二

　　從流亡到回歸，通過定居點的民間互助進入完全社會主義化的
基布兹時代，猶太人在祖輩的土地上創造了任何史上所謂「奇跡拉
比」都無法創造的奇跡。以色列通過其建國史改造了猶太人，對外
借復國主義之力實現新的民族認同，對內維護住了猶太文化之根。
奧兹回憶他那擁有成千上萬典籍書卷的家庭，老人們從小就傳之以
猶太教苦行者的事蹟：他們夜晚看書時指間夾著一根蠟燭，以便自
己在瞌睡時能被火苗及時烤醒——這是以撒後代的懸樑刺股。

　　所以猶太人才能把祖上的東西忠實地傳承下來，從知識、修養
到性格氣質。米海爾的父親就是「又紅又專」的典型：飽讀詩書，
研究對象延伸至古德意志文獻，考察每一個民族——哪怕後來成了
猶太人的敵人——實現統一、建立國家的經驗，爲創建猶太國效犬
馬之勞。米海爾亦受到父親的影響，儘管他生也晚，復國主義不可
能成爲他的精神支柱，但其性格基調卻與乃父一脈相承：自律、自
我節制、一絲不苟、很少放肆地笑；他稱不上復國主義的信徒，但
一定是猶太文化的親骨肉。

　　然而，年輕一代的最大困惑，也在於這類自覺的文化灌輸。
1950-60年代，在美國青年借搖滾樂、大麻和酒精進入狂熱狀態，歐
洲青年抓緊清除大戰記憶的時候，奧兹筆下的漢娜卻在往事的煎熬
中苦捱不眠之夜（讓人想起《愛與黑暗的故事》中，他那位不堪記憶
與精神重負而自殺的母親）：那些記憶牽扯童年、家庭、身世，多少
還事關國族的昨天與今天。她頻頻夢見一對英俊的阿拉伯雙胞胎，
那是她童年時代的玩伴，後來再也未見，現在卻引刀出鞘站在她的
面前，威脅要奪走漢娜的生命。

　　「猶太人受過千百年的迫害，他們沒有家，他們有過很多很多

關於擁有一個家園的夢想。以色列的建立並沒有消滅人心中的這個夢魘，他們總是覺得，有朝一日自己又會遭到毀滅的厄運。」奧兹如是說。新生代以色列人就註定要生活在陰影下，就註定要分擔老一輩所共有的不安全感嗎？奧兹似乎默認了這種必要性。每當說到 "insecurity"（不安全）這個詞時，他總是把音拖長半拍，似乎在咀嚼那個逃不脫的集體命運：

「你應該知道，在以色列，幾乎每個人都有一種很強的歷史感。在流亡的土地上，在頻繁的戰爭中，每一個猶太個體都成了關於『受害』的歷史學家。所以後來以色列的孩子們，每一個年輕人，他們都對歷史和政治有所了解，並受其觸動。……中國人不會沒有家，不管未來如何，中國仍然是中國。但對猶太人來說，我們的未來總是與『失去家園』這一危險相伴的。這便是區別所在……我希望中國人也能理解這種不安全感。」

我們怕是要辜負奧兹的希望的。我們會對以色列人的那些儀式感到陌生：經歷了獨立戰爭、西奈戰爭、贖罪日戰爭、六日戰爭、黎巴嫩戰爭等一連串大事後，以色列人建立了某些儀式以銘記「不安全」。每年獨立日的前一天被定為休戰紀念日，上午11點，這塊狹小的國土上上下下警報長鳴，每一輛行駛的車都停了下來，司機乘客跳出車外立正垂首，行人在路邊佇立，幾百萬人同時低頭默念，一切都凝固了。這個民族用這種方式複習歷史。每年的9.18，東北人大概還聽見過類似的響動，但他們會停下手頭的活計嗎？

世俗化的以色列猶太人會拿古老的《塔木德》開玩笑，拿安息日開玩笑，但不開休戰日的玩笑。他們知道在什麼樣的場合，應該選擇什麼樣的態度。

三

　　每天入夜，米海爾躺在漢娜身邊，頭腦似乎總被某些深邃的思緒所籠罩。漢娜的失落與日俱增，她說：「我不知道有誰會把耶路撒冷當成家園……我寫下『我生在耶路撒冷』。我不能寫『耶路撒冷是我的城市』。我不知道在俄羅斯庭院深處，在施耐勒軍營的牆後，在埃因凱裡姆修道院的隱蔽所在，在惡意山上的高級專員官邸，有何種兇險在恭候著我。」8年之後，《惡意山》（中譯為「鬼使山莊」）中的同名中篇小說講述了這種「兇險」的來歷：1920-30年代，一位受到復國主義感召的猶太人漢斯回到「迦南地」建設家園，不料她那愛慕虛榮的妻子受不了白手起家的艱苦，就在英國結束託管的前夜，與獵豔老手瑟阿蘭將軍私奔而去。

　　《鬼使山莊》包含的三個中篇，都發生在以色列建國前夕。其中的《列維先生》大約是奧茲的得意之作，它讓我領教了一個民族自我動員的潛力。1947-1948年的戰爭在世界版圖上平地立起了一個國家，大衛·本—古里安和他的戰友們，從理論武裝和政治手腕兩方面都給世人上了一課：一方面，猶太復國主義在半個世紀的時間裡席捲全球，古老的希伯來文化在式微上千年之後湧現出一批巨匠；另一方面，當聯合國決議把從地中海到約旦河東岸的地區的一半劃給以色列人時，古裡安抓住了這一千載難逢的良機，力排眾議，說服人民放棄占據《舊約》所記載的全部以色列土地的想法，搶先宣佈建國，隨即一舉打破了阿拉伯世界的集體圍剿。而巴勒斯坦的阿拉伯人卻長期四分五裂，始終沒能團結起來驅逐那群「占巢之鳩」。

　　但奧茲從來沒有正面描寫過戰爭。不說血肉橫飛的畫面，甚至自然死亡都不是他樂意觸及的景象。對他而言，描寫戰爭不但不能容納任何過度虛構和不真誠，而且對人的性格氣質有很強的依賴性。在1973年的贖罪日戰爭中，身在敘以前線戈蘭高地的他曾做好

了戰死沙場的思想準備，但即便如此，他仍然沒有獲得托爾斯泰、顯克維奇他們的史詩語言，幾番在稿紙上嘗試都以中輟告終：「我可以寫性，可以寫基布茲，寫欲望，寫日落，寫嚎叫的胡狼。卻無法寫戰爭。」2004年，他在面對《紐約客》著名記者大衛・蘭姆尼克時如是說。

《列維先生》寫的都是定居點猶太人積極籌畫建國的場面。小說的主人公尤裡是個孩子，成天看著周圍的大人神秘兮兮地討論著獨立大計，這是一個全面動員起來的民族的縮影，自流散到現在，他們終於在幾代人的努力下重歸故土，緊密團結，為在這個星球上謀得一塊永久性的立錐之地而戰。「列維先生」似乎是一位猶太復國主義地下指戰員，被尤裡的父親藏匿在家，和尤裡周圍那些謀劃起事的大人共同組成了一樁神秘而偉大的事業的一部分。於是，尤裡把自己能找到的玩具什物、生活用品變成了軍隊、戰艦、指揮員、指揮部、列車和火炮，演習這場即將打響的戰爭，想像自己成為萬人矚目的開國元勳。作家在尤裡的身上存下一個童年的自我，當年他也曾用自製的土火箭偷偷瞄準白金漢宮。

始終沒有真刀真槍的場面出現。奧茲擅長刻畫的毋寧是戰爭的預備狀態，是戰爭在人心中引起的期待和失落，所以他更喜歡捕捉山雨欲來的前兆，喜歡在靜止中尋找行動的端倪。事實上，正是從這不同尋常的「預備狀態」，奧茲那第一代猶太開國者的後裔獲得了一種精神資源，在童稚的想像中目擊的開國全過程，也促成了他們自我的更新。年幼的作家看到了心如鐵石的復國主義者們看不到的東西，看到了回歸「應許之地」在結束大流散、實現民族復興之外的多重意義；他學會了質疑，學會了在父輩習慣性的耳提面命之下(傳統猶太家庭的家教之嚴厲是有名的)睜大一雙同情的眼睛。

於是《列維先生》中有了如下的情節：

士兵們一個書架挨著一個書架仔細檢查，小心地將《比阿裡克詩全集》和《文學精選》移到一邊，看後面有沒有藏東西。他們打開琴蓋，在琴弦之間嗅來嗅去；摘下拓荒者犁田的畫，用手敲打牆壁，細聽發出的聲音。蕭邦的胸像也被舉起來，然後又被恭恭敬敬地擺回去。連長來說了聲對不起，希望母親能夠滿足他的好奇心，他想知道這是誰的胸像，上面寫的話是什麼意思。母親為他翻譯，「謹獻上我一顆熾熱的心，直到我停止呼吸。」

「真的很對不起。」連長誠惶誠恐地說，像是無意中衝撞了某種宗教儀式或者猥褻了一個聖物。

大人漠視的細節卻進入了孩子的視線。1947年撤離前的英軍當了一次冤大頭，同時被雙方視為掉在聖地的絆腳石，三天一小炸，五天一大炸，最後英政府不堪其擾，只得匆匆扔掉了這個燙手山芋。奧茲告訴讀者，「獨立者」的敵人並不都是兇神惡煞；所有的戰爭，都在不同程度上磨蝕人性中的善的質素。這些英國人，還有多年以後，懷著把「民主」送到黎巴嫩的美好願望的美國海軍陸戰隊大兵們，都是一團亂麻的中東局勢造就的犧牲品。

假如雙方能同時跪倒在蕭邦的胸像前……奧茲大約這樣想過。

四

當然，眾所周知，以色列的主要敵人是阿拉伯人。1947年11月29日，聯合國投票通過了巴勒斯坦問題特別委員會關於巴以各建一國的提議。在《愛與黑暗的故事》裡，奧茲記錄了如下的時刻：

……（我和父親）我們在那裡流連忘返，我騎在他的肩上，四周

是一圈圈跳舞歡躍的人流，當時父親對我說，孩子，你看，你
好好看看，孩子，記住這一切，因為你將至死不會忘記這個夜
晚，在我們離開人世後，你會向你的兒女、你的孫兒孫女、你
的重孫兒女講述這個夜晚。他說此話時，彷彿不是在要求我做
什麼，而是他自己知道我會做，並把他的所知用釘子敲實。

　　還要熬過將近半年兵戎相見的日子，以色列人才能真正擁有自
己的國家。阿拉伯的軍隊在決議宣佈若干小時之後就出動了，希望
在第一時間用武力拔掉這根肉中刺。獨立戰爭成了以色列人刻骨銘
心的記憶，加深了他們的不安全感，也為復國主義信念的正當性添
上重重的一筆。從此，這個民族同仇敵愾，越發團結，建國將近60
年後，在這個有700萬個公民、700萬個總理、700萬個先知與彌賽亞
的國家，政府令人稱羨地依然得到人民的高度擁戴。

　　保爾·瓦雷裡說過一句至理名言：「鄰國的存在是一個國家防
止連年內戰的唯一保證」，但以色列的樣板有更積極的一面。與內
亂不休的阿拉伯人相比，以色列人連「鬩牆」都談不上，工黨和利
庫德集團之間的爭鬥是在現代民主政治標準的軌道上進行的。在以
色列民間，針對政府的批評聲不絕如縷，人們在每一個公共場合談
論政治，抓住每一次能夠向政治人物進言的機會。1970年代中期索
爾·貝婁來到耶路撒冷，驚訝地發現這個城市集合了最古老的城牆和
最現代化的設施，茶館、酒吧、咖啡吧、公交車站，處處可見人們
在爭論，分析國家的前景：「這裡的人民思索得太認真、太多，因
為他們的歷史太長太深了。」

　　奧茲也是這樣說的：「每個人都在試圖指導總理該如何統治國
家」——往往得通過事後的回味，人們才能咀嚼出這笑話裡包含的
自豪。以色列人喜歡大談國是，因為他們認為值得。本-古里安當年

的許諾「在這個世界上……我們被提供了建立一個猶太國家和一個
民主國家的機會」的確是兌現了，以色列的民主達到了這樣一種程
度，1950-60年代，人們只要在耶路撒冷的大街上隨便走走，就很可
能迎面撞見這位紅臉膛、禿腦袋、形容矮胖的總設計師，任何人都
可以與他坐而論道，論到興頭上爭一個面紅耳赤。有活力的共和政
體可以避免政府與社會的離心離德，700萬人口的以色列有100多個
政黨，但沒有產生半個特權階級。

　　奧茲是有人道主義關懷的左翼作家，多年來也沒少批評政府的
內外政策，但是，他有充分的自由寫作，有充分的自由選擇自己想
要的政治和文化立場，他多次受到當政者或對手的撻伐，但從未因
此遭到當局的封殺，故而他誠心謳歌民族的獨立，不會去質疑以色
列存在的合法性——只是這種謳歌依然是個人式、底層式的，是父
親音調顫顫的一席叮嚀，是媽媽的手在孩子的肩背上一遍一遍情不
自禁地撫摸，是整個耶路撒冷北部的街道上令人膽寒的叫喊，就連
「驚恐萬狀的英國員警也被拖進跳舞者的行列」。

　　以色列國畢竟是帶著一身血污呱呱墜地的，這一點奧茲很清
楚。耶路撒冷是一個猶太人和阿拉伯人犬牙交錯長期混居的城市，
前者站了起來，勢必在後者頭頂投下了陰影：誰能把阿拉伯定居者
的生息權一筆勾銷？任何有公平之心的知識分子均無法迴避這個困
局。奧茲多麼明白，即便沒有埃及、敘利亞、約旦等國的聯合進攻，
也總有一大批人要付出代價，這其中就有阿愛莎，這個他幼年愛慕
過的阿拉伯女孩，以及她那跛腳的弟弟：

　　　也許當時圍困在耶路撒冷的人們，誰也不會傷悼巴勒斯坦難民
　　的命運。……當守衛者之音廣播電臺宣佈塔里比耶和卡塔蒙的
　　阿拉伯居民紛紛逃走時，我不記得自己曾經為阿愛莎和她弟弟

動過惻隱之心。我只是和父親一起把耶路撒冷地圖上的火柴棍向前挪動了一下。幾個月的轟炸、饑餓和恐懼讓我心硬如鐵。……

讀到這裡，我又想起奧茲在接受採訪時對我說過的話：「我信仰溫和，我也相信90%以上的猶太人和阿拉伯人都是溫和的。」他從切身體會中得出這樣的信念，他從巴勒斯坦地區兩個民族長期混居的狀況中看到的不只是仇恨的根源，更多的是民間和解的可能；他願意相信絕大多數人——尤其是他的同胞——的善良本性，擁有恩報和罪疚的自覺。以色列人不一定像索爾‧貝婁所說的那樣「都富有理智和忍耐力，對阿拉伯人的積怨是少而又少的」，然而，假如知道奧茲這個親歷過建國狂熱、三代紮根於地中海東岸的純正以色列人，到了晚年仍在為一對阿拉伯姐弟的命運祈禱，在為自己沒有時刻惦念他們而懺悔，我們還能吝惜自己的敬意嗎？

阿愛莎和她的小弟弟去了哪裡？去了納布盧斯？大馬士革？倫敦？還是去了德黑沙難民營？而今，倘若阿愛莎依然健在，她該是個65歲的老太太了，她的小弟弟，小弟弟的一隻腳有可能被我砸壞，現在也是快60的人了。也許我可以動身去尋找他們？去查明希爾瓦尼家族的人們在倫敦、南美和澳大利亞如今過得怎麼樣？

五

奧茲行文，愛用大量的自然風物包裹他的故事，就像夕陽下的婦人為老伴的枕套一針一線得鑲製金色包邊。他用他的溫和、理性、他的柔軟細膩、富有詩意的文風，客觀上給強硬的猶太復國主義爭

取到了許多同情分。1948年以後，國際上知名的左翼知識分子如薩特等人，本著扶弱抑強的習慣和對有所謂美國背景的政權的天然反感，向以色列展開了連篇累牘的口誅筆伐。在1967年的「六日戰爭」中，以色列的閃擊戰讓埃及納賽爾為首的阿拉伯聯盟顏面掃地，似乎更引燃了知識分子的不平。薩特固然知道這場戰爭有自衛性質，但他仍然說，正是因為猶太人遭到過可怕的迫害，「以色列國家才必須樹立一個榜樣；我們對這個國家比對別的國家要求得更多。」

貝婁揶揄薩特，說法國知識分子總是在敘利亞、黎巴嫩、埃及這些國家享有威望，與這些國家的阿拉伯左派打得火熱。然而不爭的事實是，復國主義畢竟密切聯繫著世俗的民族主義主張，進入多元化的當代以色列社會，以色列人必須嚴肅對待自己繼受下的這枚定時炸彈。在奧茲詩情畫意的文字裡，它總是表現為一個突兀的、讓人難堪的存在，就像一覺醒來脖子上腫起的前列腺。《我的米海爾》的故事進入到1956年西奈戰爭的前夜，沈默而理性的米海爾第一次正面表達他的政見，便一下子打破了敘事的寧靜：

> 有一條千真萬確、顛撲不滅的名法則——倘若沒記錯，這是德國鐵血宰相俾斯麥講的……當一個人面對敵人的武裝聯盟時，應該勇往直前，打敗最強者……現在，這一時刻即將來臨。

讀到這裡我心裡一沉：看來儘管希歐多爾·赫茨爾描繪的猶太國藍圖已然實現，他的復國主義卻並未撤出年輕人的世界；相反，一貫注重思想文化傳承的猶太人，永遠不會忘記把祖輩滾雪球一樣越積越多的訓誨傳給下一代。《沙海無瀾》中的阿桼賴亞則更甚，身在基布茲勞作，內心卻在為針對阿拉伯的戰爭策劃方略，整日英雄夢做個不斷。外人提的都是諸如「您對那些西方猶太作家怎麼看」

之類具有世界關懷的問題，至於猶太復國主義在一位以色列作家的
創作中所占的位置，他們看來不是不感興趣，就是一無所知。

　　猶太復國主義（音譯錫安主義）對奧茲而言，正是一套從赫茨爾
到傑伯廷斯基、本-古里安逐漸發揚光大的理論，成了猶太人倖免於
滅種的諾亞方舟。「若不是復國主義，死去的猶太人將會達到650
萬，而非600萬——而又有誰會在乎這些？」奧茲對蘭姆尼克說，「以
色列就是這50萬猶太人的生命之筏。」

　　復國主義的魔法在於：它把所有以色列人都框入了大屠殺倖存
者及其後代的範疇，給他們的靈魂注入了危機感和內聚力。奧茲是
50萬倖存者的孩子，對祖父輩在反猶主義肆虐時的歐洲的遭遇沒齒
難忘，他維護復國主義的時代正當性，維護1947年11月29日猶太人
飛揚的淚花的正當性，但他的捍衛又有所保留：他知道，阿猶之爭
本質上是「對與對的衝突」，你既然要承認走投無路的猶太人有繼
續生存權，可以在巴勒斯坦建立自己的定居點，就也得承認阿拉伯
人有權拒絕和反抗。多年以後，當歐洲的知識分子斷言「錫安主義
已經破產」，因爲以色列顯然已無法收回《舊約》許諾的全部土地，
且必須接受阿拉伯人口比例迅速增大的現實時，奧茲只是淡然道：
錫安主義是猶太人別無選擇的選擇，它的歷史任務已經完成，下一
步，該輪到我們去清掃其有危險的遺存，謀求最終的和平了。

　　所以，米海爾發出愛國宣言之後，他的妻子漢娜

**　　目不轉睛地看著丈夫，好像他突然開始講起了梵文。**

我承認，我被這個一筆帶過的情節打動了。奧茲是那樣小心地維護
各種關係的平衡，他永遠不會讓狂熱主義在他的故事裡占據半點上
風：莫非他沒有能力駕馭此後的進程？我想，他是不忍心在撰寫虛

構作品時，還要複製、延續、擴散現實中已然深重的陰影。

奧茲的小說中充滿了衝突和緊張：米海爾為了戰爭和他的妻子發生了衝突；《莫稱之為夜晚》中圍繞建一所療養院的公益行為，一對中年相好發生了齟齬；《黑匣子》裡的布阿茲背離父母的管教，跑去基布茲去參加勞動；《沙海無瀾》裡的約拿單則無法忍受集體農莊一成不變的生活軌跡，選擇了從基布茲出走。但是，所有這些緊張關係在發展到一定程度時，都會慢慢溶解、消散。他用女性的直覺校正男性的理智，用孩子的單純反襯成人的算計；女性在奧茲的筆下永遠扮演著質疑政治和暴力的合理性、削弱其殺傷力的角色，最終為復國主義這柄危險的防身佩劍戴上劍鞘。當米海爾的愛國熱情被那些右翼同事們完全調動起來，開始重複父親最喜歡的格言「自從聖殿被毀之後，先知的力量便被賦予你我這樣的凡人」時，漢娜放聲大笑：「先生們，你們都想入非非了。」

產生於血與火的國家，以復國主義武裝起來的一代代以色列人，在給自己的行為尋找道義正當性時必是先輸一著。我揣想，假如錫安主義能與這笑聲白頭偕老，它大概可以更討人喜歡一點。

六

無數人問過奧茲這樣的問題：為什麼如此鍾情女人？我則試圖問得更為具體一些。我說，我在您的作品中發現了三個核心主題：女性或孩子的眼睛，緊張，以及寂靜。您似乎覺得女性是「溫和」的天然象徵；緊張在您的家園無所不在，而一旦偉大復興看起來已伸手可及之時，寂靜便驟然降臨──就像《列維先生》中所描述的，尤裡在想像中完成了無數英雄壯舉，第二天醒來卻發現一切照舊。

奧茲回答：

「我一輩子都在思考女人，想把握女性的心理，經常想像假如

自己是一個女人，會是什麼樣子，別人會怎麼看我。我塑造了一些像漢娜這樣的人物，我喜歡通過女性的視角來展開故事。

　　緊張，我寫家庭中的緊張，也寫歷史和政治中的緊張。我認為這裡有一個鏡像關係。政治緊張在父母子女間的緊張和夫妻間的緊張中折射出來，公共領域的緊張通過私人關係的緊張折射出來。鏡子無處不在，歷史就存在於家庭中，政治就存在於夫妻之間。而寂靜，我相信每一個人命定的歸宿都是寂靜……」

　　一場即將打響的戰爭，折射於米海爾和漢娜的關係之中。奧茲用這種方式告誡讀者，任何政治性暴力的運作都會給無辜的家庭和個人造成難以癒合的內傷，反過來，民間對和睦、安寧的生活的本能期待，卻最能阻遏政治狂熱、宗教狂熱。奧茲在夫妻關係、父子關係、友朋關係、鄰里關係的轉危為安中，寄託了他對終極和解的殷殷期望；在他的作品中，你找不到一根貫穿始終的裂痕。

　　我又一次看見奧茲露出智者的笑容——那可不是對我作出的高明的歸納的嘉許。任何認真讀過奧茲小說的人，都能總結出這三大主題，也都能做好聆聽他發表政治宣言的準備：「我相信以色列能夠實現與阿拉伯鄰國的和平，能夠實現與巴勒斯坦人的和平。」「歐洲人實現和平用了1000年，中東用不了那麼久，也不會流那麼多的血。」這些老生常談的祝願出自奧茲之口，你會覺得彷彿已然成真。

七

　　1984年6月1日，《紐約時報》駐中東記者湯瑪斯‧弗裡德曼第一次來到耶路撒冷。身為被同化已久的美國猶太人，弗裡德曼驚歎於這個國家的整飭有序。與黎巴嫩混亂無章的田野相反，以色列的香蕉園一排排整齊異常，集體農場的住宅疏密有致。道路是筆直的，當中的白線好像是新油漆過的，所有景色都顯示出規劃和秩序，「甚

至以色列的海岸線看上去都比黎巴嫩的直些」。

　　23年後，我的朋友L從以色列留學回來，向我描述了完全一致的印象：「滿樹滿樹的果實，沉沉的幾乎就要掉下來。綠地成片成片的，住宅和公共建築在其中只是點綴。」而以色列人的愛國主義似乎也輕而易舉地把他給感染了：「每個汽車司機都會向你表達對這個國家的感情，那不是空洞的口號，你只要開口，他一定會載著你在目的地轉上兩圈看風景。」這種愛國熱情主要不是建立在抗拒外敵上，而是與文明程度和人民的普遍自律相得益彰的。

　　信仰基布茲精神的以色列人把這番社會景象保持至今。弗裡德曼在《從貝魯特到耶路撒冷中》本著職業良心，揭露了以色列人對巴勒斯坦原住民不光彩的行徑，但他一定會承認，這片土地依然配得上奧茲為它譜寫的讚歌。這位淵博、儒雅、光明的作家的存在，就足以讓人相信，以色列民族有自我修正、謀求進步的誠意和可能；他令我這個早已對一切讚歌都不懷信任的人都為之動容。

　　與奧茲一席談以後，我無法不為之折服：文化的沒落和興盛，確然不是多張貼幾份政府公報、多開幾個學術會議、抑或多申報幾個非物質文化遺產就能決定得了的。為什麼在中國，一個從事嚴肅的文字工作的人，或參與嚴肅文化的人甚或業餘人文愛好者，往往會感到自己的弱勢？為什麼我們總感到文字的乏力，總感到被自己殫精竭慮分析透徹的問題，僅僅是生活中一個可有可無的選項？我們像乞丐一樣向報紙雜誌索要一個位列體育和娛樂之後的版面，指望僥倖穿越各種不可抗力的眼皮底下，完整發表自己的觀點；客觀上卑微的地位，導致自己的價值累受質疑：這還是不是一個需要文化的年代？我們需要一個什麼樣的人，一種什麼樣的精神存在，才能充分喚起自身的身份自信？或許奧茲正是這樣的人選：他渾身上下體現著一個插上文化羽翼的人可以獲得的最大魅力，最深刻的幸

福，他可以改變一個人對「文化」二字的終極認知。

　　最悲慘的衰敗莫過於文化的朽敗，而文化人最大的不幸，莫過於目睹自己所身處的文化共同體的朽敗而束手無策。這種朽敗並不一定從國粹的邊緣化、母語使用人群減少之類浮表的現象體現出來，它也可以表現為一個民族的文化精英對外國文化的褊狹認知，對世界文化動態的無知的冷漠。面對優雅的奧茲，我看到這世上有人可以因為有文化而如此高貴；我第一次意識到，文化是一個人可以擁有的世界上最可寶貴的財富。你無法對他撒謊，你只能向他，這位希伯來世界第一流的智者，傾訴一切。在他的面前，你所拜服的不單單是一個人，你拜服的是整個以色列的文化：那是一種多麼有尊嚴的文化。

　　我總想把索爾‧貝婁評價耶路撒冷的那句話傳達給奧茲：在別的地方，人死而瓦解；在這裡，人死而融合。死而融合，融入一個民族共同的歷史與文化，「家園」二字在這裡被賦予了最高的精神涵義。完美的歸屬感，也是奧茲和他的人民最珍視的奶與蜜。倘若我此生還有機會見到他，我會補上這一次沒有來得及說的話：

　　「我祝願，衷心地祝願，你的夢想能夠成真。」

結語

　　去年5月以色列慶祝建國50周年，奧茲作為文化名人也高高興興出鏡，還與老友、南非作家納丁‧戈迪默當著眾人露天對談。在這個敏感的日子裡，阿拉伯人此起彼伏的抗議聲浪當然早在以色列官方的意料之中，但是，奧茲的大方出場也許會讓他失分不少，儘管他可以說對談活動本質上是民間行為。不管怎麼說，他都是一位最忠誠的愛國者，這種立場注定了他的行為和言論都無法避免選擇性失明之嫌。當一名以色列作家可能是世界上最艱難的事。

　　鼠年末尾，加薩的砲火再度敲中人們對中東問題暫時休眠的神經。奧茲同A.B.耶書亞分別接受了義大利媒體採訪，奧茲明言，這是哈馬斯的咎由自取。不過，在為期幾周的衝突裡，他基本上保持著沉默：他還能對當下說些什麼呢？一圈內訌不斷的阿拉伯國家包圍著一個有強力後援的猶太政權，本身就是一個讓人審美疲勞的火藥桶格局，究問誰對誰錯早已毫無意義。長期以來，那些從以色列獨立到「六日戰爭」以降深感羞辱的阿拉伯人一直在尋求重獲真主的護佑，他們有多少誠意去接受奧茲遞來的橄欖枝，我深表懷疑。而就這次衝突的情況來看，以色列政府的行為，似乎也讓那些向來站在以方一邊的人，羞於重提當年占領東耶路撒冷後，摩西·達揚下令撤出軍隊的勝利者氣度。

　　每一個民族都有在地球上的生存權，要實現這一今日的普世公義卻難於登天。在平民成為砲灰的現實面前，阿摩司·奧茲的夢想仍如鏡花水月。而且，他畢竟不能超越查爾斯·泰勒的現代認同邏輯，擺脫出身，拔著頭髮把自己拎起來，於是正中許多論者對以色列作家的集中批評：他們向來無法從巴勒斯坦人的角度來書寫歷史。

　　然而，置身民族國家的現實中，這樣一種「局限」是寫作者有可能超越的嗎？

　　雲也退，現居上海，從事撰稿、書評、翻譯和漫畫等工作，譯作《加繆和薩特》（Ronald Aronson著，2005）、《責任的重負》（Tony Judt著，2007）。

思想采風

德沃金訪台側記

陳閔翔

一、前言：民主知識公共化

2008年的11月，享譽國際的思想家朗諾・德沃金（Ronald Dworkin），受「雷震民主人權基金」邀請，蒞臨台灣進行演講與訪問。在當代歐美自由主義學者中，我們常把德沃金與羅爾斯、哈伯瑪斯等人並列為重要的思想家。羅爾斯於2002年辭世，哈伯瑪斯身體已不適合長途飛行勞頓，因此能親身聆聽德沃金教授的演講，對國內學術工作者來說，是一個相當難得的知識盛會。

在德沃金訪台進行兩場演講之前，主辦單位規劃了兩場引介講座，分別於11月1日與8日兩個週六於台大公衛學院先行熱身。第一場主軸是介紹德沃金的政治哲學思想，引介的教授們從平等自由主義、政治性概念、言論自由以及德沃金理論在實際問題上的應用做了全面的分析。第二場則集中在德沃金的法律哲學，分別就德沃金的生平與思想、原則與尊嚴論、憲法解釋以及關於言論自由的民主理論做介紹。大致上，引介講座教授均是對德沃金有深入研究的學者，而所談論的議題也幾乎涵蓋了德沃金思想中的主要課題，因此，可說是認識德沃金思想的最佳入門。

　　德沃金本人的演說，在24日與25日分別於台北國際會議中心與
嘉義中正大學的會議廳登場。令人訝異的是，兩場演講都幾乎坐滿，
尤其是台北場次，不僅見到國內許多教授與研究生、大學生前來聆
聽，許多社會人士也踴躍參與。尤有甚者，聽眾面孔頗爲年輕化，
似乎可見國內學子對於民主理論知識的飢渴——特別是在野草莓學
運如火如荼展開之際。

　　做爲德沃金的研究者，我有幸全程參與德沃金的演講。茲將我
所見所思紀錄下來，以見證這次「雷震民主人權基金」推廣人權與
民主知識公共化的成功。我之所以會說「成功」，那是我觀察到，
德沃金所標榜的「公共型知識份子」之言論與批判模式，似乎在這
次講座的引領下擴散開來；一個顯著的外延效果之影響是，透過主
辦與合辦單位的網站行銷與宣導、幾位教授的積極投書、大眾參與
互動以及媒體的輔助報導，我認爲這一系列學術知識在公共領域的
知識傳播與回響是成功的[1]。就知識與生活之關係的角度來看，艱澀
而專業的民主知識如何能普及化，一直是學術轉化的重要問題，德
沃金以「民主並不等於多數決」這樣常識性的道德主張，爲這場學
術饗宴拉開序幕。

二、什麼是民主？夥伴式民主的推展

---

[1]　除了中國時報於2008年11月24日有一篇德沃金專訪外，12月1日謝
　　世民教授先以〈德沃金的入世法學〉精要介紹了德沃金思想的要旨
　　及對我們的啟示；8日莊世同教授接著以〈認真看待德沃金的法律
　　哲學〉，從德沃金哲學論述的方式說明其意義；而另位引介者許家
　　馨先生則分別在15日與24日撰寫〈思索民主真諦，化解藍綠對抗〉
　　與〈重建台灣政治文明〉（以上四篇分別刊登在中時，A16），感性
　　的指出德沃金之人權與民主理論如何用來反省台灣的民主法治。

　　德沃金第一場的演講題目是「什麼是民主？」，德沃金以「原則」的重要性為基礎，推論平等自由主義是如何建構出民主的。德沃金批評民主等同多數決規則的說法，他闡揚的是一種夥伴式民主（partnership democracy）。他指出，應該以人性尊嚴原則作為政府治理的原則，民主與人權是密切相關的，沒有人權保障就無法稱作民主。讓政府以「平等關懷與尊重」（equal concern and respect）對待每一個公民，才是值得追求的民主體制，因為在這樣的政治社群中，我們每一個人做為平等的公民，才能夠以夥伴身分共同參與一項事業。

　　11月24日下午的演說，大致圍繞在這個主軸上，其內容大體脫胎自2006年底出版的《人權與民主生活》[2] 一書。乍讀這本書，多數人應該會跟我有一樣的感覺：像德沃金這樣對自由主義充滿信心的人，怎會以懷疑的口吻做為書名呢？親自聽了德沃金的闡述，我終於了解，德沃金雖然在書中結論寫到，他假設無法為美國引入真實的民主而感到明顯的悲觀，但他仍決定保有反常的樂觀，這種樂觀主義乃是建立在批判的聲音之中。因此當現場有人問他對民主是否仍悲觀時，德沃金睿智地說到：「我年紀太大了，因此不想再當一位悲觀主義者」。全場因為他機智的妙答而哄堂大笑。當然，這個回答並不意外，美國總統大選甫由歐巴馬勝出，加上德沃金「自由派」的背景（這是相對於共和黨的「保守派」而言），都應該是原因之一。不過，我認為更重要的應該是，美國民主進程實驗了將近兩百多年，終於實現超越種族的民主結果，才是德沃金轉趨樂觀的主要原因。

　2　德沃金著，司馬學文譯，《人權與民主生活》（*Is Democracy Possible Here?*）（台北：韋伯文化，2007）。

　　在論述民主概念的時候，德沃金解釋了「詮釋」的方式如何影
響我們對事物的理解。德沃金相信我們對真理有的不是概念上的爭
議，而是價值觀的不同而產生的認知差異，因此，「什麼是民主？」
的回答取決於我們是基於何種詮釋的觀點與立場，德沃金認為夥伴
式民主比起多數決民主更能描述民主的真義與內涵。他舉兩個人約
在「銀行」見面為例，因為Bank有「銀行」與「河岸」兩個意思，
因此甲去了銀行，乙去了河岸，我們能說這兩個人有「意見不同嗎」？
這種哲學論述非常生活化，在他的著作中也常有類似的譬喻出現。
另一個印象深刻的例子是「禿頭」，德沃金說甲最近掉髮，乙就認
為他快禿頭了，但甲卻認為沒那麼嚴重，我們能說這兩人對「禿頭」
這件事有不同意見嗎？上述例子反映的不是意見不同，而是對事物
的詮釋差異，因此關鍵在於我們是不是有共同的詮釋與理解方式。
對德沃金來說，民主、自由、平等與法律等概念都是詮釋性
（interpretative）的，有別於以薩柏林以多元主義的狐狸自居，謙稱「刺
蝟型哲學家」的德沃金，自始專注建構整全性（integrity）的學術理
論，嘗試統合所有價值觀於一個信念網（web of convictions）中，因
而對真理與原則一貫性有其道德堅持。現代社會承認多元文化的合
理存在，但也出現許多似是而非的相對主義者，對德沃金這類的自
由主義者來說，其哲學目標不外乎就是堅持真理客觀性，指出融貫
性的主張如何可能，進而去建立一套自圓其說的道德、法律與政治
理論與公共論述。

三、民主、正義與美好人生

　　第二場演講除了接續「夥伴式民主」的論調外，德沃金談了更
多人性尊嚴原則的內涵以及政府如何能夠做到「人權」保障，來實

現平等關懷與尊重的目標。整體來說，德沃金對於人權的分析是非常直觀的；他不相信「人權來自神」這樣的宗教說法。他還半開玩笑地說，如果我們相信人權很重要，理由是神的權力這樣的主張，那還不如說神也遵守人權，因為我們相信神，才會同時去相信人權的價值。相對於此，德沃金認為人權本身具有至高無上的地位，能真正保障人權的政府(或神)才有至高無上的地位。

從這樣的思想談論下來，德沃金分析了客觀性與文化的影響，並對正義理論作了精要的哲學詮釋。德沃金指出，一般的正義哲學是這樣推導的：我們必須先同意有「正義」這種價值，然後拿更清楚的實例來檢測這個「正義」價值是不是「正義」的，其次再考量(正義)價值有哪些假設，例如亞里斯多德的道德論，以勇敢或誠實做為價值，最後才來思考這些價值能否促進實用性。在這個過程，是不是能找到這個「正確」的價值，然後自己做決定，最後自己承擔人生價值追尋的成敗，這就是他所謂的「美好人生」(good life)的意義，不論這個人生是教育工作、律師職業、還是股市套牢的經商者、或是不斷旅行的作家生活，關鍵在於這個人生是自己選擇與負責的。這個的說法其實是非常自由主義的，亦即每個人的人生都應該自己負責，自己的人生要自己去判斷與實現，沒有別人能幫你決定或實現。德沃金舉開車聽收音機為例，他說他喜歡一邊開車一邊聽收音機，這其實是受美國文化與環境的影響，因此不能說自由主義不受文化影響，他認為倫理、宗教與美學都會影響人生。

民主的意義在於透過多數來集體做決定，但更重要的是這個過程不應該是壓迫性或強制性的決定，而是一種「有機的產生」[3]，也

3　即民主是一種動態過程的社會性集體創造，並不是一個人可成就的、或短時間一蹴可幾的。這種有機觀點本質上是一種「脈絡主義」

就是說,數百萬人都經過自己做決定後,形成一種集體的社群文化,而不是由政府或家父長來做決定。這種民主與美好人生觀是非常不同的。對德沃金來說,社群主義或家父長主義都太強調社群倫理的歸屬因素,但倫理與道德是不同的,涉及個人道德者應該是自己選擇的事,而不是交給社群或文化決定。德沃金舉例說,基督徒根據教義來扶養小孩,這無謂好與壞,只是面對人生的態度。但即便所有價值都會受到文化影響,我們仍不能臣服於文化,而是要自己開創自己的人生。

總結而言,德沃金雖是典型的法律人,但我觀察到這時的他已是一個民主教育家。整場演講下來,萬宗歸一其實他想要表達的是自由主義的中心思想:對於自由、民主或正義等價值觀,我們應該盡力抵抗文化至上主義的干擾,自己選擇要過怎樣的人生,然後自己去承擔。這不僅是他平等關懷的政府之核心理念,也是他倫理個人主義推導出的尊嚴原則之具體表述。

四、結語:雄辯滔滔的哲學家

兩天緊湊的演講,後段均有「與大師對談」,而即興式提問讓我們見識到德沃金的哲學功力。幾乎對任何問題,他皆能從自己的論點出發回應:對於相關理論的質疑,毫不畏懼地說出他的原則與真理,而不管是挑戰式的疑問還是和善的對答,我看到蘇格拉底的影子:一個雄辯真理的民主推廣者。在這個方面,德沃金是自信的,彬彬有禮,對所有提問皆侃侃而談,在略帶點英式幽默的口語下,展現了哲學家論辯的特質。濡慕在這樣的演講中,德沃金其人如其

(續)─────────────────────
    (contextualism)特徵,我認為這個想法有杜威的影子。

書：書中我們看到論證嚴謹、推理綿密的文字風格，現場我們則看到一位滔滔不絕、言之成理的學者演說家。

值得一提的是，我觀察到德沃金全場都是站著演說，矗立在演講台一側，就像是大學殿堂裡普通哲學課的教授一樣，思路明確、邏輯清楚、內容兼具學術性與一般性。有趣的是，他從頭到尾沒有稿子，卻很少吃螺絲，演講過程也不見絲毫停頓或遲疑，完全展現政治家那種能言善道的魅力。別忘了，德沃金已經高齡77歲，還能有如此清醒的頭腦以及抖擻的精神，不僅令人佩服也令人景仰。雖然，他對有些提問不知是年紀太大忘了還是特意忽略，而常有四兩撥千斤的場面，兩場演說也大致延續他書中的觀點而談，並沒有新的論點與主張，但總體觀察下來，德沃金展現了知無不言、言無不盡的思想家風範。

最後，我認為這兩場演講最大的收穫有二：第一，德沃金對於真理、原則、尊嚴與客觀性等道德價值的堅持，不論在書中或是實際言談之間，都可以感受到他對於證立價值的企圖心與毫不妥協的辯護立場。在後現代相對主義盛行的年代，這種堅持全面性倫理學說的思想家已經越來越少了，從而更顯得德沃金哲學位置的重要性與特殊性。第二，德沃金對於嚴肅的學術問題總是呈現認真與嚴謹的態度，他所發展出來的論點，有些已經歷經30年的辯論，例如「原則」與「規則」的對比，但他仍不斷賦予其新而更堅實的論據。我們看到他思想非常具有個人特色與獨創性，從來不假借前人思想，也許「尊嚴」論述有康德的影子、「詮釋」概念隱含來自高達瑪，但他總能自成一格，融貫成一套屬於他自己的完備學說。我深深覺得我們每個人都應該從「哲學專家」晉升到「哲學家」──能夠有自己的思想與實踐方式，不吝表達自己信仰的真理觀，不論所信仰的真理是可辯護的或脆弱的，然後用這個思想與實踐方式與外在世

界互動與對話。這種「入世」實踐性格但又有點批判性距離的「公
共型知識份子」之定位,應該是這兩場演講具體內容之外,我認為
德沃金所帶來值得省思與學習的。

　　陳閔翔,現為台灣師範大學政治學研究所博士候選人。主要研究
興趣為當代政治思想、憲法學與教育哲史,博士論文從事德沃金的
法政哲學研究。

政治預言家杭亭頓逝世

陳瑋鴻

　　著名的哈佛大學政治學家杭亭頓於2008年平安夜辭世，享年81歲。世界各報均發表文章，悼念此位生前備受爭議的學者[1]。杭亭頓23歲獲得哈佛大學博士學位後，留校任教長達58年，其間多年任公職或政府顧問，並曾擔任《外交事務》季刊的共同主編與美國政治學會會長。杭亭頓多年的好友、著名的經濟學家羅索斯基（Henry Rosovsky）紀念道：「杭亭頓是使哈佛大學之所以著名的學者。全世界所有的人都研究和辯論他的想法。我相信他無疑是過去50年裡最具影響力的政治學家之一。」「第三波民主化」與「文明衝突」等概念早已成爲耳熟能詳的政治詞彙，而從杭亭頓出版第一本著作，環繞其論點的爭議就從沒停歇過。

　　1957年，年僅30歲的杭亭頓出版第一本學術著作《軍人與國家》。此書的靈感源於當時美國一場政治事件：1951年杜魯門總統因爲麥克阿瑟將軍不服從其指揮而解除了他的職務，杭亭頓敏銳地觀察到其中的重大問題：在一個信奉自由主義的民主社會裡，國家

1　除哈佛大學校方所發布的訊息外，國內外各大報與雜誌，皆有專文報導，可參見：*The New York Times, The Wall Street Journal, Forbes, The Guardian.*

究竟應該與代表保守、作風強硬的軍隊建立何種關係？在二戰剛結束、世界普遍的和平氛圍下，杭亭頓卻力主：文武關係必須是文人統制並盡力擴大軍官團的專業主義，維持軍官團的自主性，以達成國家的戰略目標。此書一出版便遭到各界猛烈攻擊，有評論家認為這部著作令人聯想起法西斯主義，而直指哈佛大學竟高唱軍國主義。學術界的非議使得杭亭頓不被續聘，轉往哥倫比亞大學；四年後才又回到哈佛。

1960年代杭亭頓對「政治秩序」的研究，以及對越戰的立場，讓這位長年的民主黨員被貼上保守主義鷹派的標籤。當1960年代社會科學界樂觀地以為現代化必然為開發中國家帶來民主化，杭亭頓則提出警告：現代化造成社會的急遽變革，同時也招來各種混亂因子，若無政治制度與社會秩序，那麼民主將脆弱得不堪一擊。他以英美、甚至當時的蘇聯為例，說明國家的治理「必須存在強而有力、具調適能力、協調一致的政治制度：有效率的官僚體系，以及組織良好的政黨。」在政治參與和政治穩定的拉力之間，杭亭頓顯然選擇了後者。1967年後，杭亭頓學優而仕，在詹森政府內任職。他撰寫了一篇關於越戰的報告，支持政府擊敗北越的總目標，另建言美國政府必須在越南建立宗教與族群的忠誠連帶網路，以防堵越共在農村的滲透；即使這些社會制度恐有威權、反民主特性之嫌。此報告隨後發表在1968年7月的《外交事務》上，當時一些激進的哈佛學運分子占領他的課堂教室，貼滿海報諷刺應將杭亭頓送往河內。1973年，杭亭頓在英國牛津萬靈學院擔任訪問學人，500名抗議學生包圍演講場地，他被警方護送離開，演講也告取消。

杭亭頓以其思想介入現實政治不乏實例。他曾在1968年擔任民主黨總統參選人韓福瑞外交政策的策士，也在1977至1978年卡特總統任內，擔任美國國家安全委員會的顧問；其間他與哈佛同僚布里

辛斯基共同擘畫影響冷戰與美國未來的戰略。當時蘇聯仍有著咄咄逼人的氣勢，他們分析並大膽預言美國終將贏得勝利。而杭亭頓也建議必須全力控制未來影響美國生存利益的波斯灣，並部署一支快速部隊，防堵蘇聯勢力的擴散，這些政策隨後皆一一實現。

　　杭亭頓預言的效力不止如此。20世紀末最具話題性的兩個政治預言，即1992年福山的「歷史終結論」，以及1993杭亭頓提出、1996年成書的「文明衝突論」。邁入新的世紀，911事件和美國開啓的反恐戰爭，信者大多判定這場預言對決乃由杭亭頓勝出；不信者則批判杭亭頓大玩製造敵人的遊戲，爲好戰分子提供冠冕堂皇的宣戰理由，杭亭頓也完成「自我實現的預言」。無論如何，他對世界秩序的診斷，受到各國朝野的注目。

　　在生前最後出版的書《我們是誰：美國國家認同所遭遇的挑戰》，杭亭頓將文化認同的視角轉向美國境內，溯源美國國家認同的生成，並且診斷其當前的危機。他認爲美國國家認同是建立在殖民自治時期的「盎格魯—基督新教」的文化價值上，以此開展出令各國尊崇的「美國信念」——個人主義、自由、平等與民主等價值。然而，自1960年代以來，在多元文化論述、菁英的去國家化，以及西南部的「西裔化」等局勢下，美國民主政治及國家認同皆遭遇莫大的挑戰。書中對於墨西哥及拉美裔移民的批評，被指控帶有種族主義的偏見，另外，更可能爲美國內部的文化衝突點燃導火線。此書所造成的爭論與影響仍然未歇。

　　如何評價這位充滿爭議的政治家或政治學者？此雙重身份正好代表杭亭頓思想的特色。在《我們是誰》中，他不諱言此書所表露的是他的認同：既是學者也是一位愛國者；「作爲一位愛國者，我深切地盼望我的國家能保持團結和力量，持續是一個建立在自由、平等、法律和個人權利之基礎上的社會」。思索美國的生成，以及

其長治久安之道，進而期望祖國能在世界格局中扮演至關重要的角色，是激發杭亭頓在政治場域思索的動力。杭亭頓著述風格和所受的抨擊，很難不讓人聯想到那位被稱爲「罪惡的導師」——馬基維利。在《第三波：20世紀末的民主化浪潮》的序言中，杭亭頓坦言，在政治科學的分析之外，他自許也樂意當一位「民主的馬基維利」，爲民主人士提供診斷並擘畫藍圖。從他扮演政治策士，著述旁徵博引、縱觀歷史的筆調，確實可看到馬基維利的影子；而他的民主操作手冊裡，也存在諸多令民主派人士不悅的眞相。

傳說馬基維利在臨終彌留之際，與陪伴身旁的友人講述了他曾做過的一個夢[2]。在夢中他遇見了兩群人。一夥人衣著破爛、相貌平庸、卻是受祝福之人，他們正走在通往天堂的道路上；另一群人服飾端莊高雅、相貌不凡，但是受到詛咒下地獄之人，馬基維利從中認出了幾位古代偉大的哲人和歷史學家，如柏拉圖、普魯塔克、塔西佗等人。馬基維利向友人說，他樂意待在地獄裡，因爲在那裡他可以跟他們嚴肅地談論政治與國家重要的事務。杭亭頓的命運或許也將如馬基維利，無論後人愛與不愛、信與不信，皆將永遠成爲爭論的焦點。

陳瑋鴻，台大政研所博士生。目前研究興趣爲當代政治哲學、歷史正義論與台灣政治史等。

2　這個傳言源自 Maurizio Viroli 所寫的傳記：*Niccolò's Smile: a Biography of Machiavelli*(New York : Farrar, Straus and Giroux, 2000).

鳥瞰當代西方哲學：
《哲學家雜誌》的專題報導

劉俊麟

　　哲學界的「通訊」性刊物《哲學家雜誌》，幾期之前邀請了11位英美的哲學家，請他們報告、說明當前西方哲學或者英美哲學的現況與發展方向[1]。這些文章所提到的現象，有些屬於當代西方哲學的讀者已經熟知的特徵，例如當代英美哲學傾向專精化。大多數作者對於當前哲學專精化或者專業化的特徵，仍舊抱持懷疑、抗拒的態度。但是，也有哲學家認為，哲學專業化有助於「應用哲學」的健全發展。一個重要的例子是：哲學家帕菲特對於「非同一問題」(non-identity problem)的想法，深刻影響了當代生物科技與生物醫學在道德與政策規範上的思考。由此看來，專精化或者專業化的哲學傾向，對於當代西方哲學的影響到底是好是壞，仍然值得深究。

　　另外一方面，除了專業化傾向之外，《雜誌》中也評述了分析哲學與歐陸哲學的區分是否得當。公認在分析哲學界相當重要的哲學家普特南說，這個區分很糟糕，所有學派、運動與哲學系應該拋棄類似區分。事實上，當代分析哲學家，也漸漸會引用如黑格爾、胡賽爾、海德格與尼采等哲學家的著作。因此，對於分析哲學家而言，以往所謂的歐陸哲學並非難以親近。同樣地，一些原本研究歐

1　*The Philosopher's Magazine* , Issue 39（2007）, pp. 33-69.

陸哲學有成的哲學家，也漸漸與他們專做分析哲學的同事們找到共
同討論的基礎。儘管當代許多哲學家認爲，分析與歐陸哲學的嚴格
區分不再需要，但是，也許爲了方便，或者認爲英美哲學家在論述
方法上，與德國或者法國哲學傳統的論述方式的確有實質的差別，
仍然有許多人常常帶著「區分」的角度來討論這兩種哲學。例如，
「後現代主義」常被歸類爲法國哲學傳統，英美哲學家常常帶著釐
清與理解的角度來「分析」後現代思潮。而且，當我們看到有些歐
陸哲學家從他們的角度來論述人工智能與神經科學的問題，直覺的
想法是，這種處理方式應該比較會傾向社會歷史的角度來看待相關
問題，從而在根本態度上，即有別於當代英美哲學家必須直接觸及
認知科學、語言學與邏輯等領域。這當然不是說，歐陸哲學家無法
觸及認知科學與邏輯等學問，而是就一般作學問的方法與態度上，
所謂分析哲學與歐陸哲學的區別似乎還是有點道理。

　　在各篇文章中，受邀撰文的哲學家們根據各自的專業，探究各
自領域的最新發展與現象。例如，英國的塞門斯認爲，在當代形上
學領域，因爲相當仰賴邏輯與語言的幫助，所以，形上學家常常藉
由這兩項工具創造出許多精彩的理論。塞門斯說，討論可能與必然
關係的模態（modality）學、探究部份與整體關係的分體學
（mereology）、依賴（dependence）概念、突現（emergence）概念等四種
方向，是當前形上學最引人注目的研究對象。形上學之外，科學哲
學界內部的發展似乎更熱鬧。近年來，科學哲學家愈來愈喜歡創造
漂亮的「模型」（models）。科學哲學從以往僅著重於理論與現象關
係，一直到現在強調科學實驗與模型的建構，這是由「上到下」
（top-down）的研究模式到由「下到上」（bottom-up）的研究模式。當
代科學哲學家卡特萊特的《物理法則如何說謊》，即希望從理論的
討論轉變到對模型的討論，所謂的法則僅適用於實在可觀察到的現

象與實驗上。雖然不能說以往由實證主義帶領的科學哲學已經完全被當今模型論所取代，但是，模型論的研究取向無論在理解模型建構、理論與現象的關係上、數學在現代科學理論的角色、理論之間的關係，以及在通論科學進步的面向上，似乎比較有一統的架構出現。而且，隨著模型論的茁壯發展，相關科學哲學的問題，如表徵問題、科學實在論與反實在論的問題應運而生，更加引起科學哲學家對於科學史的進一步反思與關注。近年來，英美科學哲學與哲學史系所的合作關係已經相當頻繁，科學哲學這門學問將不會僅僅過於偏重數理邏輯結構上的分析，根據過去歷史發展的科學說明也同樣繼續為科學哲學家所重視。

此外，哲學與哲學史的關係在當代的爭辯主要在方法使用層次的問題上。有些哲學家——特別是英美哲學家——認為，哲學史的目標應該著重於是否符合當代用途為準，進而讓我們對於哲學目標的想法可以更踏實；僅僅同情理解早時哲學家的情境沒有用。哲學史家加柏爾甚至認為，這種依照脈絡來看待哲學家思想是一種「古文物」(antiquarian)的研究，因為這種研究取向只是沉浸在那個時代的問題，而非我們這個時代。儘管如此，仍然有哲學家認為，深究已故哲學家的思想不是沒有意義的。一個適當的、嚴謹的脈絡式哲學史研究仍然值得進行。加柏爾自身精湛的笛卡兒研究即為一個範例。如果過度以我們這個時代的關懷來看待笛卡兒，則笛卡兒有許多洞見就會被忽略。事實上，無論以當代問題意識為導向的哲學史研究，抑或重回思想脈絡，進而求得更多可能答案的哲學主張，兩種研究方法都是希望給予哲學本身增加豐富性與延續性，過度強求某種研究方式，也許會失去原本研究哲學的初衷。

在這些文章中還有介紹當代政治哲學、宗教哲學、女性哲學與美學的趨勢。我們似乎可以歸納看出，當代哲學思潮有一種必須親

身體驗、或者強調實踐參與的面向。也許過往哲學過於偏重純粹理論的思考，已經不符合當代人的實際需求，哲學家因此紛紛對於人類的社會政治生活做出了有趣且嚴謹的回應。例如，正如同語言哲學中有所謂「語言轉向」的趨勢，目前在美學領域，也興起了一種「身體轉向」的風潮。「身體」已經是了解世界的關鍵。近年來，腦科學大為進步、在演化理論方面又再度引起人們興趣，而且許多哲學家已經對於「心靈」的地位逐漸感到不安，所以，對於美學家而言，回歸對身體的重視也許是一條可行的路徑。以往，美學理論最重視感官模式是視覺與聽覺，這兩種感官比起其他感官，如觸覺、嗅覺與味覺等，被賦予更高的地位。因此，傳統美學觀點認為，唯有視覺與聽覺的愉悅才有美感的成份，其他感官引起的愉悅，如性、食物或者生物性的舒適感都僅僅是粗糙的、身體上滿足而已。但是，近十年以來，哲學家開始對於食物、飲品以及品味感產生興趣。他們放棄了那種帶有柏拉圖主義或者形式主義的美感，轉而強調情緒對於藝術的價值。如此轉向是否真的抓準了人們「應該」有的氣質傾向，還是只純粹發展人類感受的可能性，目前看來不是很清楚。但是，這種走向至少提供了一個值得討論的空間。

另外一方面，當代政治哲學家也不再滿足純粹理論的建構了。一般而言，政治哲學的目標就是為我們所生存的政治社會環境提供一套道德基礎或者原則。但是，如果對於政治僅是單純探究概念，不僅會有可欲性問題，可行性更會受到質疑。雖然有些政治哲學家如羅爾斯，注意到這個問題，但是，當代英美政治哲學家，特別是在自由主義傳統之下的哲學家，很少如同羅爾斯一般嚴格注意到政治實踐的重要性。他們僅僅著重於政治概念與證成的分析與釐清，對於實際的政治運動與抗爭，難以使得上力。相反地，歐陸哲學家如哈貝瑪斯與德希達卻相當注意整個歷史社會脈絡影響下的社會政

治事件，例如，美國911事件就讓哈貝瑪斯對於恐怖主義、現代性與宗教的關係有不同的理解。雖然哈貝瑪斯先前認爲宗教是一個非理性、私人從事的領域，但到美國911事件發生後，他轉而認爲，宗教語言是理性的語言，也需要透過世俗語言的方式將其傳達給任何具有特定信仰的社群。有人認爲這象徵了「後世俗」社會的來臨。在長期被認爲是私人選擇的領域空間之後，宗教又回到了公共領域之內。可以想見的是，宗教與政治的可能關係在當代會有更多想像的餘地。

至於女性議題，當代哲學家認爲，雖然目前女性在哲學系所或者相關哲學工作的發展狀況，比起十幾年前已經改善許多，但是，對於女研究生、沒有拿到終身職或者沒有權力的女性職員們，女性仍然不容易在哲學系過得愉快。男性哲學教授仍然享有大多數特權以及上層菁英階級的身分，聰明的女性與黑人在這樣的情境中無法過得好。很多哲學界的人士還是慣用其性別主義的觀點對待女人，認爲女性主義的相關課程會威脅到其生存空間。美國哲學家庫歐謨以自己親身經驗爲例，要不是自己在求學過程中對哲學著作與寫作感到相當享受，幸運地遇到不錯的教授，每學期修了幾門不錯的課程，否則他也許像同學一樣無法有從事學術工作的機會。庫歐謨說，僅僅從人數來看女性職業地位是否提昇並不夠，因爲在大學中有很多女性，並不代表大學對於女性而言是好地方。女性彼此之間也許敵對，而且可能會被僅有少數成員的「男孩俱樂部」全盤宰制。庫歐謨補充說，女性主義雖然已經在許多大學成爲常態開設的課程，研究生也漸漸願意將女性主義當作自身的論文題目，但是，在男性哲學著作論文仍然是「主流」的情況下，許多哲學家（包括男與女）並不願意重複且有系統地引用女性主義者的研究著作，致使女性主義的洞見與論點常常被低估忽略。這很可惜，因爲種種偏見與潛藏

的男性權力，結果真正值得重視的想法無法與世人分享。

　　《雜誌》在文中除了引介各個哲學領域在當代的發展狀況，當前哲學系所的實際發展景況也是關懷的焦點之一。例如，根據英國哲學家沃爾夫的調查，英國哲學系所發展狀況有起有落。在1980-1984年間，由於經費的短缺，整個哲學學門開始緊縮。不過，英國政府爲此成立哲學學門委員會進行檢討。經過一番抗爭努力之後，英國的哲學系所於1990年代開始穩定成長。沃爾夫認爲，表面上英國政府的支持固然是一項因素，更重要的因素卻是新的會計計算方式，這種以成本爲中心的計算方式，相當有利於哲學系的生存，因爲：教哲學的成本相當便宜。當然，沃爾夫也觀察到，如果英國大學生對哲學不感興趣，則哲學系成本再低也無法生存。有趣的是，英國的哲學系之所以竟然愈來愈受歡迎，主要的一個原因是哲普書籍的興盛，再加上哲學研討會的增加，以及哲學期刊種類增加，都反映了哲學的活躍及成長。事實上，根據《紐約時報》的報導，不僅英國，美國的哲學系所也有成長的趨勢。美國近年來大學生熱衷修習哲學，以哲學爲主修的人數比起1990年代要多出兩倍以上[2]。

　　反觀台灣，雖然哲學長期以來並不受社會重視，但是，近年來認真嚴肅的哲學研討會也愈來愈多。哲普書的出版也愈來愈蓬勃，至少翻譯國外哲普書的數量在增加。整體說來，台灣的哲學環境在有心人士努力之下，已經有改善的跡象。當然，台灣哲學環境需要改進的地方還很多。也許有一天，國家或者公益團體可以考慮，調查一下哲學系畢業生的就業狀況，說不定會有出人意料的發現。透

2　請參閱網站：http://www.nytimes.com/2008/04/06/education/06 philosophy. html?_r=1&ex=1208145600&en=1c3585fc82773e7f&ei=5070&emc=eta1& oref=slogin。

過一種開放的態度，來評估哲學的現實效益，或可扭轉台灣對哲學
的種種忽視與誤解。

　　劉俊麟，中正大學哲學所博士候選人，論文研究題目暫定為「新
共和主義與公共證成」，目前在美國普林斯頓大學政治系訪問研究
中。

中國民主社會黨聲明

敬啓者：

　貴刊第10期之「致讀者」文中，有「已經解散的中國民主社會黨」一語（326頁），聞之不勝詫異。

　本黨承繼清末立憲派與民國初年之民主黨、進步黨、講學社、自治學院與國立政治大學之傳統，1932年於北平以「中國國家社會黨」創立、1941年於重慶與各民主黨派共組「民主同盟」、1946年8月15日於上海與海外之「民主憲政黨」合併爲「中國民主社會黨」，參與制憲，並隨中央政府遷台。

　台灣實施地方自治後，本黨同仁參與縣市長選舉，成果斐然，如花蓮的楊仲鯨、基隆的林番王、台北的高玉樹、高雄的楊金虎等等。而與青年黨郭雨新、李萬居、蘇東啓並稱省議會「三龍一鳳」的黃玉嬌，亦爲本黨同仁。此外，雷震等人於1960年籌組新黨時，本黨不僅諸多同仁參與其事，甚且以中央總部禮堂出借爲新黨開會之所。後雖遭國民黨分化而內鬨不已，復因「黨外」與民進黨之興起而日漸式微、欲振乏力，但仍矢志於民主社會主義之發揚，而從無「解散」之事。特此聲明，以正視聽。

　此外，該「致讀者」文中有張君勱學會延續本黨香火之說，亦應予釐清。張君勱學會成立於1989年，係內政部登記之全國性社團。其成員與本黨或有重疊、其精神與本黨或爲一貫，然而彼此實無隸屬或延續之關係。張君勱先生爲本黨之創黨主席，其人格風範、道德文章，率皆可爲後世之典範，本黨因是歡迎所有對張君勱先生之研究。在此意義下，本黨樂見張君勱學會承繼本黨「自由、民主、社會正義」之香火。　耑此

　　致敬

中國民主社會黨中央總部

致讀者

從一些跡象來看，我們終於進入了一個反思與檢討的時期。

過去近30年，世界史與在地歷史都充斥著童騃的樂觀：關於所追求的是甚麼、憑甚麼以爲鴻鵠將至、而隱藏的問題與陷阱又何在，都少見反省。「歷史終結」豈不意味著天下太平，思考乃是多餘？於是，華爾街的資本主義是無需檢討的，中國30年來的改革開放是無需反思的，兩岸關係的既有格局天經地義，而台灣的民主化則被推許爲傲世的成就。

事實當然不會那麼簡單。晚近陸續爆發的眾多議題，在在逼迫我們要再思考、再反省。《思想》這份刊物，也要爲各方的反省提供認真、開放的論壇。感謝我們的作者，這個論壇正在逐漸成形。

從金融大海嘯橫掃全球，到台灣20年的民主發展陷入僵局，到紅衫軍與野草莓對藍綠毫無是非局面的不耐，種種變局都亟待理解，藉以修正人們原先的簡單假定。於是本期的文章逐一追問：資本主義能躲開愈來愈大的泡沫及其迸裂嗎？選舉與政黨輪替便構成了民主的全部內容嗎？紅衫軍的意義只在於反貪腐嗎？野草莓真是一次有進步自覺的政治教育與社運實習嗎？作者們的論述與結論不僅多樣，甚至相互齟齬牴觸。不過，會提出這些問題，已經充分顯示，大家都意識到既有觀點失之於淺窄而以偏蓋全。認真的思想者當然知道，許多新經驗需要咀嚼整理，新的形勢正在浮現，深一層的價值意識有待醞釀，還有此前疏忽了的一些視角值得正視。沒有人敢自詡「重估一切」，不過，很多成見、偏見、以及習見的世界

觀，確實得調整、移動、拋棄、或者重新肯定。

在台灣的脈絡裡，「民主」正是這樣一個一度引領風騷的理念兼潮流，卻因既定成見的層層綁架、以致生機幾近窒息。本期專輯的七位作者志在打開民主的僵局：他們在意的並不是這個或者那個政黨的得失，而是社會成員能不能藉著民主化，發展公民的能力、維護公民的權利、進而落實所有人——我妳、異己者、大陸人、外籍人——平等關懷、尊重、共存的基本做人道理（這一觀念也正好是趙剛從對立的視角重建紅衫軍「精神」時重用的關鍵價值）。這時候，民主的含意不再僅是一張選票，而是整個社會生活的重建。

在這個問題意識下，本專輯所照顧到的面向當然還有不足：在這個社會裡、以及在這個社會的邊緣與之外，還有許多人，因為他們所遭受的剝奪壓迫更形徹底而殘酷，以致根本沒有機會蒙受民主化的恩賜：文盲、邊緣人、赤貧者、遊民、外籍勞工幫傭等等無法進入公民社會、無力參與「審議」、因而只能被打入「次等人」(subalterns)範疇的眾多生靈，要如何成為妳我的「夥伴」，讓「夥伴民主」具實質意義？這個問題，有待讀者的補充。

本期「民主社會如何可能」的專輯，得力於台灣社會學會的幫助與配合，在此敬致謝意；本期「政治與道德」的專題，得力於台灣哲學學會與本刊的聯合徵文，也要誠摯感謝。此外，前期《思想》藉張君勱學會之助推出「社會主義的想像」專輯時，由於編者的輕忽，不僅妄言中國民主社會黨業已解散，也誤解了張君勱學會的獨立地位。本期謹發表民社黨的來函聲明，請讀者明察。本刊編者必須為了失察，向民社黨以及張君勱學會敬致歉意，也祝福民社黨在寬諒之餘，有所振作。

編者
2009年新春

訂購網址：www.linkingbooks.com.tw/reflexion/

第1期：思想的求索（2006年3月出版）

價值相對主義的時代／江宜樺

怨恨的共同體——台灣／汪宏倫

從「思想」到「我們時代的思想狀況」／錢永祥

思想：反省與批判／孫善豪

「文化大革命」就是形形色色的人相互報復的革命／丁學良

思想的溫柔與殘暴：柯斯勒百年誕辰讀《正午的黑暗》／唐　諾

韋伯《新教倫理與資本主義精神》一百年／張旺山

從「郎咸平事件」談中國經改／陶儀芬

訪談侯孝賢：2004的政治參與／陳光興、魏玓

納斯邦的動物倫理學新論／錢永祥

第2期：歷史與現實（2006年6月出版）

轉型正義和歷史記憶：台灣民主化的未竟之業／吳乃德

當穆罕默德遇上言論自由／陳宜中

追蹤狡猾的非理性／約翰・唐恩

召喚沉默的亡者：跨越國族歷史的界線／沈松僑

歷史意識是種思維的方法／周樑楷

也論市民社會和公共領域：評《公共領域在台灣》／郝志東

期待內在批判的璀璨未來：評《公共領域在台灣》／湯志傑

百年前的台灣旅客：梁啓超與林獻堂／謝金蓉

水龍頭的普是象徵：國民黨是如何失去現代光環的?／鄭鴻生

台灣人文寓言：國家哲學院／陳正國

第3期：天下、東亞、台灣（2006年10月出版）

第4期：台灣的七十年代（2007年1月出版）

第5期：轉型正義與記憶政治（2007年4月出版）

第6期：鄉土、本土、在地（2007年8月出版）

第7期：解嚴以來：二十年目睹之台灣

第8期：後解嚴的台灣文學（2008年1月出版）

第9期：中國哲學：危機與出路

第10期：社會主義的想像（2008年9月出版）

當代政治哲學導論

作者：威爾·金里卡
　　　（Will Kymlicka）
譯注者：劉莘
版式：18開平裝
定價：580元

本書以三大主題貫串全書：1.「政府要平等關照和尊重公民」：幾乎所有的政治哲學理論都是對此一立論之闡釋。2.自由民主主義，以及三種捍衛自由民主主義的立論：功利主義、自由主義的平等和自由至上主義。3.責任理念：究竟誰應該為滿足什麼需要、付出什麼代價或做出什麼選擇而承擔責任？

萬民法

作者：約翰·羅爾斯
　　　（John Bordley Rawls）
譯注者：李國維、珂洛緹、
　　　　汪慶華
版式：25開平裝
定價：400元

《萬民法》包含兩篇文章：曾於1997年首次刊行的〈再論公共理性之理念〉，以及與1993年曾經刊出過的一篇小論文同名的〈萬民法〉（本篇為該文的擴大完整版）。這兩篇文章綜合了羅爾斯50年來對於自由主義以及對於當代某些最急迫性問題的最終反省，是羅爾斯晚年最重要的著作之一。

憲法學說

作者：卡爾·施密特
　　　（Carl Schmitt）
譯注者：劉鋒
版式：25開平裝
定價：650元

作者力圖讓人們清楚地看到，憲法是人類政治行為的結果，並「不是什麼絕對的東西，因為它不是從其自身中產生出來的」，不能把憲法看成一架萬能機器，似乎靠自身的規範系統就可以產生作用——「憲法的效力有賴於制訂憲法的人的政治意志」。無論「共和」還是「憲法」，都不是一舉解決人類政治問題的靈丹妙藥，因為，人類的政治問題不可能一勞永逸地解決。

政治性的概念

作者：卡爾·施密特
　　　（Carl Schmitt）
譯注者：姚朝森
版式：25開平裝
定價：250元

國家的概念以政治的概念為前提。按照現代語言的用法，國家是在封閉的疆域內，一個有組織的人群所擁有的政治狀態。這只是一般性的解釋，而不是國家的定義。因為我們在這裡所關注的，乃是政治的本質。只有透過揭示和界定特定的政治範疇，才能獲得政治的定義……而所有政治活動和政治動機所能歸結成的具體政治性劃分，便是劃分「朋友」與「敵人」。……[因此]，政治造成了最劇烈、最極端的對抗，而且每一次具體對抗的程度越接近極點，形成「敵—友」的陣營，其政治性也就越強。在作為一個有機的政治統一體的國家之內，「敵—友」劃分完全是由自己決定的。

德意志的復興時代

作者：弗列德利希・邁涅克
　　　　（von Friedrich Meinecke）
譯注者：黃福得
版式：25開平裝
定價：300元

本書是邁涅克應出版商之邀，於1906年爲一般讀者而寫的書，這恰好是1806年普魯士敗給拿破崙的百週年慶。他以較簡單的文筆分析德意志和普魯士在1806-1813年間反抗拿破崙的歷史。雖然邁涅克使用一些抽象的觀念，如「精神」、「心靈」等有些難懂，但是他藉此將這段複雜的歷史簡化，使一般讀者可以較輕易對整個時代做了解。此外，他對於那時幾位重要人物的思想和個性的描述雖然簡短，卻很生動。時代和英雄在書中有扼要的分析，對於想要了解19世紀初期德意志歷史的讀者，這是一本很好的入門書。

為什麼是民主？

作者：約翰・鄧恩（John Dunn）
譯注者：王晶
版式：25開平裝
定價：380元

鄧恩用這本書試著回答兩個很重要卻很基本的問題。第一，現代政治中某個極爲古怪的現象。第二，在過去75年來，產生某個明顯又重大的政治結果。作者知道鮮少有人會認眞回答第一個問題，甚至很少人會以清晰理性又坦率的方式提出這個問題。相反的，回答第二個問題的人則多如過江之鯽。這些人在嚴肅大報上寫出多如牛毛的見解，甚至形成一種常見的當代政治評論。但大多數的看法卻錯誤百出，所以若能細心思考這些問題，則會更清楚顯現出回答問題時的難處。這些問題的答案是緊密扣和的，而兩者間的關係也對現代政治至關重要。希望讀者在試著回答這兩個問題時，能從其中的挑戰中學到新東西。

新人文主義：從科學的角度觀看

作者：約翰・布羅克曼
　　　　（John Brockman）
譯注者：霍達文
版式：25開平裝
定價：380元

人文與科學的分野鴻溝，因爲第三種文化的論述，帶領整個知識領域討論這個畫分的存在。身負第三種文化責任的科學家在帶領知識尖端的同時，嘗試說服群眾及人文學家一同在時代中前進，「甚至取代傳統知識分子，使世人看得到人生更深一層意義，並重新界定我們是誰，和我們是什麼。」爲文的科學家，皆爲當下學界的一時之選，許多科學家的著作早已經成爲今天科學家必讀文本。這些科學家所提出爲何必須以科學爲人文的出發，也許尖銳、現實，絕對是值得大家細嚼慢嚥的精彩論述。

知識分子都到哪裡去了？

作者：佛蘭克・富里迪
　　　　（Frank Furedi）
譯注者：戴從容
版式：25開平裝
定價：240元

「知識分子」是絕種還是充斥？一場迅速蔓延的危機感，焦慮的卻也只有那一群對這個詞有反應的特定人種。作者懷疑，如「啓蒙時期」全知的羅素、威廉士（Raymond Williams）、漢娜鄂蘭（Hannah Arendt）那一派博學多聞，對大眾事務關心的知識分子其實早都已是投機取巧者、智庫說客、狡辯家的僞善面具。在知識經濟的時代，我們因爲某些原因結合了最廣的教育層次和最低層的文化涵養。富里迪用他對知識界的熱情和對此危機的迫切焦慮，闡述了知識分子如何做出在文化和民主上該扮演的角色，也聲明社會應該要理出一個知識分子和大眾能一同討論的空間。

思想11
民主社會如何可能?

2009年3月初版 　　　　　　　　　　　定價:新臺幣360元
有著作權‧翻印必究
Printed in Taiwan.

編　　　著	思 想 編 輯 委 員 會	叢書主編	沙　淑　芬		
發 行 人	林　載　爵	校　　對	吳　以　喬		

出　版　者	聯 經 出 版 事 業 股 份 有 限 公 司	
地　　址	台 北 市 忠 孝 東 路 四 段 5 5 5 號	
編 輯 部 地 址	台 北 市 忠 孝 東 路 5 6 1 號 4 樓	
叢 書 主 編 電 話	(0 2) 2 7 6 3 4 3 0 0 轉 5 2 2 6	
總　經　銷	聯 合 發 行 股 份 有 限 公 司	
發 行 所	台 北 縣 新 店 市 寶 橋 路 2 3 5 巷 6 弄 6 號 2 樓	
電話	(0 2) 2 9 1 7 8 0 2 2	
台 北 忠 孝 門 市	台 北 市 忠 孝 東 路 四 段 5 6 1 號 1 樓	
電話	(0 2) 2 7 6 8 3 7 0 8	
台 北 新 生 門 市	台 北 市 新 生 南 路 三 段 9 4 號	
電話	(0 2) 2 3 6 2 0 3 0 8	
台 中 分 公 司	台 中 市 健 行 路 3 2 1 號	
暨 門 市 電 話	(0 4) 2 2 3 7 1 2 3 4 e x t . 5	
高 雄 辦 事 處	高 雄 市 成 功 一 路 3 6 3 號 2 樓	
電話	(0 7) 2 2 1 1 2 3 4 e x t . 5	
郵 政 劃 撥 帳 戶	第 0 1 0 0 5 5 9 - 3 號	
郵 撥 電 話	2 7 6 8 3 7 0 8	
印　刷　者	世 和 印 製 企 業 有 限 公 司	

行政院新聞局出版事業登記證局版臺業字第0130號

封 面 設 計 　蔡　婕　岑

本書如有缺頁,破損,倒裝請寄回發行所更換。　　　ISBN　978-957-08-3388-I(平裝)
聯經網址:www.linkingbooks.com.tw
電子信箱:linking@udngroup.com

國家圖書館出版品預行編目資料

民主社會如何可能？/思想編委會編著.
初版.臺北市.聯經.2009 年 3 月（民 98）
344 面；14.8×21 公分.（思想：11）
ISBN 978-957-08-3388-1（平裝）

1.哲學 2.民主政治 3.臺灣政治 4.期刊

105   98001866